# Einführung in die Kulturbetriebslehre

Peter Tschmuck

# Einführung in die Kulturbetriebslehre

Peter Tschmuck
Universität für Musik und
darstellende Kunst
Wien, Österreich

ISBN 978-3-658-30264-1        ISBN 978-3-658-30265-8   (eBook)
https://doi.org/10.1007/978-3-658-30265-8

Die Deutsche Nationalbibliothek verzeichnet diese Publikation in der Deutschen Nationalbibliografie; detaillierte bibliografische Daten sind im Internet über http://dnb.d-nb.de abrufbar.

© Der/die Herausgeber bzw. der/die Autor(en), exklusiv lizenziert durch Springer Fachmedien Wiesbaden GmbH, ein Teil von Springer Nature 2020
Das Werk einschließlich aller seiner Teile ist urheberrechtlich geschützt. Jede Verwertung, die nicht ausdrücklich vom Urheberrechtsgesetz zugelassen ist, bedarf der vorherigen Zustimmung des Verlags. Das gilt insbesondere für Vervielfältigungen, Bearbeitungen, Übersetzungen, Mikroverfilmungen und die Einspeicherung und Verarbeitung in elektronischen Systemen.
Die Wiedergabe von allgemein beschreibenden Bezeichnungen, Marken, Unternehmensnamen etc. in diesem Werk bedeutet nicht, dass diese frei durch jedermann benutzt werden dürfen. Die Berechtigung zur Benutzung unterliegt, auch ohne gesonderten Hinweis hierzu, den Regeln des Markenrechts. Die Rechte des jeweiligen Zeicheninhabers sind zu beachten.
Der Verlag, die Autoren und die Herausgeber gehen davon aus, dass die Angaben und Informationen in diesem Werk zum Zeitpunkt der Veröffentlichung vollständig und korrekt sind. Weder der Verlag, noch die Autoren oder die Herausgeber übernehmen, ausdrücklich oder implizit, Gewähr für den Inhalt des Werkes, etwaige Fehler oder Äußerungen. Der Verlag bleibt im Hinblick auf geografische Zuordnungen und Gebietsbezeichnungen in veröffentlichten Karten und Institutionsadressen neutral.

Planung/Lektorat: Barbara Emig-Roller
Springer VS ist ein Imprint der eingetragenen Gesellschaft Springer Fachmedien Wiesbaden GmbH und ist ein Teil von Springer Nature.
Die Anschrift der Gesellschaft ist: Abraham-Lincoln-Str. 46, 65189 Wiesbaden, Germany

# Vorwort

Die Kulturbetriebslehre ist noch ein sehr junges Fach, das an der Schnittstelle von Kultur-, Sozial- und Wirtschaftswissenschaften entstanden ist. Der erste Lehrstuhl für Kulturbetriebslehre wurde 1991 am Institut für Kulturmanagement und Kulturwissenschaft (IKM) der damaligen Hochschule für Musik und darstellende Kunst Wien mit Werner Hasitschka besetzt, der eine erste Definition des Faches 1997 in einem Working Paper mit dem Titel „Kulturbetriebslehre und Kulturmanagement – Interaktionsanalytischer Ansatz" vorlegte. Mit der Umwandlung der Hochschule in eine Universität und dem damit verbundenen Habilitations- und Dissertationsrecht, erfuhr das Fach einen Entwicklungsschub. Seit 2004 haben sich vier Angehörige der Universität in der Kulturbetriebslehre habilitiert und in weiterer Folge in ihrem Fach Dissertationen betreut. Der wissenschaftliche Output an Monografien, Zeitschriftenartikeln, Dissertationen und anderen akademischen Abschlussarbeiten ist seitdem exponentiell gewachsen.

Mittlerweile hat der Forschungsansatz der Kulturbetriebslehre auch an anderen Universitäten im deutschsprachigen Raum Einzug gehalten. An der Zeppelin Universität in Friedrichshafen wurde eine Juniorprofessur für „Kulturbetriebslehre und Kunstforschung" eingerichtet und an der Leuphana Universität Lüneburg wird schon seit einigen Jahren Kulturbetriebslehre als Lehr- und Forschungsfach betrieben. Im Masterstudium „Vergleichende Literaturwissenschaft" an der Universität Innsbruck kann das Fach Literaturbetriebslehre belegt werden, das direkten Bezug zur Kulturbetriebslehre nimmt. Darüber hinaus lassen sich Ansätze der Kulturbetriebsforschung, ohne den Begriff „Kulturbetriebslehre" zu verwenden, identifizieren. Einen vergleichbaren Ansatz hat schon Kurt Blaukopf vertreten, der an der damaligen Hochschule für Musik und darstellende Kunst Wien das Fach „Musiksoziologie" aufgebaut hat. Aber auch der Production-of-Culture-Ansatz, den Richard Peterson und andere in den

1970er Jahren entwickelt haben, weist durchaus viele Gemeinsamkeiten mit der Kulturbetriebslehre auf.

Die Kulturbetriebslehre ist also keineswegs ein an der Universität für Musik und darstellende Kunst Wien isoliertes Inselfach, sondern wirkt weit darüber hinaus. Es ist daher zu hoffen, dass sich das Fach durch die weiteren Forschungsanstrengungen entwickeln und verbreiten wird. Dieses Lehrbuch soll dazu einen entsprechenden Beitrag leisten.

Wien							Peter Tschmuck

# Inhaltsverzeichnis

| | | |
|---|---|---|
| **1** | **Kulturbegriff(e)**......................................... | 1 |
| | 1.1 Die Problematik einer Definition von Kultur................. | 1 |
| | 1.2 Über die Symbolhaftigkeit von Kultur...................... | 7 |
| | 1.3 Der Kunstbegriff der Kulturbetriebslehre................... | 16 |
| **2** | **Der Betriebs- und Institutionenbegriff**........................ | 25 |
| | 2.1 Der soziologische Institutionenbegriff...................... | 25 |
| | 2.2 Der Betriebsbegriff der Betriebswirtschaftslehre.............. | 27 |
| | 2.3 Der ökonomische Institutionenbegriff...................... | 28 |
| **3** | **Der Güter- und Kulturgüterbegriff**.......................... | 35 |
| | 3.1 Der rechtliche Güterbegriff.............................. | 35 |
| | 3.2 Der ökonomische Güterbegriff........................... | 36 |
| |     3.2.1 Öffentliche Güter................................ | 36 |
| |     3.2.2 Meritorische Güter............................... | 44 |
| |     3.2.3 Klub- und Mautgüter............................. | 46 |
| |     3.2.4 Allmendegüter.................................. | 49 |
| |     3.2.5 Informationsgüter................................ | 55 |
| |     3.2.6 Netzwerkexternalitäten ........................... | 57 |
| |     3.2.7 Digitale Güter................................... | 58 |
| | 3.3 Die Doppelgesichtigkeit von Kulturgütern .................. | 59 |
| | 3.4 Der Kulturbetrieb als Erzeuger kultureller und ökonomischer Werte ................................................ | 63 |
| **4** | **Ökonomischer und kultureller Wert**......................... | 69 |
| | 4.1 Ökonomischer Wert – eine kurze Ideengeschichte ............ | 69 |
| |     4.1.1 Der objektive Wertbegriff der ökonomischen Klassiker ... | 69 |
| |     4.1.2 Der objektive Wertbegriff bei Marx.................. | 72 |

| | | | |
|---|---|---|---|
| | 4.1.3 | Frühe Ansätze eines subjektiven Wertbegriffs............ | 73 |
| | 4.1.4 | Die Überwindung des objektiven Wertbegriffs: Die Grenznutzentheorie............................... | 75 |
| 4.2 | | Kultureller Wert......................................... | 79 |
| 4.3 | | Ökonomischer und kultureller Wert – eine Interdependenz........ | 83 |
| | 4.3.1 | Kultureller Wert und seine Messbarkeit................ | 85 |
| | 4.3.2 | Der Zusammenhang kultureller und ökonomischer Werte........................................... | 88 |
| 4.4 | | Der Kulturbetrieb: Produktion, Verbreitung, Vermittlung und Rezeption von Kulturgütern............................... | 99 |

## 5 Das kulturbetriebliche Kulturmanagement..................... 105
   5.1 Eine kurze Geschichte der Kulturmanagement-Theorie(n)........ 105
      5.1.1 Die Anfänge der Kulturmanagement-Forschung.......... 105
      5.1.2 Der funktionale Kulturmanagement-Ansatz............. 106
      5.1.3 Die theoretische Fundierung einer selbständigen Disziplin Kulturmanagement................................ 108
      5.1.4 Konkrete Ansätze einer selbständigen Kulturmanagement-Theorie......................... 110
   5.2 Das Bild der KulturmanagerIn im Wandel.................... 117
   5.3 Das kulturbetriebliche Kulturmanagement.................... 120
      5.3.1 Kultur und Organisation als Differenz................. 120
      5.3.2 Kulturbetriebliches Kulturmanagement als Prozess der Werte-Übersetzung............................... 123

## 6 Die Kulturbetriebslehre als Transdisziplin: Ein Ausblick........... 127
   6.1 Theoretische Überlegungen................................ 127
   6.2 Überlegungen zur Methodik der Kulturbetriebslehre............ 133

**Literatur**................................................... 137

# Abbildungsverzeichnis

Abb. 1.1 Einige Beispiele für die Verwendung der Swastika.
**a** Römisches Fußbodenmosaik, Villa Hylborn, Pachten.
**b** Minoische Vase, Archäologisches Museum Iraklio, Kreta.
**c** Bronzezeitliche Fibel, Museum Laureacum, Enns.
**d** Piktogramme der Anasazi-Kultur, Zion-Nationalpark, Utah/USA........................................... 12
Abb. 1.2 Zwei Gemälde des Schimpansen Congo.................. 20
Abb. 2.1 Der Zusammenhang zwischen Urheberrecht und Marktstruktur......................................... 32
Abb. 3.1 Eine (Kultur-)Gütertypologie........................... 54
Abb. 3.2 Der Citroën DS, Baureihe 1955–1967, Außenansicht und Armaturenbrett........................................ 65
Abb. 4.1 Eine Übersicht über die ökonomischen Werttheorien......... 79
Abb. 4.2 Ein kulturökonomisches Modell zur Erklärung der Wechselwirkung von kulturellem und ökonomischem Wert.... 91
Abb. 4.3 Eine Typologie des Kulturbetriebs....................... 100
Abb. 4.4 Die Transformation von Symbolen in Kulturgüter im Kulturbetrieb......................................... 103
Abb. 6.1 Die Kulturbetriebslehre als Transdisziplin................. 132
Abb. 6.2 Historische, Praxis-, Struktur- und Kulturgüterdimension des Kulturbetriebs..................................... 134
Abb. 6.3 Die DIACULT-Methodik nach Hasitschka................. 136

# Kulturbegriff(e)

## 1.1 Die Problematik einer Definition von Kultur

Es gibt in diversen wissenschaftlichen Disziplinen eine Vielzahl von Definitionen von Kultur. An dieser Stelle sollen aber nicht erschöpfend sämtliche Kultur-Definitionen präsentiert und diskutiert werden – das würde den Rahmen dieses Einführungswerks sprengen –, sondern der Versuch unternommen werden, einen für die Kulturbetriebslehre brauchbaren Kulturbegriff abzuleiten.

Die Maximalvariante stellt der anthropologische Kulturbegriff dar. Demnach ist alles, was der Mensch hervorbringt, Kultur. So wird beispielsweise im Handbuch philosophischer Grundbegriffe (Krings et al. 1973) „Kultur" als alles, *„das, was die Menschen aus sich und ihrer Welt machen und was sie dabei denken und sprechen"* (Maurer 1973, S. 823) im Sinn des anthropologische Kulturbegriffs definiert. Der Nachteil eines solchen breiten Kulturbegriffs ist aber, dass er seine analytische Fokussierung verliert und alles menschlich Hervorgebrachte müsste Gegenstandsbereich der Kulturbetriebslehre sein, was der Willkür Tür und Tor öffnet. Ein weiteres Problem ergibt sich bei der Anwendung eines anthropologischen Kulturbegriffs, dass Kultur etwas spezifisch Menschliches ist und es daher keine Kultur im Tier- und Pflanzenreich geben kann.

Auf diese Differenz verweist bereits die ursprüngliche Verwendung des Begriffs im Lateinischen, wonach unter „cultura" die Pflege und Fruchtbarmachung des Bodens verstanden wird.[1] Spätestens seit Jean-Jacques

---

[1] Siehe Eintrag „Kultur" in Kluge und Seebold, 2011, Etymologisches Wörterbuch der deutschen Sprache.

© Der/die Herausgeber bzw. der/die Autor(en), exklusiv lizenziert durch Springer Fachmedien Wiesbaden GmbH, ein Teil von Springer Nature 2020
P. Tschmuck, *Einführung in die Kulturbetriebslehre*,
https://doi.org/10.1007/978-3-658-30265-8_1

Rousseaus „Emile oder Über die Erziehung" (1963 [1762]) wird unter Kultur auch die Kultivierung des Menschen durch Erziehung verstanden. Es ist aber auch Rousseau, der in seiner Kritik der im Entstehen begriffenen bürgerlichen Gesellschaft, eine Entfremdung des Menschen von seiner ursprünglichen Natur konstatiert (Rousseau 1998 [1755]), und damit die Dichotomie zwischen Kultur und Natur erst festschreibt.

Wird zwischen Kultur und Natur ein Gegensatz konstruiert, stellt sich die Frage, wo Kultur anfängt und die Natur aufhört? Zweifellos ist der Mensch ein natürliches Wesen und somit auch Teil der Natur, aber der Mensch hat auch kulturelle Leistungen hervorgebracht, zu der Tiere scheinbar nicht fähig sind. Ist also Kultur etwas, das Menschen von Tieren unterscheidet? EvolutionsbiologInnen beantworten diese Fragen eindeutig mit Nein. So bezeichnet Tomasello (2002) die Gesamtheit von Traditionen, die durch soziales Lernen weitergegeben wird, als Kultur. Dazu sind allerdings nicht nur Menschen, sondern auch Menschenaffen fähig, wie die Verhaltensforschung zu Schimpansen belegt (siehe z. B. Boesch und Tomasello 1998). Schimpansen erfüllen die Voraussetzungen, wie Ergebnisse sozialen Lernens von Generation zur Generation weitergegeben werden. Die Individuen einer sozialen Gruppe müssen sich demnach anders verhalten als Individuen anderer Populationen. Wenn diese Unterschiede nicht durch genetische Variationen oder individuelles Lernen erklärt werden können, dann ist das ein Indiz für soziales Lernen (ibid.). VerhaltensbiologInnen konnten zeigen, dass vollkommen voneinander isolierte Schimpansen-Populationen in West- und Ostafrika mehr als 39 verschiedene Traditionen aufweisen, die ein Hinweis auf eine „kulturelle" Verschiedenartigkeit sein könnten (Juncker 2008, S. 95).

Ein weiteres Indiz dafür, dass Kultur nicht ausschließlich der Spezies Homo sapiens zukommt, sind neueste Forschungsergebnisse zu den Neandertalern. So konnte eine ForscherInnen-Gruppe rund um den Genetiker Svante Pääbo nicht nur das Neandertaler-Gen erstmals isolieren und sequenzieren (Pääbo 2014), sondern es wurde daraufhin auch nachgewiesen, dass die DNA von EuropäerInnen, AsiatInnen und AustralierInnen zu zwei bis zweieinhalb Prozent vom Neandertaler stammt. Es müssen demnach vor maximal 400.000 und wenigstens 220.000 Jahren Menschen von Afrika nach Europa eingewandert sein, um sich mit den in Europa bereits ansässigen Neandertalern zu vermischen (Krause und Trappe 2019, Pos. 542). Das sagt natürlich noch nicht darüber aus, wie es zu dieser Vermischung – freiwillig oder gewaltsam – kam, und ob die Menschen gegenüber den Neandertalern „kulturell höherstehend" waren. Archäologische Funde legen aber nahe, dass die Neandertaler bereits vor der Ankunft der Menschen in Europa geregelte Bestattungen nach einem bestimmten Muster durchgeführt und Grabbeigaben getätigt haben, was auf mögliche Totenrituale und somit einen Totenkult schließen lässt (Pohanka 2016, S. 37–39). Zudem haben Skelettfunde von vor 60.000 Jahre im heutigen Israel lebenden Neandertalern gezeigt, dass sie ein dem modernen Menschen sehr ähnliches Stimmbein hatten, was dem Schimpansen fehlt. Damit wäre die wohl wichtigste Grundlage zur Ausprägung einer komplexeren Kultur, nämlich die Sprache, bereits beim Neandertaler angelegt gewesen. Das stützen auch neueste genetische Befunde der Neandertaler-DNA, wonach Menschen und Neandertaler über das gleiche FOXP2-Gen verfügen, das eine Voraussetzung für eine komplexe Sprachfähigkeit ist. Geht dieses Gen aufgrund einer Mutation bei Menschen verloren, so können diese kaum sprechen (Krause und Trappe 2019, Pos. 604–609). 2018 wurden bereits bekannte Malereien in spanischen Höhlen mit einem Alter von 66.000 Jahren neu datiert, wodurch sie noch vor Ankunft des modernen Menschen in Europa entstanden sein und damit den Neandertalern zuzurechnen sein dürften.[2] Diese neuesten wissenschaftlichen Erkenntnisse könnten ein Beleg dafür sein, dass nicht nur Menschen kulturfähig sind.

Es wird wohl keine absolute Trennlinie in der Abgrenzung zwischen Tier und Mensch über den Kulturbegriff geben, sondern es scheint einen fließenden Übergang zu geben, den auch Evolutions- und VerhaltensbiologInnen bereits identifiziert haben. So konnte Tomasello und sein Team in Experimenten mit Menschen- und Affenkindern nachweisen, dass bis zu einem Alter von zehn Monaten kaum Unterschiede in der kognitiven Entwicklung festzustellen sind. *„Ungefähr mit einem Jahr tun Menschen zum ersten Mal etwas, das bei Affen fehlt: Sie machen andere auf interessante Objekte aufmerksam, indem sie darauf zeigen. Und das ist noch nicht alles: Von dem gleichen Alter an finden die meisten Menschenkinder es von sich aus interessant, auf Dinge zu zeigen, (…) einzig zu dem Zweck, die Aufmerksamkeit von Mama, Papa oder anderen darauf zu lenken."* (Pääbo 2014, Pos. 4104). Tomasello (2009) vermutet, dass der Drang, die Aufmerksamkeit von anderen Menschen zu beeinflussen, weil man in der Lage ist, sich in sie hineinzuversetzen, ein ausschließlich kognitives Merkmal der Menschen ist. Damit wird nicht nur Lernen durch Nachahmung möglich, sondern es können geteilte Realitäten, z. B. über Symbole geschaffen werden, weil wir davon ausgehen können, dass auch andere den Sinn von Symbolen so erfassen,

---

[2]Siehe dazu Spektrum.de, 2018, „Höhlenmalereien der Neandertaler gefunden", 22. Februar 2018, https://www.spektrum.de/news/hoehlenmalereien-der-neandertaler-gefunden/1546545 (abgerufen: 17.02.2020).

wie wir ihn erlernt haben. Das Symbolhafte, was später noch zu zeigen sein wird, ist damit die wichtigste Voraussetzung für die Ausbildung von Kultur. Und der Genetiker Svante Pääbo ist davon überzeigt, dass „(…) *ganz gleich, wie frühzeitig man Menschenaffen in die menschliche Gesellschaft integriert und wie viel Unterricht sie erhalten, mehr als rudimentäre kulturelle Fähigkeiten entwickeln sich bei ihnen nicht.*" (Pääbo 2014, Pos. 4144).

Diese evolutionsbiologischen Erkenntnisse stützen auch anthropologische Kulturtheorien wie jene von Helmuth Plessner, der in der reflektierenden Individualität des Menschen die Besonderheit gegenüber dem Tierreich sieht. Plessner (1975) benutzt dafür den Begriff der exzentrischen Positionalität, weil der Mensch im Gegensatz zum Tier jederzeit in ein reflexives Verhältnis zu sich aber auch zu seiner Außenwelt treten kann. Zwar haben auch Tiere einen inneren Antrieb, der von einem Zentrum aus – deshalb zentrische Positionalität – ausgeht, aber sie können ihr Innenleben nicht reflektieren, was durchaus mit den neuesten evolutionsbiologischen Erkenntnissen vereinbar ist.

Der anthropologische Kulturbegriff ist, wie gezeigt wurde, nicht unproblematisch und es braucht eine Begriffsklärung, die im nächsten Abschnitt vorgenommen wird, damit ein brauchbarer Kulturbegriff für die Kulturbetriebslehre daraus abgeleitet werden kann. Zuvor muss aber noch ein Blick auf das andere Ende des Kontinuums der Kulturbegrifflichkeit geworfen werden und zwar auf die Minimalvariante, wonach Kultur als Teilbereich des Sozialen definiert wird, z. B. als Alltags- oder Soziokultur, Bildungsgut oder Ideologie. Hierbei besteht allerdings das Problem der Abgrenzung. Kultur wird in diesem alltagssprachlichen Sinn dann gern mit den Feuilletonseiten in Qualitätszeitungen und implizit „Hochkultur" assoziiert oder mit Radio- und TV-Formaten, die über „Kultur" berichten. Diese Begrifflichkeit schwingt auch beim „Kulturmanagement", der „Kulturökonomie" oder bei der „Kulturindustrie" mit, die gesellschaftliche Teilbereiche wie bildende und darstellende Künste, Musik, Literatur, Film, Fotografie etc. bezeichnen. Dabei stellt sich stets das Problem der Abgrenzung zu anderen sozialen Bereichen wie die unterschiedlichen Definitionen von Kulturindustrie bzw. -wirtschaft belegen (vgl. Hesmondhalgh 2002, S. 12). Daran sieht man, dass diese Minimalvariante der Kulturdefinition trotz der analytischen Schärfe nicht unproblematisch ist, weil es zum einen das angesprochene Abgrenzungsproblem gibt und zum anderen der Erkenntnishorizont unnötig eingeschränkt wird.

Ein dritter Anwendungsbereich des Kulturbegriffs ist die Abgrenzung von geografisch und/oder national definierten „Kulturen", was in etwa dem englischen Zivilisationsbegriff mit all seiner Problematik entspricht. Anknüpfungspunkt ist dabei der Zivilisationsbegriff von Thomas Hobbes, den er im „Leviathan"

(2005 [1651]) entwickelt hat. Demnach leben die Menschen in einem alles anderen als harmonischen Naturzustand, in dem nur das Prinzip des Stärkeren gilt. Es bedarf nach Hobbes der staatlichen Gewalt, um von einem ungeregelten Natur- in einen geordneten Zustand der Zivilisation zu gelangen.³ Diese kultur- oder besser gesagt zivilisationspessimistische Sichtweise wirkt heute noch in Schriften neokonservativer Kulturtheoretiker wie Samuel Huntington („The Clash of Civilization and the Remaking of World Order", 1996) nach, die staatliche Autorität und institutionelle Stabilität bei gleichzeitiger Autonomie der Individuen fordern. Auf dieser Basis werden Migrationsbewegungen zu Krisen hochstilisiert – in den USA durch die Einwanderungsbewegungen aus Mexiko und anderen lateinamerikanischen Ländern, in Europa durch die angebliche Islamisierung – und der Untergang bzw. die Aushöhlung einer vorgeblichen „Leitkultur" beschworen (vgl. Tibi 1998, S. 154).

Dieser Zivilisationsbegriff wurde vor allem im deutschsprachigen Raum vom Kulturbegriff abgegrenzt, worauf Plessner (1974, S. 73) eindringlich hinweist: *„Er deckt sich nicht mit Zivilisation, mit Kultiviertheit und Bildung oder gar Arbeit."* Diese Unterscheidung finden wir schon bei Kant, indem er höfliche Umgangsformen, Manieren aber auch die Beherrschung der Natur durch Technologien als Teil der Zivilisation ansieht, aber die Fähigkeit des Menschen zur Moralität (der kategorische Imperativ) Kulturelles erzeugt. *„Denn die Idee der Moralität gehört noch zur Cultur; der Gebrauch dieser Idee aber, welcher nur auf das Sittenähnliche in der Ehrliebe und der äußeren Anständigkeit hinausläuft, macht blos die Civilisirung aus."* (Kant o. J. [1784], Pos. 164–169).

Der Soziologe Norbert Elias (1995) übernimmt den Zivilisationsbegriff und entwickelt daraus eine umfassende Zivilisationstheorie, wonach im Laufe der Menschheitsgeschichte ein immer höherer Grad an Zivilisation erreicht wurde, der sich in kulturellen Artefakten und Praktiken – Esskultur, Sexualität, Mode etc. – manifestiert. Die Zivilisierung ist demnach ein langfristiger historischer Prozess, in dem nicht nur das Individuum durch formelle und informelle Regeln und Sanktionen diszipliniert wird, sondern sich dadurch auch die Sozialstrukturen wandeln, was sich in der Herausbildung zentralistischer Staaten mit einem Steuer- und Gewaltmonopol und einer vom Staat kontrollierten Geldwirtschaft niederschlägt.

---

³Der berühmte Satz „Homo homini lupus est" – „der Mensch ist des Menschens Wolf" –, stammt allerdings nicht aus dem Leviathan, sondern aus der Widmung des später erschienen Werks „De Cive" (1657) an William Cavendish, den Grafen von Devonshire.

Dieser „zivilisatorische" Kulturbegriff wird wie im Fall der französischen Poststrukturalisten auch als Sozialtechnologie und Machtinstrument verstanden. Michel Foucault zeigt anhand der Geschichte des Strafvollzugs („Überwachen und Strafen. Die Geburt des Gefängnisses", 1976), dass im Zeitalter der Aufklärung zwar die körperlichen Strafen als inhuman größtenteils abgeschafft wurden, aber die Überwachung von StraftäterInnen in modernen Gefängnissen perfektioniert und bis auf die Ebene des Innenlebens (Psychologie im Strafvollzug) ausgeweitet wurde. Diese Disziplinierungsmethoden wurden im Laufe des 19. Jahrhunderts auf andere staatlich kontrollierte Einrichtungen wie Schulen, Spitäler, Waisenhäuser und psychiatrische Anstalten ausgeweitet, um einen bestimmten Menschtyp hervorzubringen (Foucault 1976, S. 177; 256), der, staatlich sanktioniert, „zivilisiert" wird. Kultur wird auf diese Art und Weise bei Foucault zu einem Instrument der Macht, wobei der Begriff bei Foucault nicht nur negativ konnotiert ist, wie im Gegensatz zum Herrschaftsbegriff, der meist im Zusammenhang mit Unterdrückung von Menschen verwendet wird. Macht produziert nach Foucault produktives Wissen (Foucault 1977, S. 106–107) und wird nicht immer nur hierarchisch von oben nach unten ausgeübt. Es gibt vielmehr eine Macht, die „von unten" ausgeht und als Gegenbewegung zu staatlich ausgeübter Macht wirkt (ibid., S. 116–117) – z. B. in Form von BürgerInnen-Initiativen.

Zygmunt Bauman sieht darin die Ambivalenz der Kultur. Einerseits benötigt der Mensch Kultur im Sinn einer sozialen Praxis, die gesellschaftliche Ordnung herzustellen vermag (Bauman und May 1990), die aber andererseits auch begrenzend und sogar unterdrückend wirken kann. *„The core ambivalence of the concept of ‚culture' reflects the ambivalence of the idea of order-making (…). Man-made order is unthinkable without human freedom to choose, human capacity to rise imaginatively above reality, to withstand and push back its pressures."* (Bauman 1999, S. 14). Kultur schafft soziale Ordnung, die den Menschen befähigt, überhaupt zu überleben und engt ihn gleichzeitig auch ein. Mittels Kultur wird auch Macht ausgeübt, weil in einer Gesellschaft nicht alle Menschen die gleichen Möglichkeiten haben, eine verbindliche Ordnung herzustellen. Damit werden die Menschen dazu gebracht, eine Ordnung als für sie verbindlich und quasi vorgegeben anzuerkennen Allerdings ist diese Ordnung niemals stabil, sondern unterliegt aufgrund der sozialen Praxis ständigen Veränderungen, die nicht allein durch Macht stabilisiert werden kann (ibid.).

Kultur ist keineswegs etwas „von oben" Verordnetes, sondern ein sozialer und historischer Prozess, wie dies erstmals von Johann Gottfried Herder („Ideen zu Philosophie der Geschichte der Menschheit", 1966 [1774]) formuliert wurde. Kultur als historischer, einmaliger und irreversibler Prozess kann somit auch

Gegenstand der geschichtlichen Betrachtung werden, wie dies in Form zahlreicher Werke zur Kulturgeschichte der Menschheit (z. B. von Egon Friedell, 2003) ihren Niederschlag gefunden hat. Aber auch die Kultursoziologie hat sich entlang dieser Entwicklungslinie ausgebildet, man denke nur an Max Weber oder Georg Simmel.

Diese Überlegungen führen uns zu einem für die Kulturbetriebslehre praktikablen Kulturbegriff und zwar zur Definition von Kultur als historisch gewordenes Regelwerk, das der menschlichen Gesellschaft Struktur verleiht. Dazu Tasos Zembylas (2004, S. 29): *„Menschliches Leben konstituiert sich also aus sozialen und kulturellen Zusammenhängen (...). Wenn wir Kultur folglich als Form der Konstitution einer Gemeinschaft durch Repräsentation verstehen, dann haben kulturelle Produkte den Charakter eines Symbols"*. Bei Kunst handelt es sich dabei um Sonderformen von Symbolen, über die Kultur repräsentiert und vermittelt wird.

Diese Definition stellt einen Kompromiss zwischen einem sehr breiten anthropologischen und einem engen soziokulturellen Kulturbegriff dar, und betrachtet alle Erscheinungsformen der menschlichen Existenz als potenziell kulturell, aber es hängt vom jeweiligen sozialen und historischen Diskurs ab, was im konkreten Fall als kulturell angesehen werden kann und was nicht.

## 1.2 Über die Symbolhaftigkeit von Kultur

Ernst Cassirer zeigt in seinem philosophischen Hauptwerk „Philosophie der symbolischen Formen" (2010 [1923–26]), dass Symbole nicht nur versprachlichte Texte sind, sondern sich auch in anderer Form, z. B. bildhaft oder klanglich, manifestieren können. Symbole formen die Kultur und bieten eine intersubjektive Basis für menschliche Kommunikation. Über symbolische Formen der Kultur wird Sinn gestiftet und verbreitet. Man kann sagen: Kein Sinn ohne Kultur und keine Kultur ohne Sinn. *„Wir sind ‚zum Sinn verurteilt'*[4], *weil wir kulturell geformt sind"* (Zembylas 2004, S. 32).

Cassirer weist darauf hin, dass grundsätzlich zwischen Symbol und Zeichen unterschieden werden muss, weil Tiere sehr wohl über komplexe Zeichensysteme verfügen und deren Verhalten mit Hilfe von Zeichen auch beeinflusst werden

---

[4]In „Phänomenologie der Wahrnehmung" (Merleau-Ponty 1966).

kann. Das belegt z. B. das bekannte Experiment von Pawlow mit Hunden,[5] die zwar auf Zeichen reagieren konnten aber nicht in der Lage waren, Symbole zu verwenden und zu verstehen (Cassirer 1944, S. 50–51).

An dieser Stelle ist es nötig, den Symbolbegriff zu klären und ihn vom Zeichenbegriff abzugrenzen. Im bekannten Kapitel „Die Natur des sprachlichen Zeichens" in den „Grundfragen der allgemeinen Sprachwissenschaft" (2016) des Sprachwissenschaftlers Ferdinand de Saussure, wird ein Unterschied zwischen Zeichen (signe), Signifikat (signifié) und Signifikant (signifiant) gemacht (Saussure 2016, Pos. 338). Nach Saussure verbindet ein Zeichen nicht eine Sache und einen Namen, sondern eine Vorstellung von einer Sache (Signifikat) mit dem Lautbild (Signifikant) (ibid., Pos. 313). Der Signifikant ist dabei nicht der konkrete materielle Laut, sondern seine psychische Repräsentation, die nun über ein Zeichen mit der Vorstellung von einer Sache verknüpft wird (ibid.). Beispielsweise verknüpft das Zeichen „Baum", die Vorstellung eines Baumes – also das Signifikat „Baum" – mit der Lautrepräsentation für „Baum" (ibid., Pos. 325).

Die Verbindung, die nun zwischen Signifikat und Signifikant hergestellt wird, ist nach Saussure arbiträr, d. h. nicht durch eine bereits bestehende Verbindung determiniert (ibid., Pos. 344). Zeichen haben also keine ontologische Bedeutung, sondern diese wird ihnen erst durch die Verwendung in einer Sprachgemeinschaft zugewiesen. Der Begriffsinhalt von „Baum" ergibt sich demnach nicht durch die Aneinanderreihung der Buchstaben B A U M, sondern könnte auch durch eine andere Lautfolge dargestellt werden. Deshalb werden Dinge in andere Sprachen auch anders bezeichnet (ibid., Pos. 351).

Aufgrund der Arbitrarität der Beziehung zwischen Signifikat und Signifikant können Zeichen zu Bedeutungsträgern, d. h. Symbolen werden. Das Symbol ist nach Saussure nicht mehr arbiträr, sondern es besteht dabei „*(…) immer noch der Rest einer natürlichen Beziehung zwischen Signifikant und Signifikat*" (Saussure 2016, Pos. 368). Als Beispiel dient Saussure die Waage, die als Symbol der Gerechtigkeit aufgefasst wird und nicht beliebig durch das Zeichen für einen Karren ersetzt werden kann (ibid.). Symbole sind nicht rein konventionelle Zeichen, sondern Bedeutungsträger, deren Bedeutung im sozialen Prozess entsteht. Für Saussure spielt das Soziale in Form einer Sprachgemeinschaft die zentrale Rolle bei der Symbolproduktion.

---

[5]Der russische Verhaltensbiologe Iwan P. Pawlow konnte anhand eines Experiments nachweisen, dass Hunde bei einem Glockenton, der regelmäßig im Zusammenhang mit der Fütterung erklang, auch dann bei den Tieren einen Speichelfluss auslöste, wenn gar keine Fütterung stattfand.

## 1.2 Über die Symbolhaftigkeit von Kultur

Diese Überlegung arbeitete Cassirer in seiner anthropologischen Symboltheorie vertiefend aus. In seinem „An Essay on Man. An Introduction to a Philosophy of Human Culture" (1944)[6] formuliert er das Ziel, eine Phänomenologie der menschlichen Kultur zu erarbeiten (Cassirer 2007, S. 86–87). Die Kultur wird über Symbole vermittelt, weil der menschliche Verstand der Symbole bedarf. Allerdings ist das Symbol nicht Teil der physikalischen Welt, sondern *„es hat eine ‚Bedeutung'"* (ibid., S. 93). Der Mensch ist ein „animal symbolicum" (ibid., S. 51), das sich aber von der Tierwelt durch seine Kultur unterscheidet. *„Die Philosophie der symbolischen Formen geht von der Voraussetzung aus, daß, wenn es überhaupt eine Definition des ‚Wesens' oder der ‚Natur' des Menschen gibt, diese Definition nur als funktionale, nicht als substantielle verstanden werden kann. (…) Das Eigentümliche des Menschen, das, was ihn wirklich auszeichnet, ist nicht seine metaphysische oder physische Natur, sondern sein Wirken."* (ibid., S. 110). Dieses Wirken konstituiert menschliche Kultur, die sich in den Sphären der Sprache, Mythos, Religion, Kunst, Wissenschaft und Geschichte ausdrückt (ibid.).

Allerdings bleibt Cassirer einer Phänomenologie der menschlichen Kultur verhaftet und liefert keine Erklärung, wie das Symbolisch-Kulturelle aus dem Sozialen heraus erwächst. Deshalb lohnt es sich soziologische Theorien zu Rate zu ziehen, die sich mit der Rolle es Symbolischen im Sozialen befassen. Ein früher Ansatz ist jener den symbolischen Interaktionismus, der von George Herbert Mead begründet und von Herbert Blumer ausformuliert wurde. Bei Mead kommt der Kommunikation die entscheidende Rolle in sozialen Prozessen zu. Menschen kommunizieren und interagieren über „signifikante Symbole", deren Sinn von den Mitgliedern einer Gesellschaft gleich oder zumindest ähnlich interpretiert wird (Mead 1972 [1934], S. 71–72). Der Symbolische Interaktionismus macht demnach soziale Interaktion überhaupt erst möglich. Blumer bringt das Konzept der Symbolischen Interaktionismus mit folgenden drei Prämissen auf den Punkt: 1) *„dass Menschen Dingen gegenüber auf der Grundlage von Bedeutungen handeln, die diese Dinge für sie besitzen"* (Blumer 2013, S. 63–64); 2) *„dass, die Bedeutung solcher Dinge von der sozialen Interaktion, die man mit seinen Mitmenschen eingeht, ausgeht oder aus ihr erwächst"* (ibid., S. 64) und

---

[6]Die deutsche Übersetzung erschien 1990 unter dem Titel „Versuch über den Menschen. Einführung in eine Philosophie der Kultur" bei Fischer und liegt derzeit in einer verbesserten, zweiten Auflage im Meiner Verlag vor (Cassirer 2007).

3) „*dass diese Bedeutungen in einem interpretativen Prozess, den die Person in ihrer Auseinandersetzung mit den ihr begegnenden Dingen benutzt, gehandhabt und abgeändert werden*" (ibid., S. 65). Auf diese Weise entsteht kollektives Handeln, weil Menschen stets über einen Prozess interpretierender Interaktionen miteinander verbunden sind. Wiederholt sich das kollektive Handeln auf gleiche oder ähnliche Weise, so bekommen die Menschen ein Verständnis dafür, wie andere in der gleichen Situation handelt werden, was sich in stabilen Deutungsmustern widerspiegelt (ibid., S. 84). In diesem Aushandlungsprozess von Bedeutungen von Interaktionen entstehen nach Blumer (2013, S. 85–86) die Werte, Regeln, Normen und Sanktionsmechanismen, die man in ihrer Gesamtheit auch als Kultur einer Gesellschaft bezeichnen kann. Und ähnlich formuliert es auch der Semiotiker Umberto Eco (1977, S. 33), der Kultur als Kommunikationsphänomen betrachtet und Symbole bezüglich ihres Zwecks, der ihnen im Kommunikationsprozess zugeschrieben wird, interpretiert werden müssen.

Hier knüpft der Ansatz von Soeffner (2005, zit. in Kurt 2011) an, wonach Symbole in der kulturellen Sinnbildung essenziell sind. „*Die Form der Symbolisierung, die symbolische Ausgestaltung der Welt, hängt ganz eng mit dem zusammen, was Kultur ausmacht.*" (Soeffner 2005, zit. in Kurt 2011, S. 234). Dabei unterscheiden sich Symbole von Zeichen. Zeichen lassen sich eindeutig interpretieren und vereinfachen unser Leben, man denke nur an Verkehrszeichen. Symbole hingegen zeichnen sich durch eine „*widersprüchliche Mehrdeutigkeit*" bzw. „*hochgradige Optionalität*" (ibid.) aus. „*(…) Symbole sind ein Indiz dafür, dass wir mit Widersprüchen umgehen müssen, mit denen wir nicht fertig werden, die wir zwar wunderbar einkleiden, aber nicht bewältigen.*" (ibid.).

**Fallbeispiel Hakenkreuz: Vom Glücks- zum Unrechtssymbol**
Wer aus Deutschland oder Österreich stammend in Indien durch die Straßen geht, wird sehr verwundert darüber sein, dass viele Hauseingänge mit einem Zeichen geschmückt sind, das in deutschsprachigen Ländern mit dem Hakenkreuz assoziiert wird und DAS Symbol für das mörderische nationalsozialistische Regime ist. In Deutschland und Österreich ist es bis heute verboten, das Hakenkreuz öffentlich zu verwenden und zu ver-

## 1.2 Über die Symbolhaftigkeit von Kultur

breiten.[7] Das Hakenkreuz wird im Sanskrit als Swastika, was so viel wie Glückssymbol bedeutet, bezeichnet, und soll die BewohnerInnen und Gäste eines Hauses vor Unglück beschützen. Als Zeichen taucht es bereits in der Jungsteinzeit auf und ist erstmals auf einem archäologischen Fund von Mammutknochen in der heutigen Ukraine belegt, die auf 10.000 v. Chr. datiert werden können (Campbell 2002, S. 19). Seitdem hat sich die Swastika in vielen Kulturen weltweit verbreitet und findet sich als Verzierung auf Gefäßen, Bauwerken, Schmuckgegenständen, Waffen oder als Fußbodenmosaiken (Abb. 1.1 a–d).

Das Swastika-Zeichen hatten je nach kulturellem Kontext unterschiedliche Bedeutungen und können als religiöse Symbole aber auch als ornamentale Verzierungen gedeutet werden. Eine eindeutige Sinnzuschreibung erfolgte in Europa erst im 19. Jahrhundert, als die anthropologische Forschung und archäologische Funde immer mehr Swastiken zutage förderten und über eine gemeinsame ethnische Herkunft spekuliert wurde. Einen wesentlichen Beitrag dazu leistete der Entdecker Trojas, Heinrich Schliemann, der rund 600 Objekte, die mit Swastiken verziert waren, ausgrub. Er erkannte darin Ähnlichkeiten mit Objekten, die bereits aus Nordeuropa und Deutschland bekannt waren und verstieg sich zur Behauptung, dass das Zeichen germanischer Herkunft sein müsste und erklärte die ursprünglichen Bewohner Trojas kurzerhand der „arischen Rasse" zugehörig (Schliemann 1874, S. 28; 159; 177). Indem er das Hakenkreuz zu einem „arischen Zeichen" umdefinierte, legte er die Grundlagen für eine rassistische Interpretation der Swastika, wie auch Quinn (1995, S. 23) feststellt: *„In defining the swastika itself as an Ayran ancestral sign, he constructed a lineage preceding history and tradition, a continuity of visual forms which were seen as the trace element of a race."*

---

[7]Das österreichische Abzeichengesetz 1960 i.d.g.F. (BGBl. Nr. 84/1960) verbietet das öffentliche Tragen, die Zurschaustellung, Darstellung und Verbreitung von Abzeichen, Uniformen oder Uniformteile von in Österreich verbotenen Organisationen wie der Nationalsozialistischen Arbeiterpartei (NSDAP) sowie ihrer Wehrverbände. In Deutschland stellt die Verbreitung von Propagandamittel verfassungswidriger Organisationen wie der NSDAP nach § 86 des Strafgesetzbuches eine strafbare Handlung dar, die mit Freiheitsstrafe bis zu drei Jahren oder mit Geldstrafe zu belegen ist (https://www.gesetze-im-internet.de/stgb/__86.html; abgerufen: 06.04.2020).

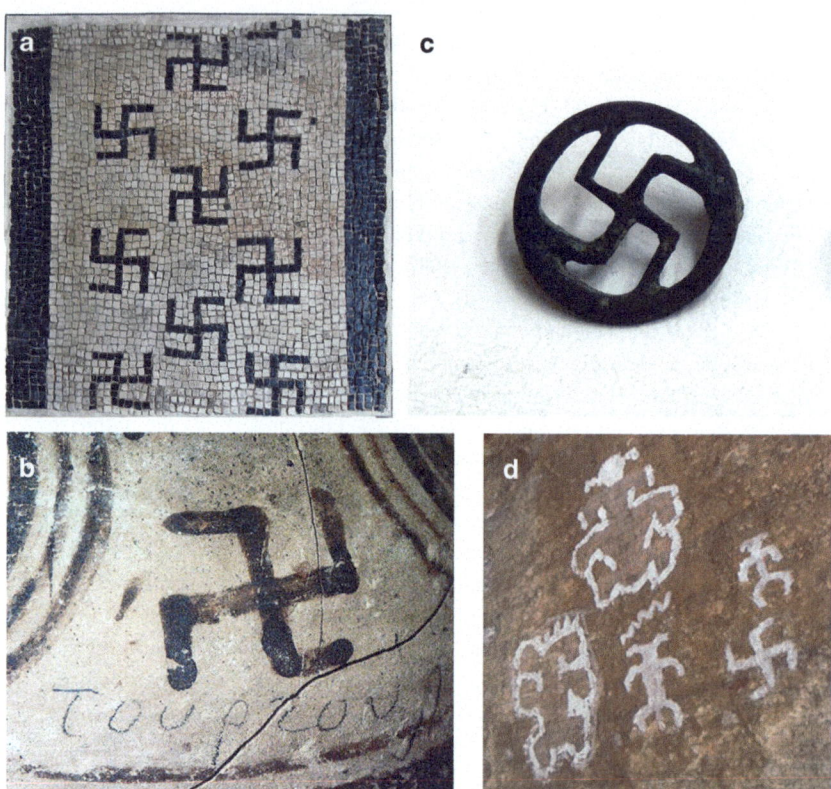

**Abb. 1.1** Einige Beispiele für die Verwendung der Swastika. **a** Römisches Fußbodenmosaik, Villa Hylborn, Pachten. (Quelle: Wikipedia, Lokilech CC BY-SA 3.0, Villa Hylborn Mosaik.jpg (erstellt: 28.03.2010)). **b** Minoische Vase, Archäologisches Museum Iraklio, Kreta. (Quelle: Wikipedia, Agon S. Buchholz, CC BY-SA 3.0, Kretominoisches, Hakenkreuz asb 2004 PICT3431.JPG (erstellt: August 2010)). **c** Bronzezeitliche Fibel, Museum Laureacum, Enns. (Quelle: Wikipedia, Wolfgang Sauber CC BY-SA 3.0, Hakenkreuzfibel.jpg (erstellt: 30.09.2012)). **d** Piktogramme der Anasazi-Kultur, Zion-Nationalpark, Utah/USA. (Quelle: Wikipedia, Tylas, CC BY 2.5, Zionpictographs.jpg (erstellt: 14.07.2006))

## 1.2 Über die Symbolhaftigkeit von Kultur

Die „Arier"-These von Schliemann fiel vor allem bei rassistisch, antisemitisch und völkisch gesinnten WissenschafterInnen auf fruchtbaren Boden, die ähnliche Zeichen aus den unterschiedlichen kulturellen Kontexten herauslösten und trotz widersprüchlicher wissenschaftlicher Befunde als gemeinsames Erkennungsmerkmal für die Indogermanen bzw. „Arier" konstruierten (Quinn 1995, S. 21–25). Schliemanns pseudowissenschaftliche These popularisierte sich und wirkte bald über den Kreis der Wissenschaften hinaus. Die Swastika wurde als Hakenkreuz zum zentralen Symbol für die „nordische bzw. germanische Rasse" hochstilisiert. Im März 1918 – also acht Monate vor Kriegsende – wurde das Hakenkreuz von der in Österreich gegründeten „Deutschen Nationalsozialistischen Arbeiterpartei" (DNSAP) als Parteisymbol verwendet, die nach dem Krieg mit der „Deutschen Arbeiterpartei" (DAP) in Deutschland eine enge Kooperation einging, die das Hakenkreuzzeichen als Identitätsmerkmal übernahmen. Nachdem die DAP im Februar 1920 auf Betreiben Adolf Hitlers und einiger seiner Mitstreiter in NSDAP umbenannt worden war, wurde die Hakenkreuzfahne zum Kampfsymbol dieser rassistischen und antisemitischen Kleinpartei. Nach dem kläglich gescheiterten Putsch vom 9. November 1923 wird Hitler (1938, 551–557) dann in der Festungshaft in „Mein Kampf" auch auf die symbolische Bedeutung des Hakenkreuzes für die nationalsozialistische Bewegung eingehen: *„Als nationale Sozialisten sehen wir in unserer Flagge unser Programm. Im Rot sehen wir den sozialen Gedanken der Bewegung, im Weiß den nationalistischen, im Hakenkreuz die Mission des Kampfes für den Sieg des arischen Menschen und zugleich mit ihm auch den Sieg des Gedankens der schaffenden Arbeit, die selbst ewig antisemitisch ist und antisemitisch sein wird."* Spätestens ab diesem Zeitpunkt wurde das Hakenkreuz zum Erkennungsmerkmal und zentralen Symbol der NationalsozialistInnen, das trotz Verbote in Deutschland und Österreich große Verbreitung fand. Nach der Machtergreifung der NSDAP im Januar 1933 wurde die Parteisymbolik auf den deutschen Gesamtstaat übertragen. Aber erst im Reichsflaggengesetz vom 15. September 1935 mutierte die Hakenkreuzfahne zur National- und Handelsflagge des Deutschen Reiches. Damit wurde das Hakenkreuz neben den Parteigliederungen (SA, SS, NSKK, NSFK) auch zum Hoheitszeichen von Wehrmacht, Luftwaffe und Kriegsmarine. Aufgrund der ubiquitären Verwendung des Hakenkreuzes im NS-Staat wurde es schließlich zum Symbol nationalsozialistischer Expansions- und Kriegsgelüste, die in

> Rassenwahn, Kriegsverbrechen und Verbrechen gegen die Menschlichkeit mündeten. Das Hakenkreuz bekam dadurch eine vollständig negative Konnotation, die in den oben genannten Verbotsgesetzen zum Ausdruck kommt. Als Zeichen kann das Hakenkreuz, wie wir gesehen haben, viele Bedeutungen haben. Der historische und kulturelle Kontext entscheidet aber darüber, ob das Hakenkreuz als Glückssymbol, wie heute noch in Indien der Fall, verstanden wird, oder als ein Symbol für das nationalsozialistische Verbrechens- und Terrorregime.

Das Beispiel belegt, dass Symbole über die Erfahrungen des Alltags hinaus verweisen und sogenannte Appräsentationen (vgl. Husserl 2012, S. 108–115) sind. Damit wird ein Bewusstseinsprozess bezeichnet, in dem Nicht-Präsentes mit Präsentem automatisch verknüpft wird (Kurt 2011, S. 231). So löst die Betrachtung einer Hakenkreuzfahne (Präsentes) automatisch die Assoziation zum Nationalsozialismus (Nicht-Präsentes) aus. Dadurch erhält etwas Abstraktes (Ideologie, Glaube, Mythos etc.) eine kulturelle Präsenz (vgl. Soeffner 2000, S. 190).

Da sich Kultur über Symbole konstituiert, die nach Soeffner „*widersprüchlich mehrdeutig sind*", bedarf es ständig der Interpretation von Kultur, die ihrerseits wiederum widersprüchlich sein kann, je nachdem welchen Standpunkt man einnimmt. Und in Bezug auf Soeffner (1974, S. 1) formuliert Kurt (2011, S. 236): „*Das Potenzial kultureller Sinnbildung ist unerschöpflich, offen und unaufhörlich im Fluss, weil sich Menschen in ihrem Verhältnis zur Welt, in der sie zu leben meinen, immer wieder neu positionieren müssen.*"

Damit wird klar, dass Symbole, die ja die kulturelle Sinnbildung erst ermöglichen, im Überfluss vorhanden und somit nicht knapp sind. Um aber mit der inhärenten Ambivalenz des Symbolhaften und somit der Kultur umgehen zu können, bedarf es spezieller Instanzen in der Gesellschaft, die Symbole nicht nur produzieren, sondern zu deuten in der Lage sind. Diese Instanzen sind die Kulturbetriebe. Die Kulturbetriebe sind die Spezialisten der Symbolproduktion, -verbreitung, -vermittlung und -deutung und sorgen letztendlich für die Verknappung des Symbolhaften, woraus die Kulturgüter entstehen, was später noch ausführlich begründet werden wird.

An dieser Stelle muss noch die Frage geklärt werden, wie nun die Kultur in den einzelnen Menschen kommt und wie sie sich vergemeinschaftet? Dazu hat

## 1.2 Über die Symbolhaftigkeit von Kultur

der französische Soziologe Pierre Bourdieu den Begriff des Habitus[8] eingeführt. Der Habitus ist ein „*System der organischen oder mentalen Dispositionen und der unbewussten Denk-, Wahrnehmungs- und Handlungsschemata*" (Bourdieu 1974, S. 40), die durch Wiederholung verinnerlicht – habitualisiert – werden. Der Habitus ist quasi die Repräsentation der sozialen Welt im Individuum. Bourdieu sieht darin eine Art kulturell Unbewusstes, über das soziale Ordnung reproduziert wird. „*Der Habitus ist nicht nur strukturierende, die Praxis wie deren Wahrnehmung organisierende Struktur, sondern auch strukturierte Struktur: das Prinzip der Teilung in logische Klassen, das der Wahrnehmung der sozialen Welt zugrunde liegt, ist seinerseits Produkt der Verinnerlichung der Teilung in soziale Klassen.*" (Bourdieu 1982, S. 279). Der Habitus trägt dazu bei, dass die Individuen bestehende Herrschaftsformen unhinterfragt als gegeben annehmen. Bourdieu spricht in diesem Zusammenhang von symbolischer Herrschaft bzw. symbolischer Gewalt, der sich Individuen aufgrund der Habitualisierung freiwillig unterwerfen (Bourdieu 2005, S. 202). Das Symbolhafte ist neben dem ökonomischen, sozialen und kulturellen Kapital die vierte Kapitalform, die sich über Handlungen, Rituale, Gesten und auch Dingliches manifestiert und durch verbale und nicht-verbale Kommunikation verbreitet wird (ibid., S. 440–441). Ökonomische Kapital (z. B. Eigentum), soziales Kapital (z. B. Verwandtschaftsbeziehungen) und kulturelles Kapital (z. B. Kunstgegenstände, akademische Titel, intellektuelle Fähigkeiten) können in symbolisches Kapital transformiert werden und vice versa (Bourdieu 1998, S. 150).

Zusammenfassend können zwei große Strömungen der Kulturbegrifflichkeit identifiziert werden. Zum einen wird Kultur als Geflecht symbolischer Beziehungen begriffen und somit als Text (vgl. Bachmann-Medik 2004), worauf sich Cliffort Geertz in „Dichte Beschreibung" (1983, S. 9) bezieht: „*Der Kulturbegriff, den ich vertrete (...) ist wesentlich ein semiotischer. Ich meine mit Max Weber, daß der Mensch ein Wesen ist, das in selbstgesponnene Bedeutungsgewebe verstrickt ist, wobei ich Kultur als dieses Gewebe ansehe.*" Wie die Ausführungen zum anderen aber auch zeigen, entsteht Kultur auch durch menschliches Handeln, in dem das Symbolhafte konstruiert und weitergegeben wird. Erst dadurch wird Gesellschaft überhaupt möglich. „*Im Mittelpunkt jeder Kultur stehen also mehrere Sets von Regeln, die zur Strukturierung des Handels und im Weiteren des Zusammenlebens beitragen*" (Zembylas 2004, S. 41). Kultur ist also nicht nur ein Komplex von Bedeutungen, die in Texten und symbolisch aufgeladenen Objekten

---

[8]Ausführlich dazu: „Der Habitus als Vermittlung zwischen Struktur und Praxis" (Bourdieu 1974: 125–158).

inkorporiert ist, sondern es handelt sich immer auch um eine soziale Praxis. Der Kulturbegriff der Kulturbetriebslehre umfasst also beides: Die Vorstellung, dass Kultur als Text verstanden und interpretiert werden kann (Textparadigma) aber auch als sozialer und historischer Prozess (sozialwissenschaftliches Paradigma).

## 1.3 Der Kunstbegriff der Kulturbetriebslehre

Was ist nun in diesem Begriffskontext von Kultur unter Kunst zu verstehen? Bevor ich auf diese Frage näher eingehe, möchte ich als Fallbeispiel einen Artikel wiedergeben, der am 17. Juli 1963 in der Zeitschrift „Der Spiegel" veröffentlicht wurde:

> **Fallbeispiel: „Affenmalerei: Kunst von Congo**
> *Seine Bilder ähneln modernen Klecks- und Fleckenmalereien. Gleich den Werken des Amerikaners Jackson Pollock, des Hauptvertreters der sogenannten Aktions-Malerei („action painting"), oder des deutschen Tachisten Hans Platschek wurden seine farbfreudigen Kompositionen dahingekritzelt, -getupft, -gefächert und -gebündelt, ausgestellt, bewundert und zu Höchstpreisen verkauft. Der Name des Künstlers: Congo, 2, urwaldbürtiger Afrikaner vom Stamm der Schimpansen.*
> 
> *Congo, von seinem Herrn und Meister, dem britischen Doktor der Naturwissenschaften Desmond Morris, angeleitet, tat, was Englands prominentester Kunstkritiker, Herbert Read, von den zeitgenössischen Malern vor mehr als einem Jahrzehnt gefordert hatte: ‚Wir müssen wieder von vorn beginnen, ganz bescheiden und mit viel Geduld.'*
> 
> *Der Tierpsychologe Morris, weniger um eine Interpretation moderner Kunst als um einen neuen Beweis für die These von der äffischen Vergangenheit des Menschen bemüht, nahm Sir Herberts Aufruf nur allzu wörtlich: Der Londoner Zoo-Insasse Congo begann, wie Morris es wollte, ganz bescheiden von vorn. Innerhalb von zwei Jahren zeichnete und pinselte Congo rund 400 tachistisch-klecksographische Affen-Kunststücke, die der Evolutions-Theoretiker, von seinem Vorbild Charles Darwin (…) inspiriert, für ‚kunstbiologische' Untersuchungen auswertete. Das Resultat dieser ungewöhnlichen Forschungsarbeit wurde unlängst in England veröffentlicht und ist soeben auch in Deutsch erschienen.*

## 1.3 Der Kunstbegriff der Kulturbetriebslehre

*Für einen Tag waren überdies kürzlich die von Morris gedeuteten Affen-Originale in der Kölner Galerie Zwirner Schau-Objekte für Westdeutschlands Kunstkritiker. Avantgardisten-Förderer Albert Schulze Vellinghausen glaubte möglichen Mißdeutungen des Affen -Tachismus vorbeugen zu müssen: ‚Von da aus die heutige Kunst determinieren oder denunzieren zu wollen, wäre Nonsens.'*

*In seiner ‚Biology of Art' kam Affentester Morris zu der Erkenntnis: ‚Heute haben der letzte Affe und der moderne Mensch das gleiche Interesse an der Herstellung von Bildern, man könnte sogar behaupten: Wenn ein zeitgenössischer Künstler ein Bild malt, hat er dafür kaum wesentlichere Gründe als ein Schimpanse.'*

*Die Gründe, die den letzten Affen ebenso wie den modernen Menschen zu einer solchen Malerei zwingen, mögen divergieren – Tatsache ist, daß sich, den Morris-Recherchen zufolge, die Ergebnisse dieser Malarbeiten auf den ersten Blick nicht sonderlich unterscheiden.*

*Beide nämlich, Congo wie etwa Wassily Kandinsky, der Pionier abstraktexpressionistischer Malerei, fertigten ihre Bilder auf eine Weise, die zu Beginn des 20. Jahrhunderts die Bildende Kunst revolutionierte. Damals, 1910, malte Kandinsky seine ‚Improvisationen', in denen die kunstvolle Komposition der klassischen Tafelmalerei durch den spontanen Mal-Akt ersetzt wurde.*

*Ähnlich impulsiv arbeitete der Testaffe Congo, von seinem Lehrmeister, wie Morris bekannte, ‚weder angeleitet noch auf andere Weise beeinflußt, sondern lediglich mit dem Mal- und Zeichenmaterial ausgerüstet und mit der Handhabung vertraut gemacht'.*

*Congo reagierte, wie es sich Morris nicht besser wünschen konnte: ‚Ich hielt ihm den Bleistift entgegen, seine Neugier trieb ihn zu dem neuen Gegenstand hin. Ich legte seine Finger vorsichtig um den Stift und führte die Spitze auf das Papier. Dann ließ ich los ... Congo starrte auf das Papier: Da war etwas Sonderbares aus der Spitze von dem Ding herausgekommen – Congos erste Linie.'*

*Die congolesische Linie war allerdings schon Nachäfferei. Im Jahre 1913 bereits hatte die Moskauer Verhaltensforscherin Nadjeschda Kohts erste Kritzel-Experimente mit einem jungen Schimpansen gemacht. Sie verglich die Affenkunst mit den Stricheleien ihres zweijährigen Sohnes und veröffentlichte ihr Forschungsergebnis unter dem Titel ‚Jungaffe und menschliches Kind'.*

*Mit dem Versuch der russischen Tierpsychologin begann eine Reihe von Analysen, die eine überraschende Übereinstimmung von Affen- und Kinderzeichnungen offenbarten. Der russische Test wie auch ähnliche Experimente amerikanischer Forscher ergaben, daß die malenden Affen im vorpubertären Stadium den Menschenkindern in muskulärer Geschicklichkeit überlegen sind, allerdings nicht, wie das hominide Kind später, die Darstellung figuraler Grundformen – beispielsweise Kreise oder Häuschen' – zu erreichen vermögen.*

*Eine andere Beobachtung machte der Wiener Zoologe Hermann Goja an seinem Versuchsaffen Jonny. Goja registrierte während des Mal-Akts seines Prüflings eine sexuelle Erregung', die ‚sich mit seinem Eifer steigerte'.*

*Jonnys Sexographien vermochte Congo allerdings nicht nachzueifern. Mit der Pubertät begann, ganz im Gegensatz zu seinen menschlichen Künstler-Kollegen, die große Lethargie. Sein Malspaß verging, und Mentor Morris erkannte, daß Congo offensichtlich ‚heiratsfähig' war. Als ihm zwei Schimpansen-Weibchen zur Seite gegeben wurden, ließ er die Kunst im Stich.*

*Triumphaler Abschluß von Congos Maler-Laufbahn – Käufer echter Congos: Herbert Read, Julian Huxley und Pablo Picasso – war eine vergleichende Ausstellung in der Londoner Royal Festival Hall im Jahr 1958, die außerdem Malarbeiten von Kleinkindern und Vertretern der Aktions-Malerei zeigte. Die Vergleichsmöglichkeiten zwischen den drei recht unterschiedlichen Bereichen spontaner Bildproduktion brachten Morris zu der Einsicht, daß der nomadisierende, von Früchten lebende Affe, bei aller Menschenähnlichkeit, ‚kein hochentwickeltes Kommunikationssystem' hat. Morris-Erklärung für diesen Mangel: ‚Der Affe hatte keinen Anlaß dazu.' Lediglich der Affentyp, der es erlernte, sich auf der flachen Erde fortzubewegen, habe schließlich seine Vorderbeine zu erheben und ‚zu rein manipulatorischen Aktionen zu entwickeln' vermocht.*

*Nach Ansicht des Affenforschers mußten die ersten menschgewordenen Affen, wollten sie nicht nur von Früchten, sondern auch von Tierfleisch leben, ihren Jagden eine ‚kooperative Planung zugrunde legen'. Aus der Entwicklung eines Mitteilungsverfahrens, mit dem die Affenmenschen sich über Jagd-Objekte und andere Wahrnehmungen verständigen konnten, so folgert Entwicklungshelfer Morris, könnte sich ‚die Voraussetzung zur bildnerischen Darstellung der Objekte ergeben' haben.*

## 1.3 Der Kunstbegriff der Kulturbetriebslehre

*Daher standen am Anfang der prähistorischen Kunst, so in den Höhlenmalereien von Lascaux und Altamira, Jagdplanung und Jagdbeschreibung im Vordergrund; nur der Jägermensch konnte, erklärt Darwinist Morris, im Verlauf der Geschichte ein Maltalent entwickeln, das seinen Früchte fressenden Artverwandten verwehrt blieb.*

*Denn: ‚Weder die jagdtechnische noch die magische Zeichnung (ist) erforderlich, wo das Existenz-Problem durch das Sammeln von Früchten gelöst werden kann. Die Affen ... hatten also keinen zwingenden Anlaß, ihre bildnerischen Fähigkeiten zu differenzieren.'*

*Dennoch bleibt, konstatierte Morris, eine offenkundige ‚Übereinstimmung im bildnerischen Ausdruck' zwischen den Malprodukten Congos und der Kunstmalerei der Tachisten und ‚action painters'"* (DER SPIEGEL 29/1963, S. 62–64; Abb. 1.2).

Der ironische Unterton des Artikels ist ein Hinweis darauf, dass die malerischen Fähigkeiten des Schimpansen Congo vom Autor nicht ganz ernst genommen wurden. In der Tat stellt sich die Frage, ob Congo tatsächlich aufgrund eines inneren Konzepts seine Werke geschaffen hat oder ob es einfach nur ein netter Zeitvertreib war, wie der Abschnitt über Congos Geschlechtsreife belegen könnte, weil er danach keine Bilder mehr schuf. Es ist auch egal, aus welchem Antrieb heraus Congo gemalt hat, der Zeitungsartikel belegt nämlich etwas Anderes und zwar, dass Kunst vom Menschen gemacht ist, d. h. sie wird einem speziellen sozialen System oder Feld als solche konstruiert. Zu diesem Feld gehören die KünstlerInnen selbst, die Urteile über andere KünstlerInnen abgeben – so tritt unter anderem Pablo Picasso als Käufer eines Werks von Congo in Erscheinung – aber auch Galerien und andere Kunst- und Ausstellungsorte sowie KunstsammlerInnen, KunstkritikerInnen und Auktionshäuser. Im Londoner Auktionshaus Bonhams wurden übrigens 2005 drei Gemälde von Congo, die ursprünglich auf £ 600 bis 800 geschätzt wurden, um insgesamt £ 14.400 an den Kunstsammler Howard Hong verkauft (The Guardian 2005).

Wenn also Tiere Kunst schaffen, und dafür gibt es zahlreiche Belege, stellt sich die Frage, ob sie damit Symbole schaffen und in einer Gemeinschaft verbreiten, die dem Symbolhaften einen Sinn zuschreibt. Beim frühen Homo sapiens war das nachweislich der Fall, wie die Knochenflötenfunde und Höhlenmalereien

**Abb. 1.2** Zwei Gemälde des Schimpansen Congo. (Quelle: https://de.wikipedia.org/wiki/Congo_(Schimpanse), urheberrechtsfreie Fotografien (abgerufen: 14.02.2020))

## 1.3 Der Kunstbegriff der Kulturbetriebslehre

belegen, die kurz nach der Einwanderung der modernen Menschen nach Europa vor ca. 40.000 Jahren in der sogenannten Aurignacien-Kultur[9] entstanden sind. Während es für die Neandertaler nur spärliche Belege für ein Kunstschaffen gibt – so werden technisch wenig anspruchsvolle spanische Höhlenmalereien sowie gelochte und verzierte Muschelschalen mittlerweile Neandertalern zugeschrieben (Spektrum.de 2018) – kommt es vor 40.000 Jahren zu einer regelrechten Explosion des Kunstschaffens durch den modernen Menschen. Es wurden mittlerweile zahlreiche Kleinfiguren, die Tiere, Tier-Menschwesen und vor allem sogenannte „Venusfigurinen", von denen die „Venus von Willendorf" wohl eine der bekanntesten ist, darstellen, z. B. im Schwäbischen Jura gefunden. Dazu kommen Funde von 30.000–40.000 Jahre alten Knochenflöten und natürlich die ersten Felsmalereien in Südfrankreich (Chauvet-Höhle). Derzeit sind rund 200 Höhlen, vor allem in Südfrankreich (z. B. die Höhle von Lascaux) und Nordspanien (z. B. die Höhle von Altamira), bekannt, in denen vor allem Tier- und Jagdszenen dargestellt sind (Pohanka 2016, S. 59). Bemerkenswert ist, dass die Malereien in meist schwer zugänglichen Teilen einer Höhle angefertigt wurden. *„Die Bilder liegen meist nicht direkt am Eingang, sondern mussten unter großen Mühen, kriechend durch enge Gänge oder sogar schwimmend durch unterirdische Flüsse, erreicht werden."* (ibid., S. 59–60). Das ist ein Beleg dafür, dass der künstlerischen Gestaltung, für welchen Zweck auch immer, eine große Bedeutung zugemessen wurde, die nur über Spezialisierung und Arbeitsteilung erreicht werden konnte. Man kann daher vermuten, dass sich bereits in der Steinzeit die Kunst als ein spezifisches Feld der Symbolproduktion ausgebildet hat, das besondere Kenntnisse und Fähigkeiten erforderte.

In diesem Sinn war Kunst schon immer mit der altgriechischen Begrifflichkeit der Techne verknüpft, was so viel wie „Geschicklichkeit", „Kunstfertigkeit" und „Handwerklichkeit" bedeutet (zum Techne-Begiff siehe Innerhofer 2006, S. 379–381) und jahrhundertelang den Kunstbegriff neben dem spätantiken Kanon der sieben freien Künste (septem artes liberales)[10] geprägt hat. Während der Techne-Begriff in der Neuzeit immer mehr mit dem Technikbegriff verschmolz, hat sich der Kunstbegriff von seiner ursprünglichen mittelhochdeutschen Bedeutung, die

---

[9]Die Aurignacien-Kultur ist nach der Höhle in der südfranzösischen Gemeinde Aurignac benannt, in der im 19. Jahrhundert zahlreiche steinzeitliche Funde von Menschenknochen und Steinwerkzeigen gemacht wurden.

[10]Dazu zählen das Trivium „Grammatik", „Rhetorik" und „Dialektik" sowie das Quadrivium „Arithmetik", „Geometrie", „Musik" und „Astronomie" (siehe ausführlich Glei 2006).

in etwa Kenntnis, Wissen, Meisterschaft bzw. Können bezeichnet, im Lauf des 19. Jahrhunderts abgelöst und verselbständigt. Kunst wurde als autonomes und eigenständiges Werk, das von einem „Genie" geschaffen wurde, angesehen, wodurch sich eine Abtrennung des Künstlerischen vom alltäglichen Leben ergeben hat (siehe dazu Ulrich 2011, S. 239–240).

Die Vorstellung eines autonomen Kunstfeldes wirkt auch noch im 20. Jahrhundert fort, wenn z. B. Cassirer (2007, S. 234) meint, dass trotz aller Kontroversen um den Kunstbegriff „(...) *die Kunst ein unabhängiges ‚Diskurs-Universum' darstellt.*" Allerdings verweist das Symbolhafte der Kunst nach Cassirer (2007, S. 242) nicht mehr auf irgendetwas Transzendentes, sondern ist als Immanenz zu verstehen, d. h. sie ist Ergebnis des sozialen Prozesses. *„Nichts in der physischen oder sittlichen Welt, kein Naturgegenstand und kein menschliches Tun ist seiner Natur oder seinem Wesen nach von der Kunst ausgeschlossen, weil nichts ihrem formenden, schöpferischen Prozess widersteht"* (ibid., S. 243).

Die Kunst wird im Laufe des 20. Jahrhunderts nicht mehr als unantastbare, metaphysische Sphäre gesehen, sondern als soziales Praxisfeld, auf dem Gesellschaft über ästhetische Diskurse verhandelt wird (vgl. Becker 1982). In diesem Sinn kann nun ein für die Kulturbetriebslehre brauchbarer Kunstbegriff abgeleitet werden. Ausgangspunkt ist die Erkenntnis, dass Kultur symbolhaft über Texte und soziale Prozesse vermittelt wird. Kunst stellt dabei eine Sonderform von Symbolen dar, die durch spezifische Zeichensysteme (man denke nur an die Notation in der Musik) sowie durch Sinn- und Wertzuschreibungen in einem sozialen Kontext konstituiert wird. Es reicht also nicht aus, Kunst mit dem gleichzusetzen, was KünstlerInnen hervorbringen, was letztendlich zu einer Tautologie führen würde. Kunst ist vielmehr die *„Kristallisation spezifischer kultureller Praktiken"* (Zembylas 2004, S. 132).

Es geht also nicht um die Frage, was Kunst ist, sondern darum, wann, wo und wie ein Gegenstand oder eine Handlung als Kunst bezeichnet und wer diesbezüglich als KünstlerIn verstanden wird (siehe dazu Zembylas 2004, S. 140). Es gilt also zum einen eine Diskursebene zu erforschen, auf der ein Kunstbegriff entwickelt und thematisiert wird, zum anderen aber auch jene kulturellen Praktiken zu identifizieren, über die Kunst hervorgebracht wird. *„Der Kunstbegriff existiert (...) nicht außerhalb der sozialen Welt. Der Prozess der symbolischen Aufladung eines kulturellen Gutes und speziell eines Kunstwerks (...) ist ein Ereignis, das innerhalb der Kunstwelt selbst stattfindet"* (Zembylas 2004, S. 126).

Soziale Instanzen strukturieren die „Kunstwelt" (vgl. dazu den Begriff der „Art Worlds" von Becker 1982). Zembylas (2004, S. 141–145) identifiziert dabei mindestens vier relevante Instanzen. Da ist einmal das (1) Recht, das Begriffe wie

## 1.3 Der Kunstbegriff der Kulturbetriebslehre

„Kunstwerk", „KünstlerIn" „Freiheit der Kunst", „Original", „geistiges Eigentum" usw. bestimmt und somit einen Rahmen für das Praxisfeld Kunst vorgibt. (2) Die Instanz des Marktes regelt die Tauschvorgänge über Angebot und Nachfrage, fungiert aber auch als Verteilungsmechanismus für Einkommen und Vermögen. (3) Berufsrollen entscheiden darüber, wer als KünstlerIn, KunstagentIn, KunstvermittlerIn usw. angesehen wird und schaffen auf diese Weise ein Berufskollektiv, das bestimmte Handlungspraktiken teilt und das sich an einem Verhaltenskodex ausrichtet. Und schließlich sind noch (4) Präsentations- und Vermittlungsinstanzen wie die Kunstkritik, die Kunstberichterstattung, Bildungs- und Ausbildungseinrichtungen, Ausstellungs- und Aufführungsorte sowie Archive zu nennen, die die Produktion, Verbreitung, Vermittlung und Rezeption von Kunst maßgeblich beeinflussen.

# Der Betriebs- und Institutionenbegriff 2

Wie der Kunst- und Kulturbegriff ist auch der Betriebsbegriff vielschichtig und bezeichnet zum einen ein organisatorisches Setting und zum anderen ein Praxisfeld wie den „Literaturbetrieb", den „Musikbetrieb", den „Konzertbetrieb" oder den „Kunstbetrieb". Beiden Formen – Organisation und Praxisfeld – ist gemein, dass sie auf sozial vereinbarten Regeln beruhen. So zeichnet sich eine Organisation als System der Über- und Unterordnung aus, das sich durch Regelbefolgung stabilisiert. Aber auch das Praxisfeld wird durch Befolgung sozialer Regeln stabilisiert, allerdings nicht im Sinn hierarchischer Beziehungen, sondern durch soziale Tausch- und Aushandlungsprozesse, die ein Netzwerk von Beziehungen ausprägen, die sich über die Zeit hinweg durch standardisierte und routinisierte Handlungsprozesse verfestigen. Es kann in diesem Sinn auch der Begriff der „Institution" verwendet werden.

## 2.1 Der soziologische Institutionenbegriff

Der Begriff der Institution verweist in der soziologischen Theorie auf Regelwerke, die Gesellschaften strukturieren. Einen wichtigen frühen Beitrag zur Institutionentheorie hat Emile Durkheim in „Die Regeln der soziologischen Methode" (1984 [1895]) gelegt, indem er Gesellschaft als soziale Struktur begreift, die auf das menschliche Individuum ständig über Regeln, insbesondere Verbote und Gebote einwirkt. Diese Regelwerke versteht Durkheim als Institutionen, die dazu dienen, die unermesslichen Bedürfnisse der Menschen zu regulieren. Diese Regeln können formalen Charakter annehmen (z. B. in Form von Gesetzen), sind aber meist informeller Natur und werden von den Individuen meist gar nicht reflektiert bzw. intuitiv befolgt.

Arnold Gehlen (2016 [1956]) erweitert in seiner philosophischen Anthropologie den Ansatz von Durkheim und leitet daraus eine umfassende Institutionentheorie der Gesellschaft ab. Darin verweist er auf die Instinktarmut und Weltoffenheit des Menschen, der ständig Entscheidungen treffen muss und sich nicht einfach von Instinkten leiten lassen kann. Institutionen sind daher notwendige Voraussetzungen für das soziale Individuum, sich in der Welt zurecht zu finden und entlasten ihn im alltäglichen Leben. Institutionen basieren auf gewohnheitsmäßigem Handeln, das von außen, d. h. von der gesellschaftlichen Struktur, gesteuert wird. Dadurch werden Menschen durch Institutionen stabilisiert, zu den Gehlen Rituale, Mythen, Religion aber auch Sprache und Technologie in Form von Werkzeugen zählt (Gehlen 2016, S. 9–11).

Gehlen zeigt, dass Institutionen, anders als bei Durkheim, menschliches Handeln nicht nur strukturieren, sondern dieses auch konstituieren, was vor allem im konstruktivistischen Handlungsbegriff von Luckmann und Berger in „Die gesellschaftliche Konstruktion der Wirklichkeit" (1969) deutlich wird. Demnach erschafft der Mensch durch sein Handeln die Welt. *„Gesellschaft ist ein menschliches Produkt. Gesellschaft ist objektive Wirklichkeit. Der Mensch ist ein gesellschaftliches Produkt"* (Luckmann und Berger 1969, S. 65). Dieser Satz verweist auf den zirkulären Zusammenhang zwischen menschlichem Handeln und Gesellschaft, die durch das Handeln hervorgebracht wird, aber wieder auf das Handeln einwirkt. Sofern nun das Handeln sich auf gleiche oder ähnliche Weise wiederholt (Routinisierung und Habitualisierung) entstehen Institutionen, die die Gesellschaft strukturieren.

Castoriadis (1990) schlägt dabei den Bogen von der Sozial- zur Kulturtheorie. Da Gesellschaften Naturnotwendigkeiten in einem kreativen Prozess der Schaffung, Verknüpfung und Umdeutung von Symbolen institutionalisieren, wird Kreativität – Castoriadis spricht vom Imaginären – nicht nur eine gesellschaftliche Praxis, sondern führt zu ständigen Neuschöpfungen durch die Umdeutung von Symbolen und damit zur Kultur. Demnach erzeugt sich Gesellschaft durch Institutionen, die quasi ein kulturelles Gerüst bilden, das aber ständig in Veränderung begriffen ist. *„Die Institutionen lassen sich nicht auf das Symbolische zurückführen, doch können sie nur im Symbolischen existieren; außerhalb eines Symbolischen zweiten Grades wären sie unmöglich, jede von ihnen bildet ein symbolisches Netz. Eine bestimmte Organisation der Ökonomie, ein juridisches System, eine instituierte Macht oder eine Religion existieren als gesellschaftlich anerkannte Symbolsysteme"* (Castoriadis 1990, S. 200).

An dieser begrifflichen Schnittstelle setzt nun die Kulturbetriebslehre an, wonach der Betrieb, verstanden als Institution, ein implizites und explizites Regelwerk ist, das bestimmte soziale Praktiken generiert und kollektives Handeln überhaupt erst möglich macht. Erst das gerichtete kollektive Handeln „(...) *ermöglicht die Produktion kollektiver Symbole, geteilter Identitäten und ritueller Praktiken, d. h. eine Kultur"*. (Zembylas 2004, S. 97). Institutionen organisieren also gesellschaftliche Prozesse und können dabei sehr allgemeine Formen annehmen wie z. B. Sprache, Recht, Eigentum, Markt oder konkrete organisatorische Einheiten bilden wie z. B. Unternehmen, Körperschaften des öffentlichen Rechts, Verwaltungseinheiten und Vereine. Zembylas (2004, S. 99) bringt dies so auf den Punkt: *„Institutionen existieren als Instanzen oder als Organisationen"*.

An dieser Stelle ist es sinnvoll, den in der Kulturbetriebslehre verwendeten soziologischen Institutionenbegriff mit dem Betriebsbegriff der Betriebswirtschaftslehre und dem ökonomischen Institutionenbegriff zu vergleichen.

## 2.2 Der Betriebsbegriff der Betriebswirtschaftslehre

Der Betriebsbegriff der Betriebswirtschaftslehre (BWL) entspricht nicht dem soziologischen Institutionenbegriff. Als Betrieb wird in der BWL „(...) *eine organisierte Wirtschaftseinheit"* verstanden, *„in der verfügbare Mittel (Vermögen) unter Wagnissen zur Erstellung von Leistungen und Abgabe dieser Leistungen an außenstehende Bedarfsträger eingesetzt werden."* (Lechner et al. 1990, S. 34). Dabei wird auf den Betriebsbegriff Bezug genommen, den Erich Gutenberg in den 1950er Jahren entwickelt hat. Gutenberg (1983, S. 457 ff.) definiert Betriebe als Wirtschaftseinheiten, die vorwiegend einen Fremdbedarf decken und somit Produktionswirtschaften darstellen, die Produktionsfaktoren kombinieren, dem Prinzip der Wirtschaftlichkeit unterliegen und auf Dauer ihre Existenz dadurch sichern, dass sie ein finanzielles Gleichgewicht (d. h. den Zahlungsverpflichtungen fristgerecht nachzukommen) anstreben. Der Betrieb kann die Form eines privatwirtschaftlichen Unternehmens annehmen, aber auch die eines öffentlichen Unternehmens bzw. eine Mischform des gemeinwirtschaftlichen Unternehmens (siehe dazu Kosiol 1972; Thommen und Achleitner 1998, S. 38). Darüber hinaus wurde der Betriebsbegriff auch auf nicht-gewinnorientierte Wirtschaftseinheiten wie Non-Profit-Unternehmen und die öffentliche Verwaltung ausgeweitet. Es handelt sich also nicht nur um erwerbswirtschaftliche, sondern auch um bedarfswirtschaftliche (z. B. Verwaltungseinheiten), förderwirtschaftliche (z. B. Interessenverbände) und gemeinwirtschaftliche (z. B. Selbstverwaltungskörper, kirchliche Einrichtungen, Parteien, Vereine) Betriebe (siehe Lechner et al. 1990, S. 37–38). Und einige wenige Autoren (z. B. Raffee 1974) subsummieren unter dem Betriebsbegriff auch private Haushalte, die wirtschaftliche Leistungen in erster Linie für den Eigenbedarf herstellen.

Der betriebswirtschaftliche Betriebsbegriff, wie immer er auch abgegrenzt wird, geht aber stets von Wirtschaftseinheiten aus, die einen Fremd- oder Eigenbedarf decken. Der Betriebs- bzw. Institutionenbegriff der Kulturbetriebslehre – verstanden als ein implizites und explizites Regelwerk, das Praktiken generiert und kollektives Handeln möglich macht – ist umfassender als der Betriebsbegriff der BWL. Somit können jegliche Wirtschaftseinheiten grundsätzlich auch Gegenstand der Kulturbetriebslehre sein, sofern die Symbolproduktion ein wesentlicher Antrieb der betrieblichen Leistungserstellung ist – wie z. B. bei Unternehmen der phonografischen Industrie, Filmwirtschaft, des Verlagswesens oder Mediensektors.

Management, verstanden als das Planen, Organisieren, Überwachen und Abstimmen von betrieblichen Prozesse durch eine Leitungsstelle, eine Geschäftsführung oder eine andere Entscheidungsinstanz, ist dann Gegenstand der Kulturbetriebslehre, wenn Organisationseinheiten wesentlich der Symbolproduktion und -vermittlung dienen. In diesem Zusammenhang kann dann auch vom Kulturmanagement gesprochen werden.[1]

Aus diesen Ausführungen kann nun abgeleitet werden, dass Kulturbetriebslehre mehr als Kulturmanagement ist, und sich nicht auf eine auf den Kunst- und Kulturbereich angewandte (spezielle) Betriebswirtschaftslehre reduzieren lässt.

## 2.3  Der ökonomische Institutionenbegriff

Die Kulturbetriebslehre ist aber auch nicht mit der Institutionenökonomik gleichzusetzen, die ihre Ursprünge in den Arbeiten von Thorstein B. Veblen (1899, 1904) zu Beginn des 20. Jahrhunderts hat.[2] Daran anknüpfend entstand noch vor dem 2. Weltkrieg die „Neue Institutionenökonomik", die ihren Ausgang mit Ronald Coases bahnbrechenden Artikel „The Nature of the Firm" (1937) nahm, und dann von Oliver Williamson (1975) und Douglass North (1990) weiter entwickelt wurde. Die „Neue Institutionenökonomik" befasst sich in erster Linie mit der Analyse von Institutionen, die den ökonomischen Leistungsaustausch regeln. Dazu zählen Institutionen der Wirtschaft (insbesondere Märkte und Wirtschaftsorganisationen),

---

[1] Zum Kulturmanagement-Konzept der Kulturbetriebslehre siehe Kap. 5.
[2] Beeinflusst wurde Veblen von der deutschen Historischen Schule der Nationalökonomie, zu deren wichtigsten Vertretern Wilhelm Roscher, Gustav Schmoller und Lujo Brentano zählen, aber auch von Darwins Evolutionstheorie, dem Pragmatismus (insbesondere von John Dewey) und der Kulturanthropologie.

## 2.3 Der ökonomische Institutionenbegriff

die vor allem mittels Prinzipal-Agent-[3] und Transaktionskostenansatz[4] erklärt werden; die Institutionen des Rechts, wo es vor allem um die Definition von Eigentums- und Verfügungsrechten (Property Rights) geht und die Institutionen der Politik, die Gegenstand der Verfassungsökonomik und der Neuen Politischen Ökonomik sind.[5]

Der soziologische Institutionenbegriff der Kulturbetriebslehre weist zum einen über den ökonomischen Institutionenbegriff hinaus, da nicht nur Institutionen, die den ökonomischen Leistungsaustausch regeln, betrachtet werden, greift aber auch kürzer, weil auf jene Institutionen abgestellt wird, die sich auf die Symbolproduktion und -verbreitung spezialisiert haben. Demgemäß ist beispielsweise nicht der Markt als Gesamtinstitution in der Kulturbetriebslehre von Interesse, sondern nur sofern darüber Güter, deren Symbolgehalt im Vordergrund stehen, alloziert werden (z. B. am Kunstmarkt). Ebenso werden Institutionen des Rechts und der Politik nur dann betrachtet, wenn es beispielsweise um die Definition und Durchsetzung von Verfügungsrechten an symbolhaften Güter und Leistungen geht.

Im konkreten Fallbeispiel soll nun gezeigt werden, wie das Urheberrecht als kollektive, explizite Instanz die Handlungen im „Musikbetrieb" strukturiert und dieses Praxisfeld nicht nur beeinflusst, sondern auch konstituiert.

> **Fallbeispiel: Die Institution des Urheberrechts und der Musikbetrieb**
> Das österreichische Urheberrechtsgesetz definiert, was eine UrheberIn ist und welche Befugnisse ihr zukommen. Als UrheberIn gilt, wer ein Werk geschaffen hat (§ 10 UrhG).[6] Unter einem Werk ist dabei eine eigentümliche geistige Schöpfung auf den Gebieten der Literatur, der Tonkunst,

---

[3]Im Prinzipal-Agent-Ansatz wird von einer Informationsasymmetrie zwischen zwei VertragspartnerInnen ausgegangen. Dabei hat der beauftragte Vertragspartner, z. B. die ManagerInnen einer Aktiengesellschaft (Agent) mehr Informationen als der Auftraggeber, z. B. die AktionärInnen (Prinzipal), die sie/er zugunsten oder zuungunsten der AktionärInnen einsetzen hat. Dieses Machtungleichgewicht soll durch entsprechende Verträge ausgeglichen werden, was wiederum Gegenstand der Vertragsökonomik ist (siehe ausführlich Grossman und Hart 1983).

[4]Im Transaktionskostenansatz wird davon ausgegangen, dass Transaktionen nicht kostenlos möglich sind, wodurch spezifische Organisationsformen des Tausches entstehen (siehe ausführlich Williamson 1973).

[5]Eine Einführung zur „Neuen Institutionenökonomik" bieten Erlei et al. (2007).

[6]Bundesgesetz über das Urheberrecht an Werken der Literatur und der Kunst und über verwandte Schutzrechte (Urheberrechtsgesetz), BGBl 1936/111 i.d.g.F.

der bildenden Künste und der Filmkunst zu verstehen (§ 1 (1) UrhG), das als Ganzes und in seinen Teilen urheberrechtlichen Schutz genießt (§ 1 (2) UrhG). Kraft dieses Gesetzes kommen der UrheberIn ausschließliche Verwertungsrechte (Vervielfältigung, Verbreitung, Sendung, Vortrag/Aufführung/Vorführung und Zurverfügungstellung in den §§ 14–18a) zu und es werden geistige Interessen der UrheberIn (Urheberschaft, Urheberbezeichnung und Werkschutz in den §§ 19–21) geschützt. Die Instanz Urheberrecht legt somit ökonomische und persönliche Befugnisse der UrheberIn fest. Nur die UrheberIn allein darf über die wirtschaftliche Verwertung ihrer Werke entscheiden, d. h. ob davon Kopien angefertigt werden, ob Werkstücke in Verkehr gebracht werden, ob Werke im Rundfunk gesendet oder öffentlich vorgetragen, aufgeführt und vorgeführt werden dürfen und öffentlich z. B. übers Internet verfügbar gemacht werden. Weiters darf niemand außer der UrheberIn das Werk verändern, die Urheberschaft bestreiten und die Urheberbezeichnung verwenden.

Das Urheberrecht ist abgesehen vom Erbfall grundsätzlich unübertragbar. Damit eine UrheberIn ein Werk wirtschaftlich verwerten kann, bedarf es i. d. R. Dritter, auf die Werknutzungsrechte übertragen werden. Das österreichische Urheberrechtsgesetz sieht nach § 24 (1) zwei Möglichkeiten vor: (1) mittels nicht exklusiver Werknutzungsbewilligung oder (2) mittels exklusivem Werknutzungsrecht. Im ersten Fall können die der UrheberIn vorbehaltenen Verwertungsarten von ihr gleichzeitig an mehrere NutzerInnen übertragen werden. Im zweiten Fall ist dies nicht möglich, da die Verwertungsarten ausschließlich auf eine NutzerIn übergehen. In welcher Form – ob zeitlich und örtlich begrenzt oder unbegrenzt, einzelne oder sämtliche Verwertungsarten betreffend – regelt nicht das Urheberrechtsgesetz, sondern individuell zwischen UrheberInnen und NutzerInnen abgeschlossene Verträge. Da grundsätzlich Vertragsfreiheit besteht, gibt es keinerlei gesetzliche Vorgaben, wie ein solcher Urheberrechtsvertrag aussehen soll. Es obliegt also den VertragspartnerInnen, die entsprechenden Vereinbarungen zu treffen. Auf dieser Ebene kommen also implizite Regeln der Vertragsgestaltung (Usancen) zum Tragen. Allerdings spielen sich diese Usancen nicht im luftleeren Raum ab, sondern haben sich vor dem Hintergrund bestimmter Machtkonstellationen herausgebildet. So verfügen Musikverlage, vor allem aber die Major-Industrieverlage, nicht nur über das technische Know-How zur Verbreitung von Musikwerken, sondern

## 2.3 Der ökonomische Institutionenbegriff

auch über das nötige Kapital. Das führt i. d. R. zu einer Asymmetrie zwischen den VertragspartnerInnen. Dem Verlag wird also wesentlich mehr Verhandlungsmacht zukommen als einer noch unbekannten KomponistIn bzw. AutorIn. Die Vertragsklauseln werden also nach den ökonomischen Interessen des Verlages formuliert sein. Dazu gehört insbesondere die Forderung der exklusiven, zeitlich, örtlich wie inhaltlich unbegrenzten Übertragung sämtlicher Nutzungsrechte am Werk. Das hat zur Folge, dass KomponistInnen und AutorInnen ihr Musikwerk nicht ohne vorherige Zustimmung des Verlages vortragen oder im Internet online stellen dürfen.

Da Urheberrechte ausschließlich der UrheberIn zukommen, begründet es ein Monopol in der wirtschaftlichen Auswertung eines Werks während der Dauer des Urheberrechtsschutzes, das im österreichischen Urheberrechtsgesetz mit 70 Jahre nach Ableben der UrheberIn begrenzt ist. Ein Monopol führt aber zu einer Ineffizienz in der Marktallokation, da MonopolistInnen eine geringere Menge an Output zu einem höheren Preis im Vergleich zum Konkurrenzmarkt anbieten. Allerdings überträgt die UrheberIn i. d. R. per Nutzungsvertrag ihre Monopolmacht an den Verlag. Zwar handelt es sich beim Musikmarkt um keinen Monopolmarkt, da die einzelnen Musiktitel in Konkurrenz zueinander stehen, aber es bildet sich monopolistische Konkurrenz (siehe Varian 2009, S. 530–534) heraus. D. h. dem Verlag kommt bezüglich des einzelnen Songs ein Herstellungs- und Verbreitungsmonopol zu. Somit verhält sich der Verlag bei der Preissetzung wie ein Monopolist und das Urheberrecht wirkt als Markteintrittsbarriere. Gelingt es nun einzelnen Verlagen, sehr viele Nutzungsrechte zu akkumulieren, so werden sie langfristig auch mehr Marktmacht kumulieren. Aus einem monopolistischen Konkurrenzmarkt erwächst mit der Zeit ein oligopolistischer Markt (ibid., S. 551–578), der durch einige wenige sehr große Anbieter und viele kleine Unternehmen charakterisiert ist. Oligopolistische Unternehmen agieren allerdings nicht mehr als Gewinnmaximierer, sondern werden versuchen, ihren Marktanteil zu maximieren, indem sie ihr Verhalten, z. B. in der Preissetzung aufeinander abstimmen. Oligopolistische Unternehmen senken aber durch abgestimmtes Verhalten nicht nur die soziale Wohlfahrt (konkret durch höhere als nötige Preise), sondern setzen ihre Marktmacht auch im Lobbying gegenüber legislativen Instanzen ein, um z. B. ein für sie vorteilhaftes Urheberrecht zu erreichen (Abb. 2.1).

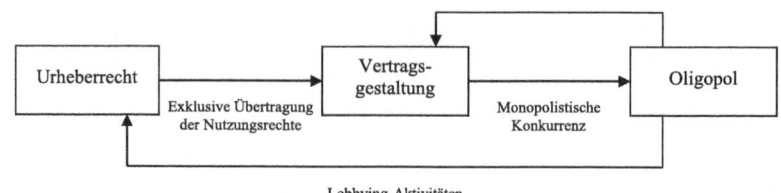

**Abb. 2.1** Der Zusammenhang zwischen Urheberrecht und Marktstruktur. (Quelle: Tschmuck 2009c, S. 262)

Das Fallbeispiel zeigt, dass eine Institution wie das Urheberrecht ganz bestimmte Verhaltensweisen der AkteurInnen in einem künstlerischen Praxisfeld wie dem Musikbetrieb bedingt und sich spezifische, ökonomische und künstlerische Praktiken herausbilden. Aber nicht nur das: Die Kodifizierung von Urheberrecht hat auch neue Organisationsformen wie jene der Verwertungsgesellschaften hervorgebracht. Hierbei handelt es sich wiederum um Kulturbetriebe, die ein Praxisfeld strukturieren. Verwertungsgesellschaften sind nämlich ein Zusammenschluss von UrheberInnen und Rechtverwertern (z. B. Verlagen), um kollektiv die vom Urheberrechtsgesetz eingeräumten Rechte wirtschaftlich nutzen zu können. Dazu schließen UrheberInnen mit den Verwertungsgesellschaften exklusive Wahrnehmungsverträge bezüglich einzelner Verwertungsrechte ab, die die Verwertungsgesellschaften dann an interessierte NutzerInnen lizenzieren. Die dabei lukrierten Lizenzerträge fließen an die UrheberInnen und Verlage zurück. Die Verwertungsgesellschaften verknüpfen somit das künstlerische Schaffen mit der Nutzung desselben nach klar vom Verwertungsgesellschaftengesetz vorgegebenen Regeln.

Werden nun die durch kollektive Instanzen konstituierten Handlungsmuster durch neue Handlungsheuristiken, die beispielsweise aufgrund neuer technologischer Möglichkeiten entstanden sind, herausgefordert, entstehen Interessenskonflikte. Ein gutes Beispiel dafür ist das Aufkommen von Filesharing-Netzwerken ab dem Jahr 1999. Die Möglichkeit, direkt über Computernetzwerke auf die digitalisierten Inhalte wie Musik, Film, Text etc. zugreifen zu können, hat die bestehenden urheberrechtlichen Regelungen infrage gestellt. Private InternetnutzerInnen wurden durch die neue Technologie ermächtigt, bislang exklusiv den UrheberInnen bzw. den RechteverwerterInnen zugestandene Verwertungsrechte wie z. B. die Vervielfältigung und Verbreitung von Werkstücken, selbst in die Hand zu nehmen. Urheberrechtsgesetze wurden weltweit, nicht zuletzt aufgrund der Lobbying-Aktivität der Verwertungsindustrien, so

## 2.3 Der ökonomische Institutionenbegriff

angepasst, dass eine Rechtsdurchsetzung auch gegenüber Privatpersonen möglich wurde. So hat die Recording Industry Association of America (RIAA) zwischen 2003 und 2008 hunderttausende Klagen wegen Urheberrechtsverletzungen durch private Filesharing-NutzerInnen eingebracht, die meist außergerichtlich durch Abschlagszahlungen von mehreren tausend US-Dollar bereinigt wurden. Nach diesem Vorbild haben Musik- und Filmindustrieverbände in vielen anderen Ländern auch Privatpersonen wegen ihrer Filesharing-Tätigkeit juristisch verfolgt (siehe Tschmuck 2012, S. 182–187).

Dieses Beispiel zeigt, dass Veränderungen in einem sozialen Praxisfeld, die durch neue Handlungsheuristiken ausgelöst werden, auch Rückwirkungen auf die kollektiven Instanzen (im konkreten Fall auf die Urheberrechtsgesetzgebung) haben können, wodurch nicht die Regelwerke selbst, sondern auch die durch sie konstituierte Kulturproduktion verändert wird.

# Der Güter- und Kulturgüterbegriff 3

## 3.1 Der rechtliche Güterbegriff

Da die Kulturbetriebslehre die Wissenschaft von der Entstehung, Verbreitung, Vermittlung und Rezeption der Kulturgüter ist, bedarf es neben der Klärung des Kulturbegriffs auch der Interpretation des Güterbegriffs. Wie der Name schon sagt, stiftet ein Gut einen Nutzen für eine Person, eine Personengruppe oder eine ganze Gesellschaft. Dabei lassen sich Güter nach unterschiedlichen Kriterien klassifizieren. Bereits das römische Recht differenzierte zwischen dem res nullius (dem Gut, das niemand gehört), dem res publicae (dem öffentlichen Gut), dem res privatae (dem privaten Gut) und dem res communis (dem Gemeingut). Dem res nullius entspricht z. B. das Niemandsland, das von jeder/m ohne Zugangsbeschränkungen genutzt werden kann. Ursprünglich waren damit natürliche Ressourcen wie Land, Wasser und Luft gemeint aber auch Bodenschätze, Wälder oder wilde Tiere. Das res privatae kann hingegen einer einzelnen Person zugeordnet werden, die ausschließlich darüber verfügen darf und somit ein Eigentumsrecht ausübt. Das res publicae wird von einer legitimierten Instanz (z. B. dem Staat) zur Schaffung des Allgemeinwohls bereitgestellt. Dabei kann es sich um die Landesverteidigung, Polizeischutz, Feuerwehr, die Wettervorhersage usw. handeln. Und schließlich gibt es noch das res communis, das von einer Gruppe von Personen für die Nutzung in diesem Personenkreis erstellt wird, wie z. B. die gemeinsame Bewirtschaftung von Weiden oder der Tennisplatz eines Tennisvereins. In dieser rechtlichen Betrachtung geht es vor allem darum, wer welche Besitz- und Nutzungsrechte hat, und wie diese reguliert werden.

## 3.2 Der ökonomische Güterbegriff

### 3.2.1 Öffentliche Güter

Kommen wir nun von der rechtlichen zur ökonomischen Betrachtung von Gütern. In der Ökonomie wurde lange Zeit der Fokus auf private Güter gerichtet, die zur Nutzen- und Gewinnmaximierung dienen. Paul Samuelson hat in seinem Artikel „The Pure Theory of Public Expenditure" (1954) darauf hingewiesen, dass es neben privaten Gütern auch öffentliche Güter[1] gibt. Bei privaten Gütern gelten dabei die Prinzipien der Ausschließbarkeit vom und die Rivalität im Konsum durch den Preismechanismus. Ausschließbarkeit bedeutet, dass der Marktpreis jene potenziellen NutzerInnen vom Konsum des Gutes ausschließt, die nicht bereit sind, den Marktpreis zu zahlen, weil ihr Vorbehaltspreis (= Preis, den sie zu zahlen bereit sind) unter dem Marktpreis liegt. Der Marktpreis spiegelt die Güterknappheit wider. Das heißt, dass die potenziellen NutzerInnen eines Gutes beim Konsum des Gutes in Rivalität zueinander stehen, ganz nach dem Motto: *Wenn Person A den Apfel isst, kann derselbe Apfel nicht auch noch von Person B gegessen werden.* Bei öffentlichen Gütern gelten aber die beiden Prinzipien nicht mehr. Öffentliche Güter stehen der kollektiven Nutzung zur Verfügung, weil niemand von der Nutzung des Gutes ausgeschlossen werden kann. Ein Ausschluss von der Nutzung wäre auch nicht sinnvoll, weil ein einmal erstelltes öffentliches Gut grenzkostenlos angeboten werden kann, und der Grenznutzen einer zusätzlichen NutzerIn daher wohlfahrtssteigernd wirkt und ein Ausschluss vom Konsum daher unerwünscht ist.[2] Jede NutzerIn kann das öffentliche Gut zudem nutzen, ohne die anderen NutzerInnen zu stören. D. h. es gibt keine Nutzeneinbußen für die anderen NutzerInnen bis die Kapazitätsgrenze erreicht wird.

Viele Kulturgüter weisen durchaus den Charakter öffentlicher Güter auf. Nehmen wir zum Beispiel Musik. Wird Musik in der Öffentlichkeit z. B. in Form eines Platzkonzerts in einem Kurort aufgeführt, gibt es keinerlei Möglichkeit, potenzielle ZuhörerInnen vom Musikgenuss auszuschließen. Zudem herrscht (bis zur Kapazitätsgrenze) auch keine Rivalität im Musikkonsum, weil der eigene

---

[1] Samuelson spricht von „collective consumption goods" (1954, S. 387).
[2] Der Grenznutzen beschreibt den zusätzlichen Nutzen, der aus einer weiteren konsumierten Einheit fließt. Die Grenzkosten sind jene zusätzlichen Kosten, die durch eine weitere produzierte Einheit entstehen (siehe dazu ausführlich Abschn. 4.1.4).

## 3.2 Der ökonomische Güterbegriff

Musikgenuss nicht durch Anwesenheit anderer ZuhörerInnen eingeschränkt wird. Es ist im konkreten Fall des Platzkonzertes auch gar nicht erwünscht, dass Zutrittsbarrieren errichtet werden, weil alle Interessierte in den Genuss der Musikdarbietung kommen sollen, was insgesamt die soziale Wohlfahrt erhöht.

Allerdings zeigt schon dieses Beispiel die Problematik öffentlicher Güter auf. Da jede/r, ohne einen finanziellen Beitrag zu leisten, in den Musikgenuss kommt, werden die MusikerInnen für ihre Leistung nicht bezahlt werden. Geht man davon aus, dass die MusikerInnen das Konzert nicht allein aus Spaß am Musizieren abhalten, sondern damit auch ihren Lebensunterhalt bestreiten wollen, dann werden sie die Leistung nicht mehr bereitstellen. Die neoklassische, ökonomische Theorie spricht in dem Zusammenhang von einem Marktversagen, das durch „Trittbrettfahren", „Schwarzfahren" bzw. „Free-Riding" verursacht wird (siehe Mankiw 2015, S. 218). Die Lösung des Problems könnte entweder darin liegen, dass die MusikerInnen an das Gewissen der ZuhörerInnen appellieren und um freiwillige Spenden bitten oder ihre Gage von dritter Seite, z. B. von einem Kurhotel oder von der Stadtverwaltung, ausbezahlt bekommen. Allgemein gesprochen, bedarf es gemäß neoklassischer Theorie einer staatlichen Intervention, um das Marktversagen zu beseitigen, damit sich der soziale Wohlfahrtszuwachs realisieren lässt. Dazu wurden aufwändige Konzepte optimaler Besteuerung erarbeitet, die die Bereitstellung öffentlicher Güter sicherstellen sollen.

---

**Fallbeispiel Woodstock: Wie aus einem kommerziellen Projekt ein öffentliches Gut wurde**[3]

2019 wurde weltweit in den Medien und durch Buchpublikationen zum 50. Mal jenes dreitägigen Musikfestivals gedacht, das wie kein anderes zum Mythos geworden ist: Woodstock. Das ist angesichts des organisatorischen Chaos und der wetterbedingt katastrophalen Zustände erstaunlich. Noch dazu war Woodstock weder in musikhistorischer noch in musikwirtschaftlicher Hinsicht herausragend. Von den 32 am Festival auftretenden Acts war Woodstock gerade einmal für drei das Sprungbrett zu einer internationalen Karriere. Der Großteil aber hatte schon davor lukrative Plattenverträge in

---

[3]Das Fallbeispiel basiert auf dem Beitrag „40 Jahre Woodstock – Wirtschaftsdebakel und Mythos", der am 14.08.2009 im Blog zur Musikwirtschaftsforschung erschienen ist: https://musikwirtschaftsforschung.wordpress.com/2009/08/14/40-jahre-woodstock-%e2%80%93-wirtschaftsdebakel-und-mythos/ (letzter Zugriff: 07.01.2020).

der Tasche und genoss mehr oder weniger Starruhm. Das ist auch wenig überraschend, denn Woodstock war von den Organisatoren als gewinnbringende, kommerzielle Veranstaltung geplant worden. Dazu brauchte man zugkräftige Acts, die eine entsprechend hohe Gage forderten: Die Ticketpreise waren dementsprechend hoch und sollten für einen Gewinn sorgen: US$ 7 für einen Tag, US$ 13 für zwei Tage und US$ 18 für alle drei Tage (Schäfer 2009, S. 8).[4] Wie konnte also eine privatwirtschaftliche Veranstaltung so aus dem Ruder laufen, dass sie nicht nur zu einem öffentlichen Gut wurde, sondern einen Mythos begründete, der bis heute nachwirkt?

Beginnen wir unsere Spurensuche am 6. Februar 1969, als die beiden Hippies, Michael Lang und Artie Kornfeld, die Betreiber des gerade erst gegründeten Media Sound Tonstudios, Joel Rosenman und John Roberts, in deren gemeinsamen Appartement in Manhattan aufsuchten, um sie davon zu überzeugen, in Woodstock, einem kleinen Ort rund 100 Meilen nördlich von New York City, ein Tonstudio einzurichten. Woodstock war bewusst gewählt, denn dorthin hatte sich der rekonvaleszente Bob Dylan nach seinem schweren Motorrad-Unfall (1966) zurückgezogen. Ihm waren noch einige andere Stars jener Zeit (The Band, Blood Sweat & Tears, Jimi Hendrix, Janis Joplin und ihre Kozmic Blues Band) gefolgt und das Duo Lang-Kornfeld versprachen sich ein gutes Geschäft davon, die Tonstudioinfrastruktur quasi frei Haus zu liefern. (Schäfer 2009, S. 21; Lang 2009, S. 37).

Zur Eröffnung des Studios sollte ein Konzert gegeben werden, damit die eingeladenen Medienvertreter das Projekt promoten könnten. Zwar wollten Roberts und Rosenman kein weiteres Tonstudio gründen, aber sie schlugen Lang und Kornfeld vor, das Konzert auf ein zweitägiges Musik- und Kunstfestival auszudehnen. Den daraus fließenden Gewinn könnten Lang und Kornfeld dann zur Finanzierung des Tonstudios zu verwenden. Als Budget wurden gleich einmal großzügig US$ 250.000 veranschlagt – Auftrittshonorare für die MusikerInnen, für Organisation und die Bühneninfrastruktur. Bei zu erwartenden 100.000 BesucherInnen an beiden Tagen sollte bei durchschnittlichen Ticketpreisen von US$ 5 ein Reingewinn zwischen US$ 250–300.000 erzielbar sein. (Lang 2009, S. 48–49).

---

[4]Umgerechnet würde ein Drei-Tagespass im Jahr 2020 mehr als US $100.- kosten.

## 3.2 Der ökonomische Güterbegriff

Um keine wertvolle Zeit zu verlieren und noch mehr Gewinn zu lukrieren, wurde das Festival um einen weiteren Tag verlängert und für den 15. bis 17. August desselben Jahres anberaumt. Man rechnete nun mit insgesamt 200.000 Besuchern. Nun galt es, nur noch die MusikerInnen zu engagieren, das passende Festivalgelände zu finden und dort die nötige Infrastruktur zu errichten. Zu diesem Zweck wurde die Firma Woodstock Ventures gegründet, an der alle vier Protagonisten zu je 25 % beteiligt waren. Kornfeld sollte die Öffentlichkeitsarbeit übernehmen, Lang für den Bühnenaufbau und die Tontechnik sorgen sowie die KünstlerInnen engagieren und Roberts und Rosenman sich um die Finanzen und das organisatorische Rundherum kümmern. (Schäfer 2009, S. 14).

John Roberts und Joel Rosenman waren alles andere als Hippies und stammten aus der New Yorker Oberschicht. Roberts Vater war der Gründer eines expandierenden Pharma-Konzerns und Rosenmans Vater unterhielt eine florierende Zahntechnik-Ordination auf Long Island für die Reichen und Schönen der Stadt. Roberts hatte an der Annenberg School of Communication in Philadelphia seinen Abschluss gemacht und bezog sein Einkommen aus den Zinsen, den ein Familienfonds abwarf. Rosenman hatte ein Jus-Studium absolviert und arbeitete hauptberuflich in einer Anwaltskanzlei und war „nebenberuflich" Gitarrist in einen Rockband. Roberts und Rosenman wollten mit der Gründung des besagten Tonstudios aus dem vorgezeichneten, nicht sehr aufregend erscheinenden Lebensweg ausbrechen. Als dann Lang und Kornfeld in die Wohnung geschneit kamen, muss das für Roberts und Rosenman ein Hauch von jenem Abenteuer gewesen sein, das sie gesucht hatten.

Und es wurde auch ein Abenteuer, aber anders als es sich die vier Protagonisten ursprünglich gedacht hatten. Die ersten Probleme ergaben sich bereits bei der Suche nach einem geeigneten Festivalgelände. Ein passendes Grundstück, auf dem 30.000 BesucherInnen untergebracht werden konnten, wurde von einem Hot-Dog-Fabrikanten in Saugertiers unweit von Woodstock angeboten. Allerdings bekam dieser aufgrund von Anrainerprotesten kalte Füße und man musste sich nach einem neuen Veranstaltungsort umsehen. In Wallkill wurde man fündig. Ein alter Industriepark, der über einen Strom- und Wasseranschluss sowie eine gute Verkehrsanbindung verfügte, schien ideal für eine große Konzertveranstaltung zu sein. Der Vertrag mit dem Grundeigentümer war auch schon unterschrieben und der Gemeinderat hatte auch schon grünes Licht gegeben, als sich eine BürgerInneninitiative gegen das Projekt bildete und eine BürgerInnenversammlung erzwang, in der dann die Veranstaltung in Wallkill zu Grabe getragen wurde. (Rosenman et al. 2009, S. 45–51). Woodstock Ventures verfügte Mitte Juli 1969 – also ein Monat vor Festivalbeginn – über keinen geeigneten Veranstaltungsort. Max Yasgur, ein Milchgroßbauer im Örtchen White Lake, Town of Bethel im Sullivan County half aus der Verlegenheit. Er stellte für eine Pacht von US$ 57.000 (in Werten von 2019: US$ 400.000) sein in einer Talsenke gelegenes Land zur Verfügung. Das Areal war ideal, glich es doch einer Art Amphitheater mit guter Akustik für eine Freiluftveranstaltung, hatte eine gute Verkehrsanbindung und war wesentlich idyllischer als der aufgelassene Industriepark bei Wallkill. Zwar gab es hier auch Widerstand der BewohnerInnen gegen das „Hippie-Festival", aber der Gemeinderat stimmte letztendlich doch zu. (ibid., S. 117–122).

Es konnten also die hektischen Bauarbeiten beginnen. In einem Monat musste die gesamte Infrastruktur errichtet, ein Sicherheitskonzept erarbeitet und an die vielen BesucherInnen, die schon Vorverkaufstickets erworben hatten, kommuniziert werden, dass sich der Veranstaltungsort geändert hatte. Auch die MusikerInnen mussten für die neue Location gewonnen werden, was mühsame und kostspielige Vertragsnachverhandlungen nach sich zog.

Es gelang aber dennoch, eine erkleckliche Anzahl namhafter Stars zu buchen. Es fehlten nur wenige große Namen wie The Beatles und The Rolling Stones, die einfach zu teuer waren. Und Bob Dylan weigerte sich auch sein Comeback in der unmittelbaren Nachbarschaft zu geben. Angeblich hatte er zu diesem Zeitpunkt schon eine vertragliche Verpflichtung mit dem Isle-of-Wight-Festival eingegangen. (Schäfer 2009, S. 22). Die Zahl der auftretenden Stars war aber trotzdem beeindruckend: Creedance Clearwater Revival, Jefferson Airplane, The Grateful Dead, The Who, Janis Joplin, Crosby, Stills, Nash & Young, Blood, Sweat & Tears, Sly & the Family Stone, Joan Baez oder Jimi Hendrix. (Gülden 2009, S. 131–132).

Die Gagen waren dementsprechend hoch. Rosenman et al. (2009, S. 275) bezifferten fünf Jahre später die Gesamtausgaben für die Gagen aller 32 Acts mit US$ 250.000 (2019: US$ 1,75 Mio.). Kostentreiber dabei waren nicht nur die Nachverhandlungen, die wegen der Verlegung der Festival-Location nötig geworden waren, sondern auch die 50 %ige Aufzahlung auf die Gage, weil die Organisatoren zu spät realisiert hatten, dass die Filmrechte für den Dokumentarfilm von Michael Wadleigh noch abgegolten werden mussten (ibid.).

## 3.2 Der ökonomische Güterbegriff

Die kurze Vorbereitungszeit brachte viele organisatorische Probleme mit sich, die sich negativ auf die Ertrags- und Aufwandssituation niederschlugen. Durch die Fehleinschätzung der BesucherInnenzahlen waren viel zu wenige Sanitäranlagen errichtet worden (Schäfer 2009, S. 61). Es mangelte zudem an Sicherheits- und Ordnerkräften, weil der Polizeichef von New York seinen BeamtInnen untersagt hatte, sich privat ein Zubrot beim Festival zu verdienen. Trotz des Verbots kamen doch viele New Yorker PolizistInnen inkognito und in Zivil, aber bei Weitem nicht so viele wie benötigt wurden (ibid., S. 35).

Bereits zwei Wochen vor Festivalbeginn kamen schon die ersten BesucherInnen auf das Gelände, wo sie sich mit Zelten und Wohnwägen häuslich niederließen. Das war zu einem Zeitpunkt, als noch kein Zaun bzw. Zugangskontrollen errichtet waren. Und der BesucherInnenzustrom riss nicht mehr ab und wurde von Tag zu Tag stärker. Zwei Tage vor dem Start des Konzertereignisses waren schon 100.000 Menschen vor Ort und campierten neben den Zufahrtsstraßen, die zugestaut waren. Es wird geschätzt, dass rund 1 Mio. Menschen versucht haben, das Konzert zu besuchen, wovon aber die Hälfte nie am Festivalgelände ankam, was wiederum Regressforderungen nach sich zog (Rosenman et al. 2009, S. 94). Am Samstagmittag musste die Festivalleitung kapitulieren, nachdem an vielen Stellen die Zäune niedergetrampelt worden waren und keine Möglichkeit mehr bestand, die Tickets zu kontrollieren. Von der Hauptbühne aus verkündete Stage-Manager John Morris unter lautem Beifall der BesucherInnen: *„It's a free concert from now on"* (Schäfer 2009, S. 39). Die „großzügige" Geste verursachte aber gewaltige Einbußen bei den Einnahmen aus dem Kartenverkauf.

Durch die Berichte in den Wochenendblättern über das organisatorische Chaos, die Drogenexzesse und den Mega-Verkehrsstau aufgeschreckt, erwog der Gouverneur des Bundesstaates New York, Bethel zum Katastrophengebiet zu erklären und durch die Nationalgarde räumen zu lassen. Es kostete den Verantwortlichen viel Überzeugungsarbeit, ihn von diesem Vorhaben abzubringen und das Gebiet zwar als „desaster area" auszuweisen, aber mit dem Ziel, die dringend benötigte Unterstützung vonseiten des US-Militärs anfordern zu können. So konnten von der nahen Militärakademie in Westpoint zusätzlich Helikopter vom gleichen Typ, wie sie in Vietnam im Einsatz waren, für Krankentransporte zur Verfügung gestellt werden (Schäfer 2009, S. 84). MusikerInnen, JournalistInnen und andere VIPs mussten wegen des Verkehrschaos ohnehin schon per

Hubschrauber eingeflogen werden, die kurzfristig zu horrenden Preisen angemietet worden waren. Das Festivalgelände musste per Militärhelikopter aus der Luft versorgt werden (ibid.).

Zum organisatorischen Chaos gesellten sich auch noch Wetterkapriolen. Am ersten Festivaltag war es noch so heiß, dass von Hubschraubern aus Wasser über die ZuschauerInnenmenge gegossen wurde, aber schon nach Einbruch der Dunkelheit brach ein gewaltiges Gewitter los und es begann in Strömen zu regnen. Es fiel in kurzer Zeit so viel Regen, dass der Baldachin über der Bühne einzustürzen drohte. Bis zum letzten Auftritt des Abends regnete es immer noch und das das Festivalgelände verwandelte sich in ein Sumpfgebiet (ibid., S. 67–70).

Die schlimmsten Wetterkapriolen standen den Festivalbesuchern aber noch bevor. Am Sonntagnachmittag brach ein Tornado über das Festivalgelände herein, der auch im Woodstock-Film in seiner ganzen Dramatik dokumentiert ist. Bei den Organisatoren brach Panik aus, vor allem weil viele BesucherInnen auf die Lautsprechertürme geklettert waren. Diese drohten nun im heraufziehenden Sturm zusammenzubrechen, was eine Tragödie zur Folge gehabt hätte. Bühnensprecher Chip Monk beschwor, wie auch im Woodstock-Film zu sehen ist, die Leute von den Türmen herunter zu kommen und von diesen fern zu bleiben. Ein Unglück blieb aber aus und das Konzert musste lediglich für Stunden unterbrochen werden, damit die Tonanlage nicht Schaden nahm. Die BesucherInnen aber wurden von den nach dem Sturm einsetzenden sintflutartigen Regenschauern, die das ohnehin schon aufgeweichte Gelände in ein schlammiges Flussdelta verwandelten, hinweg gespült (ibid., S. 148–149). Es entstanden zu diesem Zeitpunkt jene immer wieder mit Woodstock assoziierten Bilder, in denen sich die BesucherInnen im Schlamm wälzen und knietief darin versinken.

Wegen der stundenlangen Unterbrechung am Sonntagnachmittag dauerte das Festival bis zum frühen Montagmorgen. Der letzte und als abschließender Höhepunkt des Konzerts geplante Auftritt war jener von Jimi Hendrix. Als Hendrix seine legendär gewordene Interpretation der US-amerikanischen Hymne *„The Star Spranglend Banner"* anstimmte, war der Großteil der FestivalbesucherInnen bereits nach Haus unterwegs und froh dem Inferno glücklich entronnen zu sein (ibid., S. 172–176).

Die Abrechnung fiel bereits am Montagmorgen, als Jimi Hendrix noch auf der Bühne stand, desaströs aus. Insgesamt hatten sich nicht von Einnahmen gedeckte Forderungen gegenüber Woodstock Ventures Inc. von US$ 1,6 Mio. (2019: US$ 11,2 Mio.) angehäuft. Die Bank erwog den

Konkurs über das Unternehmen zu eröffnen, wodurch viele MusikerInnen um ihre Gagen und die Lieferanten um den Großteil ihrer Forderungen gebracht worden wären. Um diese Schmach von ihrem Sohn abzuwenden, sprangen die vermögenden Eltern von John Roberts mit einem Blitzkredit ein, der allerdings von ihm und Rosenman über Jahre hinweg abgestottert werden musste (Rosenman et al. 2009, S. 275).

Woodstock war als kommerzielle Veranstaltung geplant (privates Gut) worden und verwandelte sich durch die Umstände zu einem öffentlichen Gut. Woodstock ist aber nicht nur ein Paradebeispiel dafür, welche Probleme beim Marktversagen eines öffentlichen Gut entstehen können, sondern hat nachhaltig kulturelle Werte durch die nachträgliche Mythologisierung des Festivals geschaffen. Aber wie konnte ein solches wirtschaftliches Desaster nachhaltige, kulturelle Werte hervorbringen? Hier ein paar Erklärungsansätze:

**Der Generationenkonflikt und die Anti-Establishment-Haltung:** Woodstock war vor allem eine Versammlung Jugendlicher, die gegen die spießigen Eltern und die konservative Gesellschaft rebellierten. Hier in Woodstock durften sie tun und lassen, was sie wollten. Unter freiem Himmel schlafen, Sex haben, Drogen konsumieren, ihre Musik hören, sich amüsieren, ohne jemand dafür Rechnung abzulegen. Dazu kam dann noch eine kleine Gruppe von Aussteigern, die die konventionelle Lebensart ablehnten und in Woodstock jenen Ort gefunden hatten, an dem sich die Gegenkultur zumindest für drei Tage traf.

**Die Anti-Vietnam- und Anti-Kriegsbewegung:** Zwar war Woodstock von den Organisatoren ausdrücklich als nicht-politische Veranstaltung angekündigt worden und der Versuch von politischer Agitation wurde gleich im Keim erstickt, aber viele Acts hatten unzweideutige Anti-Vietnam-Nummern in ihrem Repertoire (stellvertretend für viele: Ritchie Havens' Eröffnungsnummer *„Freedom"*), die beim Publikum besonderen Anklang fanden.

**Das organisatorische Chaos:** Es war sicherlich nicht beabsichtigt, aber es gab dem Ganzen das Flair des Improvisierten, Unvollkommenen, Unwiederholbaren und Nicht-Kommerziellen. Wäre das Festival perfekt organisiert gewesen, dann wäre der Eindruck eines reibungslosen Wirtschaftsbetriebs entstanden, der nicht in die Idealvorstellungen der Love & Peace-Generation passte.

> **Die Wetterkapriolen:** Zuerst heiß und drückend, dann regnerisch und schließlich sogar noch ein Tornado, der die Veranstalter zwang, das Konzert für Stunden zu unterbrechen. Wer all das – vor allem aber das Schlammbad – ertragen musste, war gewissermaßen „geadelt" worden. Außergewöhnliche Umstände tragen stets dazu bei, dass Ereignisse mythologisiert werden. Man kann dann später sagen, dabei gewesen zu sein. So entsteht das, was man „Veteranentum" und in diesem speziellen Fall die „Woodstock Nation"[5] nennt.
>
> Alle diese Faktoren haben sicherlich einen nicht unbeträchtlichen Einfluss auf die bereits während des Festivals einsetzende Mythologisierung ausgeübt, aber es waren vor allem die Medien, die bewusst oder unbewusst den Woodstock-Mythos zumindest verstärkt haben und ihn immer wieder neu konstruieren. Auch die mediale Dramaturgie spielte dabei eine wichtige Rolle. Die ersten Medienmeldungen waren allesamt negativ und ganz im Stil der Katastrophenberichterstattung gehalten – Hippies als Bürgerschrecks, Drogenmissbrauch, organisatorisches Chaos, unendlich langer Verkehrsstau, Wetterkapriolen etc. Aber während sich der Kommentator in der Montagsausgabe der New York Times auf Seite 1 noch über das „Woodstock-Desaster" ausließ, war hinten im Feuilleton-Teil bereits von einem außergewöhnlichen Festival die Rede, dass trotz der widrigen Umstände nicht in einer Katastrophe endete (Schäfer 2009, S. 179–180).

### 3.2.2 Meritorische Güter

Während das Marktversagen bei öffentlichen Gütern aufseiten der Anbieter aufgrund des fehlenden Preismechanismus entsteht, hat Richard Musgrave (1957) auch nachfrageseitige Ursachen für ein Marktversagen gefunden. Es handelt sich dabei um meritorische Güter, die personenunabhängig von ihrer individuellen Leistung diese „verdienen", die aber nicht im gesellschaftlich erwünschten Ausmaß konsumiert werden. Dazu zählt die Gesundheitsversorgung, das Bildungswesen und nicht zuletzt die Versorgung mit Kulturgütern. Ursache für den Nachfragemangel für die suboptimale Bereitstellung meritorischer Güter kann irrationales

---

[5]Der Begriff bezieht sich auf das Buch „Woodstock Nation: A Talk-Rock Album" des linken Polit-Agitators Abbie Hoffman, der am Woodstock Festival teilgenommen hat.

## 3.2 Der ökonomische Güterbegriff

Verhalten sein, wie die Weigerung, einen Gurt während des Autofahrens anzulegen, was wiederum zur Gurtpflicht führt, um soziale Kosten bei Verkehrsunfällen zu verringern. Unvollständige Informationen können ebenfalls einen Nachfragemangel verursachen. So kann das unzureichende Wissen über den Nutzen der Wärmedämmung von Häusern dazu führen, dass unnötig viel Energie verbraucht wird. In diesem Fall wird die öffentliche Hand Förderungen für die Wärmedämmungsmaßnahmen gewähren. Falsche Zeitpräferenzen werden als weiterer Grund genannt, so wie im Fall der suboptimalen Nachfrage nach einer Pensionsversicherung unter jungen Menschen, die durch eine Pflichtversicherung ausgeglichen wird. Und schließlich wird auch das Vorliegen externer Effekte für das Nachfragdefizit verantwortlich gemacht. Positive externe Effekte liegen dann vor, wenn beim Konsum oder in der Produktion eines Gutes der Nutzen oder Gewinn eines Wirtschaftssubjekts beeinflusst wird, das nicht in der Produktion oder im Nutzen des Gutes involviert ist. So kann ein Eigentümer eines Hauses in einer historischen Altstadt keinerlei Interesse an einer Fassadenrenovierung haben, weil diese für ihn nur Kosten verursacht, obwohl ein schön renovierte Altstadt die touristische Attraktivität hebt und den Nutzen für die gesamte Gemeinde erhöht. Auch in diesem Fall ist die öffentliche Hand gefordert, die Fassadensanierung finanziell unterstützen.

Die Förderung meritorischer Güter durch die öffentliche Hand wird auch als Meritorisierung bezeichnet. Im Kulturbereich lassen sich noch weitere Formen der Meritorisierung von Gütern identifizieren. So ist die Erfüllung des Kulturauftrags durch den öffentlich-rechtlichen Rundfunk die Voraussetzung für das Einheben von Rundfunkgebühren. Eine ermäßigte Umsatzsteuer auf Bücher und andere kulturelle Leistungen zielt ebenfalls auf die Verringerung des Nachfragedefizits ab. Die Schul- bzw. Unterrichtspflicht soll insgesamt das Bildungsniveau einer Gesellschaft erhöhen, woraus eine höhere soziale Wohlfahrt entspringt. Und nicht zuletzt werden ganze Schulklassen von den LehrerInnen in Museen oder in Theatervorstellungen verfrachtet, weil davon ausgegangen wird, dass kulturelle Bildung eine Bereicherung für einzelne aber auch für die gesamte Gesellschaft ist. Aber gerade letzteres Beispiel zeigt auch die Problematik der Meritorisierung auf. Es gibt nämlich keinen verbindlichen Maßstab, an dem die soziale Erwünschtheit von Kulturgütern gemessen werden kann. Deshalb wird in dem Zusammenhang auch der Paternalismus-Vorwurf erhoben, wonach der Staat aus eigenem Gutdünken heraus seinen BürgerInnen Leistungen „aufzwingt", die sie eigentlich gar nicht wollen. Aber auch hier fehlt ein objektives Kriterium dafür, was erwünscht ist und was nicht.

## 3.2.3 Klub- und Mautgüter

Um dem Dilemma der Bereitstellung öffentlicher und meritorischer Güter durch staatliche Instanzen zu entgehen, hat James Buchanan (1965) einen dritten Weg der Güterbereitstellung aufgezeigt und zwar durch Klubs, was den ganzen Zweig der Klubgüterökonomik begründet hat. Klubgüter oder Mautgüter zeichnen sich durch eine geringe oder gar keine Rivalität im Konsum aus, es kann aber ein einfacher Ausschließungsmechanismus hergestellt werden. So setzt ein Golfclub die entgeltliche Mitgliedschaft voraus, was die weitere unentgeltliche Benutzung des Golfplatzes ermöglicht. Aber auch Theater, Museen sowie Konzert- oder Opernhäuser stellen Klubgüter dar. Im Konsum der Aufführungen und Ausstellungen herrscht (bis zur Kapazitätsgrenze) geringe oder keine Rivalität. Aber über den Verkauf von Eintrittskarten wird Ausschließlichkeit über einen Preismechanismus hergestellt. Die Voraussetzung ist aber, dass die Kosten für die Erstellung eines Ausschließbarkeitsmechanismus (Bau und Betrieb eines Theaters oder Konzerthauses) z. B. über Mitgliedsbeiträge, Abonnements und Eintrittserlöse hereingespielt werden können. Es ist bezeichnend, dass die Entstehung des bürgerlichen Konzertwesens im späten 18. Jahrhundert auf private Subskriptionen zurückzuführen ist und auch das bürgerliche Vereinswesen – man denke nur an den Wiener Musikverein oder die Royal Philharmonic Society in London – eine entscheidende Rolle für die Konstitutionen eines modernen Konzertwesens gespielt hat. Allerdings ist dann in späteren Zeiten wieder der Ruf nach finanzieller Unterstützung durch die öffentliche Hand laut geworden.

> **Fallbeispiel: Die Monetarisierung von Musik durch Streaming als Klub- bzw. Mautgut**
> Als das Peer-to-Peer-Filesharing-Netzwerk Napster im Jahr 2000 boomte und weltweit Musik über das Internet gratis heruntergeladen werden konnte, sah sich die Musikindustrie mit ihrem Armageddon konfrontiert. Die Zukunft wurde von VertreterInnen der phonografischen Industrie in schwärzesten Farben gemalt und es wurde ihr Untergang prophezeit.[6] In der Tat haben sich die Umsätze der globalen phonografischen Industrie im

---

[6]Stellvertretend siehe dazu „Mix, Burn & R.I.P.: Das Ende der Musikindustrie" (2003) von Janko Röttgers oder das Buch des ehemaligen Geschäftsführers der Universal Deutschland Tim Renner „Kinder, der Tod ist gar nicht so schlimm." (2004).

## 3.2 Der ökonomische Güterbegriff

ersten Jahrzehnt des 21. Jahrhunderts nahezu halbiert, was allerdings nicht allein auf das Musik-Filesharing zurückgeführt werden kann (Tschmuck 2017, S. 44–45), aber mit dem Musikstreaming wurde ein neues Geschäftsmodell entwickelt, das Ende der 2010er-Jahre die Umsätze der Branche wieder wachsen lässt. Das Streaming-Modell bedeutet aber eine radikale Abkehr vom früheren Geschäftsmodell der Tonträgerfirmen, das im Kern darin bestand, Musik als physisches Produkt in Form von Schallplatten, CDs und anderen physischen Formaten herzustellen und zu verkaufen. Das digitale Download-Geschäft, das 2003 mithilfe des Online-Shops iTunes der Computerfirma Apple, in Gang gesetzt wurde, entsprach noch der Logik des Besitzes von Musik. Allerdings unterliegt das digitale Musikfile nur mehr sehr eingeschränkt der Rivalität im Konsum, wenn es z. B. mit einem Kopierschutz ausgestattet ist. Ansonsten lässt sich eine Musikdatei problemlos ohne Qualitätsverlust kopieren und verbreiten. Um Musik in ihrer digitalen Form also monetarisieren zu können, braucht es einen neuen Ausschlussmechanismus, um es zum Klub- bzw. Mautgut zu machen.

Diese Gelegenheit für die phonografischen Unternehmen eröffnete sich, als am 7. Oktober 2008, als der Prozess gegen The Pirate Bay in Stockholm seinem Höhepunkt zustrebte, der schwedische Musikstreamingdienst Spotify online ging. Zu diesem Zeitpunkt war Spotify ein noch sehr kleines Unternehmen, dessen Gründer Daniel Ek und Martin Lorentzson ursprünglich selbst aus der P2P-Filesharing-Szene (siehe Eriksson et al. 2019) stammten und von Risikokapital abhängig war. Spotify war anfänglich auch noch kein durchschlagender Erfolg. Im Juni 2009 meldete das schwedische Unternehmen lediglich 170.000 registrierte UserInnen und monatliche Werbeeinnahmen von gerade einmal £ 82.000.[7] Trotzdem wurde Spotify zu diesem Zeitpunkt auf einen Marktwert von US $250 Mio. geschätzt.[8] Das machte den Musikstreamingdienst attraktiv vor allem für die Musikkonzerne, die über die wesentlichen Kataloge an Musikaufnahmen verfügten, ohne die ein Musikstreamingservice gar nicht erst an den Start gehen kann. Das chronisch unterkapitalisierte Unternehmen konnte sich

---

[7]The Register, 2009, „Fifty Quid Bloke, meet Spotify's 14p man", 25. June 2009, https://www.theregister.co.uk/2009/06/25/spotify_exclusive/ (abgerufen: 20.02.2020).

[8]The Guardian, 2009, „Behind the music: The real reason why the major labels love Spotify", 15. August 2009 https://www.theguardian.com/music/musicblog/2009/aug/17/major-labels-spotify (abgerufen: 20.02.2020).

die Lizenzzahlungen, die pro Jahr im mehrstelligen Millionenbereich lagen,[9] für die Benutzung der Musikaufnahmen nicht leisten. Statt mit Geld ließen sich die Musik-Majors mit Unternehmensanteilen bezahlen. Auf diese Weise erwarben die Universal Music Group, Sony Music Entertainment, Warner Music Group sowie die EMI, die später von der Universal aufgekauft werden sollte, im Jahr 2008 gemeinsam 17 % an Spotify zu einem Nominalwert der Aktien von nur EUR 8804. Als Spotify dann Anfang April 2018 an die Börse ging, war das Unternehmen rund US $2,6 Mrd. wert, wovon vor allem die Musikkonzerne profitierten, die zum Teil auch ihre Aktienpakete zu Geld machten.[10] Der eigentliche Nutzen von Spotify und anderen Musikstreamingdiensten liegt für die Unternehmen der phonografischen Industrie aber vor allem darin, dass sie die Kontrolle über den Vertrieb von Musik wiedererlangen konnten. Statt Musik in Form von Tonträgern oder Downloads besitzen zu müssen, reicht es heutzutage aus, jederzeit und von jedem Ort aus, Zugang zur Musik zu bekommen. Mit dem Abschluss einen monatlichen Abonnements für das grenzenlose Streamen von Musik wird das nunmehr möglich. Das Besitzmodell von Musik setzt ein privates Gut mit Rivalitäts- und Ausschlussmechanismus durch den Preis voraus. Das Zugangsmodell von Musik stellt hingegen ein Klub- bzw. Mautgut dar, weil durch das Abo-Modell zwar ein Ausschlussmechanismus über den Preis hergestellt wird, aber die Nicht-Rivalität im Konsum weiterhin bestehen bleibt. Die Voraussetzung, damit ein solches Modell aber funktionieren kann, sind staatlich garantierte Urheberrechte an den Werken und Leistungsschutzrechte an den Musikaufnahmen, weil dadurch erst die Voraussetzung für ein Lizenzgeschäft geschaffen wurde. Deshalb ist nicht nur Musik von diesen neuen digitalen Geschäftsmodelle

---

[9]Aufschluss gibt darüber ein Vertrag zwischen Spotify und der Sony Music Entertainment aus dem Jahr 2011, der geleakt wurde und aus dem hervorgeht, dass der Streamingdienst sich verpflichtet hat, einen Vorschuss von US $42,5 Mio. an die Sony über einen Zeitraum von drei Jahren zu zahlen; siehe dazu The Verge, „This was Sony Music's contract with Spotify", 19. Mai 2015: http://www.theverge.com/2015/5/19/8621581/sony-music-spotify-contract (abgerufen: 20.02.2020).

[10]Music Business Worldwide, 2018, „Here's exactly how many shares the major labels and Merlin bought in Spotify – and what those stakes are worth now", 14. Mai 2018, https://www.musicbusinessworldwide.com/heres-exactly-how-many-shares-the-major-labels-and-merlin-bought-in-spotify-and-what-we-think-those-stakes-are-worth-now/ (abgerufen: 20.02.2020).

erfasst, sondern im Grunde genommen alle Güter, die in ein digitales Format umgewandelt werden können wie z. B. Filme, Bücher, Zeitungsartikel, Games.

### 3.2.4 Allmendegüter

Eine weitere Form von Gütern, die weder privat noch vom Staat bereitgestellt werden, sind Allmendegüter oder unreine öffentliche Güter (im Englischen: common goods), bei denen die Ausschließbarkeit nur zu hohen Kosten herstellbar ist und bei deren Nutzung Rivalität besteht. Dazu zählen natürliche Ressourcen wie Bodenschätze sowie Tier- und Pflanzenbestände in der Wildnis aber auch Parkplätze im öffentlichen Raum sowie überfüllte Straßen. Diese Güter, die historisch immer eine wichtige Rolle gespielt haben – man denke nur an die gemeinschaftliche Bewirtschaftung von Weidegründen – werden in der neoklassischen Theorie als Beispiel für Ineffizienz durch Übernutzung angesehen. Diese Sichtweise ist auf einen einflussreichen Artikel des Mikrobiologen und Ökologe Garrett Hardin zurückzuführen, der 1968 unter dem Titel „The Tragedy of the Commons" im Wissenschaftsmagazin „Science" nachzuweisen versucht hat, dass Allmendegüter nicht funktionieren können. Sein klassisches Beispiel ist die mittelalterliche Form der gemeinschaftlichen Bewirtschaftung von Weiden – die Allmende. Die Allmendewirtschaft führt zur Übernutzung, weil jede/r BäuerIn durch ein zusätzliches Tier am gemeinschaftlichen Weidegrund ein Zusatznutzen zufließt, der höher ist als die Kosten, die das zusätzliche Tier verursacht, weil diese Kosten auf die Allgemeinheit überwälzt werden. Da nun jede/r einzelne NutzerIn rational ihren Nutzen maximiert, führt das zur Übernutzung der Weide. Auch die Überfischung der Weltmeere, die Umweltverschmutzung oder Überpopulation führt Hardin auf das Versagen von Allmendegütern zurück.

Auch Kulturgüter können zu Allmendegüter werden. So kann die freie Zugänglichkeit von kulturellen Veranstaltungen und Kulturstätten zur Überfüllung und damit Übernutzung führen, wie im Fall von „Overtourism".[11] Overtourism manifestiert sich in stark von TouristInnen besuchten Orten und geht

---

[11]Der Begriff „Overcrowding" wurde erstmals in einer Studie der Beratungsfirma McKinsey 2017 verwendet, in der erfasst wurde, wo und in welchem Ausmaß Touristen-Innen-Massen zu einem Problem geworden sind. Der Begriff wurde später dann zum „Overtourism" ausgeweitet (Guevara et al. 2017).

einher mit Konflikten mit den EinwohnerInnen, die die TouristInnen-Massen als störend empfinden. Darüber hinaus kann es zur Übernutzung von Ressourcen im Sinn der Allmendegüter kommen wie z. B. von archäologischen Ausgrabungen und anderen Kulturstätten, wie einige Beispiele belegen sollen.

> **Fallbeispiele für Overtourism**
> **Venedig** ist wohl das bekannteste Beispiel einer Kulturstätte, die massiv von Overtourism betroffen ist. Die Lagunenstadt war schon seit dem Mittelalter Anziehungspunkt für auswärtige BesucherInnen. Früher waren es PilgerInnen, Kaufleute, KünstlerInnen, Bildungsreisende und jetzt sind es vor allem TouristInnen. Mittlerweile ist Venedig UNESCO Kulturerbe und verzeichnet pro Jahr (2018) 12,1 Mio. Übernachtungen. Dazu kommen noch 18 Mio. TagesbesucherInnen, die vor allem mit Reisebussen und Kreuzfahrtschiffen anreisen. Die TouristInnen frequentieren vor allem die historische Altstadt mit den bekannten Sehenswürdigkeiten, in der nur mehr rund 60.000 Einheimische leben.[12] Täglich halten sich in Venedig im Durchschnitt 100.000 BesucherInnen auf, deren Zahl während des Karnevals noch auf 130.000 steigt. Um diesen Massenansturm während der Karnevalszeit zu bewältigen, wurde der Zugang zum Markusplatz mit Drehkreuzen reguliert, damit sich nicht mehr als 23.000 Menschen gleichzeitig am Platz aufhalten können.[13] 2019 hat der Stadtrat von Venedig den Beschluss gefasst, dass ab 1. Mai 2020 von den TagestouristInnen eine Eingangsgebühr von EUR 6.- pro Person eingehoben wird. In der Nebensaison gilt ein ermäßigter Tarif von EUR 3.-, wohingegen in der Hochsaison EUR 8.- und während der Karnevalszeit sogar EUR 10.- bezahlt werden müssen.[14] Venedig kämpft aber nicht nur mit den BesucherInnen-Massen. Die Kreuzfahrtschiffe, die den Giudecca-Kanal nahe der Altstadt durchqueren, stören nicht nur das sensible Ökosystem der Lagune, sondern zerstören mit dem starken Wellengang die Fundamente vieler

---

[12]Siehe dazu: http://www.venedig-reiseinfo.de/Venedig_Zahlen.php.
[13]Der Standard, 2019a, „Karneval in Venedig: Limitierte Besucherzahl am Markusplatz", 25. Februar 2019, https://www.derstandard.at/story/2000098544423/karneval-in-venedig-limitierte-besucherzahl-am-markusplatz (abgerufen: 31.03.2020).
[14]Frankfurter Allgemeine Zeitung, 2019, „Venedig sehen – und zahlen", 27. Februar 2019, https://www.faz.net/aktuell/wirtschaft/venedig-nimmt-kuenftig-eintrittsgebuehr-16063896.html (abgerufen: 31.03.2020).

## 3.2 Der ökonomische Güterbegriff

historischer Gebäude an den zentralen Kanälen. Dazu hat sich schon vor Jahren die BürgerInnen-Initiative „No Grandi Navi" formiert, die die Kreuzfahrtschiffe überhaupt aus der Stadt verbannen wollen, was zwar immer wieder von politischen EntscheidungsträgerInnen versprochen, aber noch nicht in die Tat umgesetzt wurde. Immerhin gehen jährlich 1,56 Mio. Kreuzfahrt-TouristInnen in Venedig an Land und geben rund EUR 155,0 Mio. in der Stadt aus.[15] Diese Zahlen belegen die Problematik des Overtourism. Einerseits sind die betroffenen Kulturstätten auf die Einnahmen aus dem Tourismus angewiesen andererseits richtet dieser, wenn er über Hand nimmt, auch Schäden an.

**Hallstatt** im österreichischen Salzkammergut ist ein weiteres Beispiel für Overtourism. In der Hauptsaison im Sommer strömen an die 10.000 BesucherInnen, in erster Linie chinesische TouristInnen, in das 750-Seelen-Dorf am Hallstädter See. 2019 besuchten über eine Million Menschen den Ort, von denen nur etwa zehn Prozent über Nacht bleiben. Der Großteil der BesucherInnen bleibt nur wenige Stunden und wird dann von den Reisebussen wieder abtransportiert, die den Parkplatz vollkommen überlasten, sodass bereits Ankunfts- und Abfahrtsslots, ähnlich wie beim Starten und Landen von Flugzeugen, vergeben werden. Die Busse müssen mindestens zweieinhalb Stunden im Ort bleiben und dafür EUR 80.- bezahlen. Bei rund 20.000 Bussen pro Jahr sind das für die Gemeinde Einnahmen von EUR 1,6 Mio. Der Reisebustourismus hat die Marktgemeinde wohlhabend gemacht. Aufgrund der reichlich sprudelnden Tourismuseinnahmen erwirtschaftet die Gemeindekasse einen Überschuss, der in den Bau von gemeindeeigenen Wohnungen und den Ausbau der Infrastruktur investiert werden kann. Der wirtschaftliche Boom hat aber seinen Preis. Die Einheimischen fühlen sich zunehmend von den Touristenmassen eingeengt. Sie beklagen, dass die TouristInnen in Gärten eindringen, dort Blumen abreißen und in Einzelfällen sogar in die Häuser vordringen würden. Die klassischen Dorfläden werden durch Souvenirshops verdrängt und die Preise für die Dinge des alltäglichen Gebrauchs sind stark gestiegen. Immer mehr Einheimische überlegen, aus Hallstatt wegzuziehen und würden für den Verkauf eines typischen Hallstädter Hauses wohl auch enorme Verkaufs-

---

[15]Der Standard, 2019b, „Kreuzfahrttourismus in Venedig bangt um seine Zukunft", 4. Juni 2019, https://www.derstandard.at/story/2000104324226/kreuzfahrttourismus-in-venedig-bangt-um-seine-zukunft (abgerufen: 31.03.2020).

erlöse erziele. Diese würden dann wohl in Ferienhäuser oder Zweitwohnsitze umgewandelt werden, was Hallstatt noch mehr zur Tourismuskulisse machen würde.[16] Eine solche ist Hallstatt bereits in der chinesischen Provinz Guangdong, wo die China Metal Mine Metal Group Teile des Dorfes – allerdings spiegelverkehrt – als Freizeitpark nachgebaut hat.[17]

**Machu Picchu** war bis 1911 einer der einsamsten Plätze der Welt. In diesem Jahr entdeckte eine Expedition der Yale University unter Leitung von Hiram Bingham eine Ruinenstadt, die die Inka-Herrscher im 15. Jahrhundert auf 2430 m Seehöhe in den Peruanischen Anden haben errichten lassen. Mittlerweile gehört Machu Picchu zu den touristischen Hotspots der Welt und ist die meist besuchte Sehenswürdigkeit von Südamerika. Trotz seiner Abgelegenheit besuchen jährlich 1,5 Mio. TouristInnen das archäologische UNESCO-Kulturerbe. Das sind doppelt so viele als die UNESCO für vertretbar hält, weil dadurch die Ausgrabungen und das ökologische Gleichgewicht in der Gebirgsregion nachhaltig geschädigt werden könnten. Auf Druck der UNESCO wurde die Gruppengröße limitiert und der Zutritt zur Inka-Stadt 2017 auf bestimmte Zeiten begrenzt. Die Ausgrabungen dürfen nur mehr auf markierten Wegen und mit lizenzierten FührerInnen besucht werden. Als Lenkungseffekt wurden zudem die Eintrittspreise massiv erhöht. Das wiederum spült mehr Geld in die notorisch knappe Staatskasse Perus, dessen Regierung nun den Kulturtourismus mit dem Bau eines internationalen Flughafens unweit der Sehenswürdigkeiten weiter ankurbeln möchte. Dagegen laufen die ArchäologInnen und UmweltschützerInnen bereits Sturm, die die Zerstörung der gesamten Region durch den Tourismus fürchten.[18] Auch in diesem Fall gibt es einen massiven Zielkonflikt zwischen der Erhaltung eines Weltkulturerbes und den wirtschaftlichen Interessen der Tourismusindustrie.

---

[16]Neue Züricher Zeitung, 2019, „Wie Hallstatt sich gegen die chinesische Touristenflut wehrt", 23. August 2019, https://www.nzz.ch/wirtschaft/hallstatt-ein-dorf-wehrt-sich-gegen-overtourism-aus-china-ld.1501634?utm_source=pocket-newtab (abgerufen: 31.03.2020).

[17]Die Presse, 2012, „Hallstatt ist ein Dorf in China", 31. Mai 2012, https://www.diepresse.com/762001/hallstatt-ist-ein-dorf-in-china (abgerufen: 31.03.2020).

[18]Süddeutsche Zeitung, 2019, „Ein Fluchhafen für Machu Picchu", 20. Mai 2019, https://www.sueddeutsche.de/reise/machu-picchu-peru-flughafen-chinchero-1.4452778 (abgerufen: 31.03.2020).

Die Ursachen für den Overtourism sind vielfältig. Immer mehr Menschen können sich Urlaubs- und Kulturreisen auch zu entfernteren Destinationen leisten, was durch Angebote von Billigfluglinien und Airbnb noch erleichtert wird. Social Media sorgt ebenfalls dafür, dass die Popularität einer Sehenswürdigkeit rasant zunimmt wie z. B. im Fall von Hallstatt: Unter dem Hashtag #Hallstatt sind bereits mehr als 500.000 Fotos auf Instagram verfügbar. Wie am Beispiel Venedig gezeigt wurden, trägt auch die boomende Kreuzschifffahrtsindustrie zum Overtourism in Hafenstädten wie Barcelona, Dubrovnik oder Palma de Mallorca bei. Und schließlich kann die Nutzung einer Sehenswürdigkeit als Drehort für einen Film einen TouristInnenstrom auslösen wie im Fall des Filmmusicals „Sound of Music", dass vor allem US-TouristInnen nach Salzburg lockt.

Wie in den genannten Beispielen gezeigt wurde, gibt es verschiedene Möglichkeiten, der „Tragödie der Allmende" des Overtourism zu entkommen. Mit Verboten (Verbannung von Kreuzfahrtschiffen aus Venedig) oder Geboten (nur mit lizenzierten FührerInnen Machu Picchu zu besuchen) wird versucht, Schäden zu vermeiden. Zusätzlich werden Zugangsbeschränkungen (Kontingentierung) eingeführt, um die BesucherInnen-Massen zu lenken. In Venedig wird für TagestouristInnen seit 2020 auch eine Nutzungsgebühr in Form einer Pigou-Steuer[19] verlangt, die einen Lenkungseffekt haben soll. Um stark frequentierte Sehenswürdigkeiten zu schützen, wird auch versucht, BesucherInnen-Ströme umzulenken. So ist die Höhle im nordspanischen Altamira mit den berühmten steinzeitlichen Höhlenmalereien seit 1979 für die Öffentlichkeit geschlossen, weil allein die Atemluft der BesucherInnen dazu führen würden, dass sich Schimmel bildet bzw. die Malereien verblassen und schließlich verschwinden könnten. Deshalb wurde 500 m von der Höhle entfernt ein BesucherInnen-Zentrum eingerichtet, in dem der Eingangsbereich der Höhle originalgetreu nachgebildet wurde, was dem BesucherInnen-Interesse keinen Abbruch tat.[20] Allerdings kann eine solche Maßnahme auch den gegenteiligen Effekt haben, der als Crowding-in-Effekt bezeichnet wird. So hat der Nachbau von Teilen Hallstatts im chinesischen Guangdong die Popularität des Dorfes noch weiter erhöht und dazu geführt, dass nun noch mehr BesucherInnen aus aller Welt das Original besichtigen wollen.

---

[19]Diese Lenkungsabgabe ist nach dem britischen Ökonomen Arthur C. Pigou benannt, wonach wohlfahrtsverringernde Handlungen (z. B. Umweltverschmutzung) mit einer Abgabe belegt werden soll, damit diese Handlungen unterlassen werden bzw. über die Einnahmen Gegenmaßnahmen finanziert werden können. (vgl. Mankiw 2015, S. 203–204).

[20]Museum von Altamira, o. J., http://www.culturaydeporte.gob.es/mnaltamira/home.html (abgerufen: 02.04.2020).

| Rivalität/Abnutzung im Konsum | | | |
|---|---|---|---|
| hoch | niedrig | | |
| **Allmendegüter/common pool resources**<br>Ausgrabungen, Kulturerbe, Bibliotheken, Archive | **öffentliche Güter**<br>öffentliches Darbieten von Musik, Theater, Literatur, bildender Kunst; öffentlich-rechtlicher Rundfunk, kulturelle Bildung | hoch | Schwierigkeit Ausschließbarkeit herzustellen |
| **private Güter**<br>Musik-CDs, Film-DVDs, Bücher | **Klubgüter/Mautgüter**<br>Theater, Oper, Konzerthaus, Festival, Kino | niedrig | |

**Abb. 3.1** Eine (Kultur-)Gütertypologie. (Quelle: Eigene Darstellung nach Mankiw 2015, S. 217)

Allerdings sind Verbote/Gebote, Kontingentierungen und Lenkungsabgaben keineswegs die einzigen Maßnahmen, um der „Tragödie der Allmende" entgegenzuwirken wie die Politikwissenschaftlerin und Wirtschaftsnobelpreisträgerin Elinor Ostrom gezeigt hat. In ihrer Dissertation, die sie 1965 fertiggestellt hat, untersuchte Ostrom die Strategien, mittels derer das Problem der Salzwasserkontamination des Grundwassers in Los Angeles gelöst wurde. Sie kam zum Schluss, dass weder staatliche Regulierungen noch Privatisierung der Schlüssel zum Erfolg sind, sondern gemeinschaftlich erstellte Regelwerke der verschiedenen Akteure. In späteren Fallstudien zeigte sie auf, dass Allmendegüter über sehr lange Zeit hinweg effizient erstellt und verfügbar gemacht werden wie im Fall der Almbewirtschaftung in der Schweiz. Statt eines generellen Versagens der Allmende konstatiert Ostrom bestimmte Rahmenbedingungen, die erfüllt sein müssen, damit es nicht zur Übernutzung kommt. Zentral sind dabei Regeln, die zwischen den AkteurInnen direkt ausgehandelt und deren Nichteinhaltung verbindlich sanktioniert werden. Folgende Prinzipien, Ostrom spricht von „design principles", müssen erfüllt sein, um das Allmendeproblem zu lösen (siehe dazu Kevenhörster 2006, S. 357 und Ostrom 2010, S. 13):

1. Klar definierte Grenzen und ein wirksamer Ausschluss von externen Nichtberechtigten.
2. Regeln bezüglich der Aneignung und der Bereitstellung der Allmenderessourcen müssen den lokalen Bedingungen angepasst sein.

## 3.2 Der ökonomische Güterbegriff

3. Die NutzerInnen können an Vereinbarungen zur Änderung der Regeln teilnehmen, sodass eine bessere Anpassung an sich ändernde Bedingungen ermöglicht wird.
4. Überwachung der Einhaltung der Regeln.
5. Abgestufte Sanktionsmöglichkeiten bei Regelverstößen.
6. Mechanismen zur Konfliktlösung.
7. Die Selbstbestimmung der Gemeinde wird durch übergeordnete Regierungsstellen anerkannt.

Ostrom spricht von „common pool resources", die mittels Rechte- und Pflichtenkatalog, der direkt ausverhandelt und bei Nicht-Einhaltung sanktioniert werden muss, effizient bewirtschaftet werden können (Ostrom 2010, S. 4–5). Als Beispiele für „common pool resources" nennt Ostrom Grundwasservorkommen, Meere und Seen, Fischgründe, Wälder und Bewässerungssysteme. Es können aber auch Kulturgüter dazu gerechnet werden, wenn niemand von der Nutzung ausgeschlossen werden kann, aber Rivalität im Konsum besteht bzw. wenn sie einer Abnutzung (Ostrom spricht von „subtractability") unterliegen. So können Ausgrabungsstätten und insgesamt Kulturerbegüter als „common pool resources" oder Allmendegüter angesehen werden. Deren Bewirtschaftung muss also nicht zwangsläufig in private oder staatliche Hand gelegt werden, sondern kann auch durch gemeinschaftlich erstellte Regelwerke erfolgen. Nach Ostrom (2010, S. 5) ergibt sich folgende Güter-Typologisierung, die auch auf Kulturgüter umgelegt werden kann (Abb. 3.4).

### 3.2.5 Informationsgüter

Kulturgüter können, ökonomisch betrachtet, unterschiedliche Formen annehmen, was eine differenzierte Betrachtungsweise erforderlich macht. Zudem können Kulturgüter aufgrund technologischer Veränderungen von einer Güterart in die andere transformiert aber auch wieder re-transformiert werden. Das hat damit zu tun, dass Kulturgüter auch Informationsgüter sein können. Informationsgüter zeichnen sich dadurch aus, dass sie Information beinhalten bzw. den Zugang zu Information ermöglich, weswegen auch von Informationsdienstleistungen gesprochen wird. Auch wenn es keinen einheitlichen Informationsbegriff gibt, so lässt sich als Grundkonstante vieler Definitionen Information als Träger von „Bedeutung" und als „übertragbares Wissen" identifizieren. Das impliziert aber auch, dass der Wert der Informationsgüter aus der Benutzung selbst fließt. Informationsgüter sind daher auch Erfahrungsgüter (experience goods). Um also den Nutzen eines Konzerts, einer Theateraufführung, einer Ausstellung, eines Film, aber auch eines Buches, einer Musik-CD und einer Film-DVD einschätzen zu können, muss entweder die Leistung selbst in Anspruch genommen werden und/oder es müssen vorab Informationen über die Leistung gesammelt werden, z. B. über Rezensionen, Inhaltsbeschreibungen, Ratings und vor allem über Mund-zu-Mund-Propaganda. Auch hierbei handelt es sich wieder um Informationsgüter, wodurch sich ein ganzer Kreislauf von sich gegenseitig beeinflussenden Informationen ergibt, der als Informationsgüterkreislauf bezeichnet werden kann.

In diesem Kreislauf wird nun der Wert des Kulturgutes geschaffen, verändert und ggf. auch wieder zunichte gemacht. Dabei spielt die technologische Entwicklung eine wesentliche Rolle. Das kann wiederum am Beispiel Musik gezeigt werden. Musik war, wie bereits gezeigt, ursprünglich ein öffentliches Gut (Nicht-Rivalität und Nicht-Ausschließbarkeit) im Konsum. Durch die Erfindung des Notendrucks konnte bis zu einem gewissen Grad die Ausschließbarkeit hergestellt werden allerdings nur mit Hilfe von Druckprivilegien, die Fürsten erteilt haben, aus denen dann die Institution des Urheberrechts erwachsen ist. Musik hatte aber auch die Form des Klubgutes, wodurch ebenfalls ein Ausschlussmechanismus wirken konnte. Nur wer bereit war, den Eintritt für ein Konzert zu bezahlen, kam in den Musikgenuss. Dies war die Basis der Entstehung einer bürgerlichen Musikkultur mit öffentlich zugänglichen Opern- und Konzerthäusern. Trotz dieser Ausschlussmechanismen blieb die Nicht-Rivalität im Konsum bestehen. Das änderte sich mit der Erfindung der Schallaufzeichnung Ende des 19. Jahrhunderts – im Dezember 1877 ließ Thomas A. Edison den Phonographen in den USA patentieren. Ab diesem Zeitpunkt war es möglich, Musik auf Tonträger zu speichern und somit in physischer Form in ein privates Gut zu transformieren. Daraus ist in der Folge die moderne Musikindustrie, die im Kern eine Tonträgerindustrie war, erwachsen. Mit der Technologie des Rundfunks, die in den frühen 1920er Jahren breite Bevölkerungsschichten erreichte, wurde allerdings wieder die Nicht-Rivalität im Musikkonsum hergestellt. Die Digitalisierung offenbart nunmehr den öffentlichen Güter-Charakter von Musik. Durch die Möglichkeit, zu geringen Grenzkosten[21] eine Kopie ohne Qualitätsverlust anzufertigen, ist ein Ausschluss vom Konsum nur unter sehr hohen Kontroll- und Sanktionierungskosten möglich. Damit wird die alte Technologie des Tonträgers entwertet und muss

---

[21]Als Grenzkosten werden in der Volkswirtschaftslehre jene Kosten bezeichnet, die durch die Erstellung einer zusätzlichen Einheit entstehen.

neuen digitalen Technologien weichen. Einen solchen Ablöseprozess hat es aber bereits früher schon gegeben. Die Möglichkeit der Tonaufzeichnung und -wiedergabe hat die bürgerliche Musikkultur des Selbst-Musizierens stark eingeschränkt, was vor allem negative Folgen für Instrumentenhersteller, insbesondere Klavierbauer, und für Musikverlage hatte. Auch der Rundfunk hatte stark negative Folgen für die Tonträgerindustrie, die erst nach dem 2. Weltkrieg wieder wirtschaftlich aufsteigen konnte.

### 3.2.6 Netzwerkexternalitäten

Eine Erklärung, warum es zu solchen Zyklen kommt, liefert der Ansatz der Netzwerkexternalitäten, die stets mit Informationsgütern verbunden sind. Der Wert eines Netzwerks kann mithilfe des Metcalfe-Gesetzes bestimmt werden. Es besagt: Wenn n Personen ein Netzwerk bilden, und das Netzwerk für jede Person proportional gleich viel wert ist, so bedeutet das formal: $n \times (n-1) = n^2 - n$ (= Wert des Netzwerks). D. h. wenn bei einer Netzwerkgröße von 10 jeder NetzwerkuserIn das Netzwerk EUR 1.- wert ist, dann ist das Netzwerk EUR 90.- wert. Im Fall von einer 1 Mio. Nutzer, bedeutet das einen Netzwerkwert von 999.999.000.000 (ca. EUR 1 Billion.).

Die Netzwerkexternalitäten sind ihrerseits verantwortlich für das Phänomen des „positiven Feedbacks" innerhalb von Netzwerken, das umso stärker wird je größer das Netzwerk ist. Das Internet ist deshalb ein guter Ort, an dem Netzwerkeffekte beobachtet werden können. So konnte sich das MP3-Format als Musikindustriestandard durchsetzen, weil es sehr nutzerfreundlich ist und rasch von vielen Personen verwendet wurde. Aber auch Apple schaffte aufgrund von Netzwerkeffekten und dem positiven Feedback den Sprung von einem kleinen Computerhersteller zum Konzern mit einer der größten Marktkapitalisierung. Die Community der Apple-NutzerInnen bilden dabei ein virtuelles Netzwerk von Endgeräten (Mac, iPod, iPhone, iPad, iCloud), auf denen Informationsgüter wie Musik, Film, Texte etc. gespeichert, wieder- und weitergegeben werden können. Aber auch der Erfolg von Social Media Plattformen wie Facebook, User Generated Content Seiten wie YouTube und Kurznachrichtenservices wie Twitter kann auf das positive Feedback von Netzwerkeffekten zurückgeführt werden.

Positives Feedback lässt sich auf den einfachen Punkt bringen:
**Es lässt die Starken stärker und die Schwachen schwächer werden.**

Stark darf in diesem Zusammenhang aber nicht mit groß verwechselt werden. Denn gerade am Beispiel einer oligopolistischen Industrie (z. B. phonografische

Industrie) lässt sich zeigen, dass auch der gegenteilige Effekte, nämlich das „negative Feedback" wirksam werden kann. Beladen mit einem riesigen Overhead und hohen Fixkosten, brauchen Oligopolunternehmen Märkte, auf denen sie ihre Größenvorteile ausschöpfen können. Sie sind daher auf ständiges Wachstum angewiesen. Kommt eine solche Industrie in die Stagnationsphase, so ist das Wachstum nur auf Kosten der Konkurrenten möglich. Kleinere Unternehmen können in solchen Industrien nur durch Marktdifferenzierung und Ausnützung von Marktnischen überleben. Sie verfügen dabei über Marktanteile, die für sich genommen für den Großen zu klein sind, in Summe aber beträchtlich sein können. Es reicht dann ein Umsatzeinbruch, der die für die Großen kritische Masse unterschreitet und schon stehen die einst mächtigen Konzerne auf tönernen Füßen. In diesem Fall gilt:

**Die Starken werden schwächer und die Schwachen werden stärker.**

So konnte es geschehen, dass Apple am Musikdownload-Markt einen Marktanteil von mehr als 70 % erringen konnte und die Musik-Majors nicht mehr in der Lage waren, den digitalen Musikvertrieb zu kontrollieren. Und ein ähnliches Szenario zeichnet sich gegenwärtig mit Spotify am Markt für Musikstreaming ab.

### 3.2.7 Digitale Güter

Damit sind wir beim Thema digitale Güter angelangt, die als Spezialfall von Informationsgütern gelten können. Alle Güter, die in Form eines binären Codes von Nullen und Einsen gespeichert werde können, sind digitale Güter. Das trifft auf sehr viele Kulturgüter wie Musik, Film, Texte jeglicher Art, Computerprogramme, Games etc. zu. Bei all diesen Gütern gibt es keine Knappheit mehr und auch keine Übernutzung. Die „Tragik der Allmende" verschwindet. Ein digitales Gut lässt sich ohne Qualitätsverluste kopieren und verbreiten und es herrscht keine Rivalität im Konsum mehr, sodass aus Common Pool Resources öffentliche Güter werden. Das löst zwar einerseits das „Schwarzfahrerproblem" aus, wie es im Filesharing zu beobachten ist, aber andererseits gibt es auch positive Externalitäten wie das Sampling – d. h. mit Hilfe von Filesharing-Netzwerken kann auch neue Musik entdeckt und anschließend käuflich erworben werden. Und über den zusätzlichen Nutzen für KonsumentInnen aus dem Gratiskonsum entsteht insgesamt eine höhere soziale Wohlfahrt. Ökonomisch betrachtet wäre Filesharing dann gesellschaftlich wünschenswert, wenn die Verluste durch den Substitutionseffekt geringer ausfallen als die Zugewinne durch positive Externalitäten und somit einer Steigerung der gesamtgesellschaftlichen Wohlfahrt.

## 3.3 Die Doppelgesichtigkeit von Kulturgütern

Führen wir nun die Begriffe „Kultur" und „Gut" zum Begriff „Kulturgut" zusammen. In der Kulturökonomik gibt es dazu einen ausführlichen Diskurs. So weist für David Throsby (2001) ein Kulturgut drei Charakteristika auf: (1) in der Erstellung ist stets eine Form von Kreativität involviert, die (2) symbolische Bedeutung generiert, wobei (3) das Ergebnis – zumindest potenziell – die Schaffung von intellektuellem Eigentum impliziert. Allerdings enthält diese Definition eines Kulturgutes einen funktionalistischen und somit auch materialistischen Aspekt, indem kreativer Input geistiges Eigentum als Output hervorbringt, was der ökonomischen Logik der Güterproduktion entspricht. Allerdings ist dieses Verständnis von einem Kulturgut sehr verkürzt, weil, um an die vorangegangenen Ausführungen anzuknüpfen, Kultur verstanden wird, als von Symbolen repräsentiert und vermittelt. Dabei wird in einer sozialen Praxis Sinn gestiftet, woraus kultureller Wert entsteht. Dieser kulturelle Wert lässt sich allerdings nicht quantifizieren und in monetären Größen messen. Er ist aber stets präsent, wenn Bezug auf den Symbolgehalt eines Objekts oder einer Handlung genommen wird, man denke nur an das Abspielen von Nationalhymnen bei Sportgroßveranstaltungen. Güter stiften, wie ebenfalls gezeigt wurde, ökonomischen Nutzen, der sich quantifizieren und monetär messen lässt. Allerdings bedarf es bei der Nutzenstiftung auch einer sozialen Praxis, die Wertmaßstäbe liefert. Die soziale Praxis legt beispielsweise fest, wie hoch der Preis eines Buches, einer CD, eines Musikdownloads, einer Kinokarte oder eines Werks der bildenden Kunst ist.

Kulturgüter stiften also nicht nur einen ökonomischen Nutzen, sondern auch Sinn und erzeugen damit gesellschaftlichen Zusammenhalt, Identität, soziales und kulturelles Selbstverständnis und vieles mehr. In diesem Sinn entsteht auch kultureller Wert. Der ökonomische Wert, der aus der Nutzenstiftung fließt, ist aber untrennbar mit dem kulturellen Wert verbunden. Beide Werte durchdringen und beeinflussen sich, was zur Doppelgesichtigkeit der Kulturgüter führt. Der soziale Kontext, also die jeweils geübte Praxis, entscheidet darüber, ob der kulturelle Wert oder der ökonomische Wert in den Vordergrund tritt.

Solange ein Kunstwerk in einem Museum ausgestellt ist, dominiert der kulturelle Wert. Leonardos „Mona Lisa" im Pariser Louvre stiftet sozialen Sinn und trägt zur Identitätsbildung bei. Es würde von der französischen Bevölkerung als Sakrileg angesehen werden, wenn die Museumsleitung einen Verkauf nur andächte. Dennoch bleibt der ökonomische Wert im Hintergrund bestehen. Dieser äußert sich in den Besuchermassen, die nicht zuletzt wegen der „Mona

Lisa" den Louvre tagtäglich frequentieren, aber auch in entsprechenden Sicherheitsvorkehrungen und konservatorischen Maßnahmen, die nicht unbeträchtliche Geldmittel verschlingen. Und sollte die „Mona Lisa" für eine Ausstellung vorübergehend verliehen werden, dann wären die Versicherungskosten sicherlich exorbitant hoch. Hierbei zeigt sich also die Wechselwirkung zwischen kulturellem und ökonomischem Wert. Da die „Mona Lisa" so bekannt und kulturell signifikant ist, sind auch die Folgekosten entsprechend hoch.

In einer Auktion eines Kunstwerks tritt hingegen der ökonomische Wert in den Vordergrund. Dabei geht es allein um die Preisbildung in einem Bieterverfahren. Das Kunstwerk erhält dadurch einen ökonomischen Wert, der sich in einer monetären Größe ausdrücken lässt. Hierbei ist aber wiederum der kulturelle Wert im Hintergrund aktiv. Dass Kunstwerke in Auktionen teils sehr hohe Preise erzielen, liegt an der kulturellen Bedeutung, die eine BieterIn dem Kunstwerk zumisst. So erzielen bestimmte Kunstrichtungen und KünstlerInnen signifikant höhere Preise als andere. Darin drückt sich soziale Wertschätzung aus, die sich nicht quantifizieren lässt, aber den ökonomischen Wert beeinflusst. Aber auch der ökonomische Wert, wie er in einer Auktion realisiert wird, wirkt auf den kulturellen Wert, der im Fall eines guten Auktionsergebnisses eine KünstlerIn renommierter werden lässt.

Kultureller und ökonomischer Wert müssen sich aber nicht unbedingt positiv verstärken. So kann der kommerzielle Erfolg eines Musikstars oder eines ganzen Musikgenres (z. B. Schlagermusik) dazu führen, dass ihm ein geringer kultureller Wert beigemessen wird, wohingegen schwer monetarisierbare Avantgarde-Kunst als kulturell „hochwertig" angesehen wird.

**Fallbeispiel: Der Reliquienhandel – Konflikt zwischen kulturellem und ökonomischem Wert**
Der Reliquienhandel ist ein Paradebeispiel dafür, dass die ökonomische Verwertung eines Kultgegenstandes unerwünscht ist und trotzdem wirtschaftlich höchst relevant sein kann. So existiert seit Jahrtausenden ein Markt für Reliquien und der PilgerInnen-Tourismus zu Reliquienstätten stellt bis heute einen bedeutenden Wirtschaftsfaktor dar.

Als Reliquien werden Überreste verstanden, die entweder direkt von Heiligen und Märtyrern stammen, wie z. B. Blut, Gebeine oder Asche der Verstorbenen, die als Primärreliquien bezeichnet werden oder einen Bezug zu den Heiligen und Märtyrern, weil sie selbst oder Primärreliquien in Berührung dazu standen wie Kleidung, Gebrauchsgegenstände oder Marterwerkzeuge (Reliquien zweiter Ordnung). Den Reliquien wird eine göttliche Macht bzw. Wirkkraft zugeschrieben, die durch Berührung (z. B. Küssen) oder Anrufung ausgelöst wird, um vor Gefahren zu beschützen oder Heilung bei Krankheit zu bewirken (siehe Raach 2000, S. 196–197).

Die Reliquienverehrung ist bereits im 2. Jahrhundert nach Christus nachweisbar und bereits in der Urkirche wurde der Brauch gepflegt, über den Gräbern von Heiligen und Märtyrern sakrale Bauten zu errichten, was schließlich im Frühmittelalter dazu führte, dass Heiligenreliquien in Altäre eingebettet wurden. Schnell wurden diese Kirchen auch Anziehungspunkte für Gläubige und zu Wallfahrtsorten, die nicht nur das Prestige für die Landesfürsten erhöhte, sondern auch eine beträchtliche wirtschaftliche Wertschöpfung auslösten. Das ließ wiederum rasch einen schwunghaften Handel mit Reliquien entstehen, weil sich Bischöfe und Fürsten darin zu übertreffen versuchten, Reliquien von besonders prominenten Heiligen zu besitzen (ibid.). Allerdings war der Handel mit Reliquien seit der Spätantike untersagt, wie bereits in einem Passus der Gesetzessammlung des oströmischen Kaisers Theodosius II. aus dem 4. Jahrhundert belegt ist. Das Verkaufsverbot von Reliquien wurde immer wieder auf Kirchen-Konzilen (z. B. Viertes Laterankonzil im Jahr 1215 oder Konzil von Trient im Jahr 1565) erneuert.[22] Das Kirchenrecht verbietet KatholikInnen bis heute den Handel mit Reliquien, die zwar erworben, verehrt und verschenkt, aber nicht verkauft werden dürfen.[23] Dennoch lässt die religiöse und somit auch kulturelle Signifikanz von Reliquien wirtschaftlichen Wert entstehen, der sich im – eigentlich verbotenen – Reliquienhandel niederschlägt. Ein besonders spektakulärer Fall steht im Zusammenhang mit der Etablierung des Bistums Wiens. Der Habsburger Herzog Rudolf von Österreich, der auch Schwiegersohn von Kaiser Karl IV. war, versuchte sich mit der Errichtung des Stephansdoms in seiner Residenzstadt Wien aus der Abhängigkeit vom Bistum Passau zu befreien, was ihm den Beinamen „Rudolf der Stifter" eingetragen hat. Um seine Stiftung aufzuwerten, versuchte der Habsburgerherzog möglichst viele und vor allem bedeutsame

---

[22]Wikipedia, o. J., „Reliquien", https://de.wikipedia.org/wiki/Reliquie (abgerufen: 03.04.2020).

[23]Siehe dazu Canon 1190 § 1: „Es ist verboten, heilige Reliquien zu verkaufen" in Titel IV „Heiligen- Bilder- und Reliquienverehrung" im IV. Buch des Codex Iuris Canonici in der Fassung von 1983: https://www.codex-iuris-canonici.de/cic83_dt_buch4.htm (abgerufen: 02.04.2020).

Reliquien für die neue Kathedrale zu bekommen. Da traf es sich gut, dass das byzantinische Kaiserreich, das von den Osmanen massiv militärisch bedrängt wurde, in Geldnöten steckte. So wurde eine regelrechte Einkaufsliste zur Anschaffung von 50 wertvollen Reliquien an den Kaiserhof nach Konstantinopel mit dem Versprechen geschickt, dem oströmischen Reich finanziell unter die Arme zu greifen. Zwar lässt sich nicht belegen, welche Reliquien des heutigen Domschatzes von St. Stephan aus der damaligen Transaktion stammen, aber es ist sehr wahrscheinlich, dass sowohl die neue Kathedrale als auch ihr großzügiger Stifter sehr vom „Tauschgeschäft" profitiert haben.[24]

Welchen wirtschaftlichen Umfang der Reliquienhandel im Mittelalter angenommen hat, lässt sich heute nur noch erahnen. Der deutsche Buchhändler und Begründer der Zeitschrift „Die Gartenlaube" Ernst Keil hat in einem 1876 erschienen Artikel einige Fakten zusammengetragen: *„Ludwig der Neunte bezahlte für eine nur kleine Partie Reliquien 20,000 Mark Silber, und Richard Löwenherz kaufte solche Schätze für 32,000 Ducaten. Heinrich der Löwe kam schwer mit Reliquien beladen nach Braunschweig zurück; das Hauptjuwel, das er mitbrachte, war der Daumen des heiligen Marcus, für den ihm Venedig vergeblich 100,000 Ducaten geboten hatte. – Waren die Einkaufspreise sonach mitunter recht hoch, so brachten sie doch wiederum ein tüchtiges Stück Geld ein; nicht nach Millionen, sondern nach Milliarden würde man die Summen zu berechnen haben, welche der abergläubischen Menge auf den Wallfahrten durch die Meßopfer entlockt worden sind."*

Bis zum Zeitalter der Aufklärung im späten 18. Jahrhundert waren Reliquienverehrung und das damit verbundene Wallfahrtswesen ein wesentlicher Bestandteil der katholischen Lebenswelt. Bedeutende Wallfahrtsorte wie Santiago de Compostella (Gebeine des Heiligen Jakobus) oder Mariazell (Reliquien der Katakombenheiligen Eleutherius und Cyrillus) beherbergen bis heute Reliquien, die auch immer noch angebetet werden. So werden kunstvolle Reliquiare, das sind die Behältnisse zur Aufbewahrung der Reliquien,

---

[24]Die Welt, 2017, „So schacherten Kirchenmänner mit heiligen Knochen", 25. März 2017, https://www.welt.de/geschichte/article163140957/So-schacherten-Kirchenmaenner-mit-heiligen-Knochen.html (abgerufen: 03.04.2020).

> bei den großen Auktionshäusern versteigert, aber dabei steht das Kunstobjekt im Vordergrund und weniger die Reliquie selbst, die meist gar nicht mehr vorhanden ist. Deshalb spielt sich der eigentliche kommerzielle Reliquienhandel auf Trödler- Antik- und Flohmärkten ab, wo die HändlerInnen, sofern sie keine KatholikInnen sind, ihre „Schätze" feilbieten dürfen.[25]

## 3.4 Der Kulturbetrieb als Erzeuger kultureller und ökonomischer Werte

Es entscheidet also der Kontext darüber, welcher Wert – kulturell oder ökonomisch – in den Vordergrund tritt und wie diese Werte sich gegenseitig beeinflussen. Der Kontext wird aber durch die soziale Praxis strukturiert. Diese soziale Praxis bringt Regelwerke, d. h. Institutionen, hervor, die Handlungen aufeinander abstimmen. Wenn es sich nun um eine Institution, für die die Symbolproduktion vorrangig ist, handelt, dann kann von einem Kulturbetrieb gesprochen werden. Kulturbetriebe befinden sich also an der Schnittstelle zwischen kultureller und ökonomischer Wertgenerierung. In ihnen wird das Symbol ökonomisch aufgeladen und auf diese Weise werden Kulturgüter geschaffen. Grundsätzlich eignet sich jedes Artefakt zum Kulturgut, wie Marcel Duchamps mit der Neukontextualisierung von „Ready Mades" in Ausstellungen bereits Anfang des 20. Jahrhunderts gezeigt hat. Mittlerweile haben auch Autos Eingang in Kunstmuseen gefunden, wo sie durch die Neukontextualisierung zu Kunstwerken mit Symbolcharakter wurden. Dabei darf aber nicht der falsche Schluss gezogen werden, dass die Daimler AG ein Kulturbetrieb wäre, nur weil ein Auto der Marke Mercedes im Museum ausgestellt wird. Zwar erzeugt ein Autohersteller auch Symbolhaftes – man denke nur an Ferrari, Rolls Royce oder an den VW Käfer –, aber die Symbolproduktion ist nicht das vordergründige Ziel eines Autoherstellern, sondern nur Mittel zum Zweck, um Gewinn zu erzielen. Bei Kulturbetrieben ist aber die Symbolproduktion das eigentliche Ziel, auch wenn daraus ökonomischer Wert entsteht.

---

[25] Die Welt, 2016, „Wie heute mit Reliquien gehandelt wird", 14. Juni 2016, https://www.welt.de/regionales/nrw/article156195849/Wie-heute-mit-Reliquien-gehandelt-wird.html (abgerufen: 03.04.2020).

**Fallbeispiel Citroën D.S. 19**
Roland Barthes hat im Rahmen seiner kultursemiotischen Aufsatzsammlung „Mythen des Alltags" (1964)[26] dem kurz vor der französischen Erstpublikation (1957) neu auf den Markt gekommen Citroën D.S. 19 nicht nur ein kulturhistorisches Denkmal gesetzt, sondern auch gezeigt, wie Dinge des Alltagslebens kulturelle Signifikanz bekommen und zum Gegenstand kulturtheoretischer Reflexion werden können. Exemplarisch soll hier daher der gesamte Aufsatz „Der neue Citroën" von Roland Barthes wiedergegeben werden:

*„Ich glaube, daß das Auto heute das genaue Äquivalent der großen gotischen Kathedralen ist. Ich meine damit: eine große Schöpfung der Epoche, die mit Leidenschaft von unbekannten Künstlern erdacht wurde und die in ihrem Bild, wenn nicht überhaupt im Gebrauch von einem ganzen Volk benutzt wird, das sich in ihr ein magisches Objekt zurüstet und aneignet.*

*Der neue Citroen fällt ganz offenkundig insofern vom Himmel, als er sich zunächst als ein superlativisches Objekt darbietet. Man darf nicht vergessen, daß das Objekt der beste Bote der Übernatur ist: es gibt im Objekt zugleich eine Vollkommenheit und ein Fehlen des Ursprungs, etwas Abgeschlossenes und etwas Glänzendes, eine Umwandlung des Lebens in Materie (die Materie ist magischer als das Leben) und letztlich: ein Schweigen, das der Ordnung des Wunderbaren angehört. Die „Déesse"*[27] *hat alle Wesenszüge (wenigstens beginnt das Publikum sie ihr einmütig zuzuschreiben) eines jener Objekte, die aus einer anderen Welt herabgestiegen sind, von denen die Neomanie des 18. Jahrhunderts und die unserer Science-Fiction genährt wurden: die Déesse ist zunächst ein neuer Nautilus.*

*Deshalb interessiert man sich bei ihr weniger für die Substanz als für ihre Verbindungsstellen. Bekanntlich ist das Glatte immer ein Attribut der Perfektion, weil sein Gegenteil die technische und menschliche Operation der Bearbeitung verrät: Christi Gewand war ohne Naht, wie die Welt-*

---

[26]Die erste Auflage in deutscher Sprache erschien noch ohne die Essays, die erst in der deutschen Gesamtübersetzung von 2010 inkludiert sind.
[27]Der Übersetzer Helmut Scheffel merkt dazu an, dass „D. S." französisch „Déesse" ausgesprochen Göttin bedeutet und der französische Ausdruck für Auto (la voiture) weiblichen Geschlechts ist.

## 3.4 Der Kulturbetrieb als Erzeuger kultureller und ökonomischer Werte

**Abb. 3.2** Der Citroën DS, Baureihe 1955–1967, Außenansicht und Armaturenbrett. (Quelle Wikipedia: Klugschnacker, Wikipedia (29).JPG CC BY-SA 3.0 (erstellt: 08.07.2012); Quelle Wikipedia: Johannes Maximilian, Citroën DS Cabriolet IAA 2019 JM0472.jpg, CC BY-SA 4.0 (erstellt: 10.09.2019))

*raumschiffe der Science-Fiction aus fugenlosem Metall sind. Die DS erhebt keinen Anspruch auf eine völlig glatte Umhüllung, wenngleich ihre Gesamtform sehr eingehüllt ist, doch sind es die Übergangsstellen ihrer verschiedenen Flächen, die das Publikum am meisten interessieren. Es betastet voller Eifer die Einfassungen der Fenster, es streicht mit den Fingern den breiten Gummirillen entlang, die die Rückscheibe mit ihrer verchromten Einfassung verbinden. In der DS steckt der Anfang einer neuen Phänomenologie der Zusammenpassung, als ob man von einer Welt der verschweißten Elemente zu einer solchen von nebeneinandergesetzten Elementen überginge, die allein durch die Kraft ihrer wunderbaren Form zusammenhalten, was die Vorstellung von einer weniger schwierig zu beherrschenden Natur erwecken soll.*

*Was die Materie selbst angeht, so steht fest, daß sie den Sinn für das Leichte im magischen Verstande unterstützt. Es liegt in der Form eine gewisse Rückkehr zur Aerodynamik, die jedoch insofern neu ist, als sie weniger massiv, weniger schnittig und gelassener ist als die aus der ersten Zeit dieser Mode. Die Geschwindigkeit drückt sich nun in minder aggressiven, minder sportlichen Zeichen aus, als ob sie von einer heroischen Form zu einer klassischen Form übergegangen wäre. Diese Vergeistigung erkennt man an der Bedeutung und der Materie der sorgfältig verglasten Flächen. Die „Déesse" ist deutlich sichtbar eine Preisung der Scheiben, das Blech liefert dafür nur die Partitur. Die Scheiben sind hier keine Fenster mehr, keine Öffnungen, die in die dunkle Karosserie gebrochen sind, sie sind große Flächen der Luft und der Leere und haben die gleißende Wölbung von Seifenblasen, die harte Dünnheit einer Substanz, die eher insektenhaft als mineralisch ist.*

*Es handelt sich also um eine humanisierte Kunst, und es ist möglich, daß die „Deesse" einen Wendepunkt in der Mythologie des Automobils bezeichnet. Bisher erinnerte das superlativische Auto eher an das Bestiarium der Kraft.*

*Jetzt wird es zugleich vergeistigter und objektiver, und trotz manchen neuerungssüchtigen Selbstgefälligkeiten (das leere Lenkrad) ist es haushälterischer und jener Sublimation der Gerätschaften, die wir bei unseren zeitgenössischen Haushaltsgeräten finden, angemessener. Das Instrumentenbrett erinnert eher an die Schalterblende eines modernen Herdes als an die in einer Fabrikzentrale: die kleinen Klappen aus mattem, gewelltem Blech, die kleinen Schalter mit den weißen Knöpfen, die sehr einfachen Anzeiger, selbst die diskrete Verwendung des Nickels, all das bedeutet eine Art Kontrolle, unter der die Bewegung steht, die mehr als Komfort denn als Leistung aufgefaßt wird. Offensichtlich tritt an die Stelle der Alchimie der Geschwindigkeit ein anderes Prinzip: Fahren wird ausgekostet.*

*Es scheint, daß das Publikum die Neuigkeit der Themen, die man ihm anbietet, auf großartige Weise begriffen hat. Zunächst einmal empfänglich*

## 3.4 Der Kulturbetrieb als Erzeuger kultureller und ökonomischer Werte

*für den Neologismus (eine Pressekampagne hielt es seit Jahren in neugieriger Erwartung), ist es bemüht, sich sehr rasch ein Anpassungs- und Geräteverhalten zu eigen zu machen („Man muß sich daran gewöhnen"). In den Hallen wird der Ausstellungswagen mit liebevollem, intensivem Eifer besichtigt. Es ist die große Phase der tastenden Entdeckung, der Augenblick, da das wunderbare Visuelle den prüfenden Ansturm des Tastsinns erleidet (denn der Tastsinn ist unter allen Sinnen der am stärksten entmystifizierende, im Gegensatz zum Gesichtssinn, der der magischste ist); das Blech, die Verbindungsstellen werden berührt, die Polster befühlt, die Sitze ausprobiert, die Türen werden gestreichelt, die Lehnen beklopft. Das Objekt wird vollkommen prostituiert und in Besitz genommen; hervorgegangen aus dem Himmel von Metropolis, wird die „Déesse" binnen einer Viertelstunde mediatisiert und vollzieht in dieser Bannung die Bewegung der kleinbürgerlichen Beförderung."* (Barthes 1964, S. 76–78).

Roland Barthes erhebt den Citroën D.S. 19 (Abb. 3.5) zum Kunstwerk und setzt ihn den *„gotischen Kathedralen"* (ibid., S. 76) gleich, der *„von unbekannten Künstlern erdacht wurde"* (ibid.). Mit dem Wortspiel „Déesse" (Göttin) verweist Barthes auf das Magische ja geradezu Göttliche des Objekts Auto, dem ästhetische Qualitäten zukommen, wie die folgende Beschreibung der aerodynamischen Form sowie die Außen- und Innengestaltung des Autos belegen soll. Der Citroën D.S. ist insofern ein Mythos, weil er ein Mitteilungssystem, eine Botschaft ist, in dem eine unbewusste, kollektive Bedeutung zugeschrieben wird (vgl. Barthes 1964, S. 85). Demnach kann jeder Gegenstand zum Mythos werden, wenn es zu einem gesellschaftlichen Aneignungsprozess kommt (ibid., S. 86). Den Mythos versteht Barthes als ein Zeichensystem, das *„(…) auf einer semiologischen Kette aufbaut, die bereits vor ihm existiert; er ist ein sekundäres semiologisches System."* (ibid., S. 92). Der Mythos kann demnach auch als Sonderform der Bedeutungs- und damit der Symbolgenerierung verstanden werden, dem grundsätzlich alle Alltagsgegenstände unterworfen werden können.

Damit daraus Kulturgüter werden, bedarf es der Verknappung durch Kulturbetriebe, die die ökonomische Aufladung erst ermöglicht. Im konkreten Fall des Citroën D.S. wird das Fahrzeug zum wichtigen Nebendarsteller in zahlreichen, meist französischen Kinofilmen, wie in den Komödien von Louis De Funès oder im „Der eiskalte Engel" (1967) mit Alain Delon. Im Spielfilm „Der Schakal" von Fred Zinnemann wird die „Déesse" sogar zur quasi „göttlichen" Lebensretterin für den damaligen französischen Präsidenten Charles de Gaulles. Der Film basiert auf dem gleichnamigen Roman von Frederick Forsyth und rekonstruiert das Attentat auf Präsident de Gaulles durch einen Auftragskiller im August 1962, der von der Untergrundorganisation OAS (Organisation de l'armée secrète) gedungen wurde, um die Entlassung Algeriens in die Unabhängigkeit zu rächen. Trotz mehrfacher, gezielter Schüsse auf den Präsidenten blieb dieser unverletzt, weil die Karosserie des Autos die Kugeln abprallen ließ und die „DS Présidentielle" dank der modernen hydraulischen Radaufhängung und trotz eines zerschossenen Hinterreifens auf drei Rädern weiterfahren konnte. Die Romanvorlage wie auch der Film trugen in weiterer Folge zur Mythologisierung des Citroën D.S. bei, der heute ein beliebtes Sammelobjekt für Oldtimer-LiebhaberInnen ist. Gut erhaltene Modelle erzielen am Gebrauchtwagenmarkt wesentlich höhere Preise als neue Fahrzeuge der Oberklasse.

In weiterer Folge ist nun zu klären, worin der ökonomische und der kulturelle Wert von Kulturgütern bestehen und wie diese beiden Werte wechselwirken.

# Ökonomischer und kultureller Wert 4

## 4.1 Ökonomischer Wert – eine kurze Ideengeschichte

### 4.1.1 Der objektive Wertbegriff der ökonomischen Klassiker

Die Frage nach dem Wert und den Werten ist eine philosophische Grundkonstante und wird beispielsweise bei Aristoteles (1985) in seiner Nikomachischen Ethik im Abschnitt über die Glückseligkeit (eudaimonía) ausführlich thematisiert. Als ökonomisches Konzept ist der Wertbegriff aber erst wesentlich später eingeführt worden und findet seine früheste Ausprägung im 17. Jahrhundert.[1] Anfänglich dominierte die objektive Werttheorie, wonach die in die Erstellung einer Leistung investierte Arbeit den Wert der Leistung determiniert. Da die Arbeit in dieser Konzeption als zentrale Produktivkraft angesehen wurde, werden diese Werttheorien auch als Arbeitswerttheorien bezeichnet. Die erste ökonomisch fundierte Arbeitswerttheorie stammt vom englischen Naturphilosophen und Ökonomen William Petty (1623–1687), der 1662 in „A Treatise of Taxes and Contributions" darauf hinwies, dass weder Gold- noch Silberbestände (z. B. in Form von Geld) die Quelle allen Wohlstandes ist, sondern Land und Arbeit: *„(…) all things ought to be valued by two natural Denominations, which is Land and Labour;"* (Petty 1899 [1662], S. 44).

---

[1] Für eine Ideengeschichte zu den Werttheorien vor Adam Smith siehe Sewall (1901).

Diese Grundannahme findet sich dann bei vielen ökonomischen DenkerInnen, insbesondere bei den Physiokraten[2] und spielt auch noch bei Adam Smith eine wesentliche Rolle. Smith unterscheidet zwischen produktiver und unproduktiver Arbeit. Erstere schafft ökonomischen Wert, indem die ArbeiterIn dem Arbeitsmaterial einen Wert, nämlich den ihrer Arbeit hinzufügt. Eine UnternehmerIn, die die Arbeitsmittel zur Verfügung stellt, zahlt der ArbeiterIn einen Lohn als eine Art Vorschuss, der sich über den Verkauf der erzeugten Güter amortisiert und darüber hinaus einen Gewinn für die UnternehmerIn abwirft. Unproduktive Arbeit hingegen schafft keinen Mehrwert. Zwar hat auch unproduktive Arbeit ihren Wert, der sich aber nicht in Gütern materialisiert, mit deren Verkauf die Kosten kompensiert werden können (Smith 1811 [1776] II, S. 1–2). Smith zählt nicht nur Dienstpersonal zu den unproduktiven ArbeiterInnen, sondern auch BeamtInnen und Verwaltungspersonal, aber auch *„(…) some of the most frivolous professions: churchmen, lawyers, physicians, men of letters of all kinds; players, buffoons, musicians, opera-singers, opera-dancers, etc."* (ibid., S. 3). Alle diese Tätigkeiten haben einen bestimmten Wert, der aus den allgemeinen Prinzipien, die auch für produktive Arbeit gelten, abgeleitet werden kann. Sie produzieren aber nichts, womit im Nachhinein eine bestimmte Menge an Arbeit gekauft werden könnte. *„Like the declamation of the actor, the harangue of the orator, or the tune of the musician, the work of all of them perishes in the very instant of its production."* (ibid.).

Es soll nun nicht der falsche Eindruck entstehen, dass Adam Smith künstlerische Leistungen gering schätzte. Sein Ziel war es vielmehr, die Entstehung des ökonomischen Wertes aus der produktiven Arbeit heraus zu erklären. Er verweist somit indirekt darauf, dass künstlerische Tätigkeiten einen anderen als ökonomischen Wert aufweisen, ohne darauf aber näher einzugehen.

Adam Smith führt aber eine noch folgenreichere Definition von Wert in die ökonomische Wissenschaft ein und zwar die Unterscheidung zwischen Gebrauchswert und Tauschwert. *„The word VALUE, it is to be observed, has two different meanings, and sometimes expresses the utility of some particular object, and sometimes the power of purchasing other goods which the possession of that object conveys. The one may be called ‚value in use;' the other, ‚value*

---

[2]Die Physiokraten, wie z. B. François Quesnay (1694–1774), Richard Cantillon (1680–1734), Anne Robert Jacques Turgot (1727–1781), Gabriel de Riqueti und Comte de Mirabeau (1749–1791) erhoben Grund und Boden zum einzigen Ursprung allen Reichtums. Der aus dem Griechischen abgeleitete Begriff Physiokratie bezeichnet die „Herrschaft der Natur".

## 4.1 Ökonomischer Wert – eine kurze Ideengeschichte

*in exchange.'"* (Smith 1811 [1776] I, S. 42). Und Smith fährt fort, dass es Güter gibt, die zwar von großem Nutzen (z. B. Wasser, Luft) sind, aber so gut wie keinen Tauschwert haben, wohingegen Güter, die wenig Nutzen stiften (z. B. Edelmetalle) einen großen Tauschwert aufweisen können (ibid.). Daraus kann also abgeleitet werden, dass der Nutzen eines Gutes keineswegs seinen Tauschwert bestimmt. Der Tauschwert bestimmt sich nämlich, so Smith, nach der Menge an Arbeit, die im Gut verkörpert ist. *"Labour therefore, is the real measure of exchangeable value of all commodities."* (ibid., S. 44).

Damit stellt sich Smith in die Tradition der Arbeitswerttheorie, an die David Ricardo (1772–1823), ein weiterer Klassiker der Nationalökonomie, ebenfalls anknüpft. Gleich zu Beginn seines Hauptwerkes „On the Principles of Political Economy, and Taxation" (1817) greift Ricardo das Wertkonzept von Adam Smith auf. Ricardo sieht zwei Quellen für den Tauschwert eines Gutes und zwar die Menge an investierter Arbeit aber auch die Knappheit (Ricardo 1821 [1817], S. 2). Und Ricardo macht eine wichtige Beobachtung: Es gibt Güter, deren Wert allein durch ihre Knappheit bestimmt ist. *"Some rare statues and pictures, scarce books and coins, wine of a peculiar quality (...). Their value is wholly independent of the quantity of labour originally necessary to produce them, and varies with the varying wealth and inclinations of those who are desirous to possess them"* (ibid.). Ricardo schränkt aber ein, dass es sich dabei um seltene Ausnahmen von der Regel handelt und deshalb geht er nicht weiter mehr auf diese Art von Gütern ein.

Ein weiterer, gewichtiger Anhänger Ricardos war John Stuart Mill (1806–1873), der in den „Principles of Political Economy" (1848) die endgültige Version der Ricardianischen Lehre erstellt (siehe dazu Pribram 1998, S. 347–355). Die Frage des Wertes ist für Mill so zentral, dass er ihr das gesamte dritte Buch seines zweibändigen Hauptwerkes widmet. In Bezug auf Smith und Ricardo stellt Mill (1848, I, S. 515) fest: *"Happily, there is nothing in the laws of Value which remains for the present or any future writer to clear up; the theory of the subject is complete"*, um sich in der Folge selbst zu widersprechen, indem er wichtige Ergänzungen und Präzisierungen der Smithschen und Ricardianischen Werttheorie vornimmt. So präzisiert Mill, dass nur der Tauschwert ökonomisch relevant ist und vom Preis eines Gutes zu unterscheiden ist (ibid., S. 516). Während der Preis eine Wertrelation zwischen Gütern in Form monetärer Größen (z. B. in Form von Geld) darstellt, bezeichnet der Tauschwert eines Gutes dessen allgemeine Kaufkraft (ibid.). Der Tauschwert beschreibt also die Verfügungsmacht, die ein Gut über andere Güter hat. Die Höhe des Tauschwertes eines Gutes wird zum einen durch dessen Produktionskosten determiniert, aber auch durch das Verhältnis von Angebot und Nachfrage (Mill 1848, II, S. 123).

## 4.1.2 Der objektive Wertbegriff bei Marx

Die Ricardianische Arbeitswerttheorie hat aber auch Anklang bei den sozialistischen ÖkonomInnen des 19. Jahrhunderts[3] gefunden und wurde schließlich von Karl Marx als Fundierung seiner Kapitalismustheorie herangezogen. Marx unterscheidet in Anlehnung an Smith zwischen dem Gebrauchswert eines Dinges und seinem Tauschwert. Während der Gebrauchswert aus der Nützlichkeit eines Dinges entspringt und es zum Gut macht, macht es der Tauschwert zur Ware. (Marx 1867, S. 2). *„Als Gebrauchsgegenstände oder Güter sind die Waaren körperlich verschiedne Dinge. Ihr Wertsein bildet dagegen ihre Einheit. Diese Einheit entspringt nicht aus der Natur, sondern aus der Gesellschaft. Die gemeinsame gesellschaftliche Substanz, die sich in verschiednen Gebrauchswerten nur verschieden darstellt, ist – die Arbeit"* (ibid., S. 4). Als Tauschwerte sind die Waren auf menschliche Arbeit reduzierbar. In ihnen ist menschliche Arbeit aufgehäuft. Ihr Wert kann daher *„(…) [d]urch das Quantum der in ihm enthaltenen ‚werthbildenden Substanz' der Arbeit"* (ibid., S. 4–5) bzw. durch die zu ihrer Herstellung nötigen Arbeitszeit (ibid.) gemessen werden. Marx vertritt also einen ausgesprochen essentialistischen Wertbegriff, womit er sich nach Ansicht Schumpeters von Ricardo unterscheidet. Ricardo hat nämlich die Arbeitswerttheorie lediglich als Hypothese eingeführt, um die relativen Preise der Güter erklären zu können. Marx sieht hingegen die in Waren verkörperte Arbeitsmenge nicht nur als einfachen Regulator ihres Wertes, sondern ist der Wert der Waren selbst (siehe Schumpeter 2009 [1965], S. 728). Es würde hier zu weit führen, nachzuzeichnen, wie Marx seine Arbeitswerttheorie zu einer Kapital- bzw. Kapitalismustheorie ausarbeitet, aber ausgehend vom seinem Arbeitswertansatz leitet er das Konzept des Mehrwertes ab, der sich in Kapital verwandelt und zur Ausbeutung der ArbeiterInnen und ihrer Arbeitskraft eingesetzt wird. Bei Marx erhält die objektive Werttheorie die wohl ausführlichste und auch präziseste Form

---

[3]Die wichtigsten Vertreter in England waren die „ricardianischen Sozialisten" (Pribram 1998: 340–343) William Thompson (1775–1833), John Francis Bray (1809–1897), John Gray (1799–1883) und Thomas Hodgskin (1787–1869) sowie der Sozialreformer Robert Owen (1771–1858). In Frankreich vertraten Claude Henri de Rouvroy, Comte de Saint-Simon (1760–1825), Jean Charles Léonard Simonde de Sismondi (1773–1842), François Marie Charles Fourier (1772–1837) und Pierre Joseph Proudhon (1809–1865) die Arbeitswerttheorie. In Deutschland war es vor allem der mit sozialistischem Gedankengut sympathisierende Johann Karl von Rodbertus Jagetzow (1805–1875), der Ricardos Arbeitswerttheorie aufgriff.

und wird aufgrund ihres Essentialismus eine Art Naturgesetz, das Dogmatismus Tür und Tor öffnet.

### 4.1.3 Frühe Ansätze eines subjektiven Wertbegriffs

Da die objektive Werttheorie sowohl durch die klassische Ökonomie als auch durch den Marxismus im 19. Jahrhundert dominant war, konnten sich ihre KritikerInnen, die eine subjektive Wertlehre vertraten, nur schwer Gehör verschaffen. Dabei lässt sich der subjektive Wertbegriff bereits in die „vorklassische" Periode zurückverfolgen. 1751 veröffentlichte in Neapel Abbé Galiani sein Werk „Della moneta",[4] in dem er aufzeigt, dass eine Preisinflation mit einem wirtschaftlichen Aufstieg einhergeht. In diesem Buch entwickelt er auch eine originelle Werttheorie, die ganz im Gegensatz zu der damals vorherrschenden Scholastik stand. Galiani widersprach nämlich der damals weit verbreiteten Auffassung, dass der Wert eine den Dingen innewohnende Qualität sei. Stattdessen beschreibt er Wert als eine Beziehung, die der menschliche Geist zwischen den Dingen herstellt. Der Tauschwert bestimme sich aus dem Verhältnis zwischen der subjektiv beigemessenen Nützlichkeit eines Gutes und seiner Knappheit, so Galiani. Der Wert von Dingen und Leistungen ist somit keine objektive Größe, sondern Ergebnis subjektiver Wertschätzung von Gütern, die mehr oder weniger knapp sind. Galianis Beitrag zur Werttheorie blieb in seiner Zeit aber unbeachtet.

Ein wichtiger Meilenstein in der Entwicklung einer subjektiven, ökonomischen Werttheorie war der Produktivitätsansatz von Jean-Baptiste Say (1767–1832). Say war zwar ein glühender Anhänger von Smiths Lehre und sorgte für deren Verbreitung in Frankreich, er widersprach Smith aber in wesentlichen Punkten: So hängt der Wert eines Gutes nicht von der in ihm verkörperten Arbeit ab, sondern nur vom Nutzen, den es stiftet, der durch den Tauschpreis zum Ausdruck kommt, wie er in seiner „Traité d'économie politique" (1803) gleich im ersten Kapital schreibt (Say 1841 [1803], S. 57). Ein nutzloses Gut besitzt keinen Wert, egal wie viele Arbeitsstunden seine Erstellung erfordert hat. Say verwirft auch Smiths Unterscheidung zwischen produktiven und unproduktiven Gütern und vertritt stattdessen die Ansicht, dass immaterielle Güter nicht weniger real sind als materielle Güter und denselben Regeln von Angebot und Nachfrage

---

[4]Eine deutsche Übersetzung liegt seit 1999 unter dem Titel „Über das Geld" von Werner Tabarelli vor.

unterliegen. Er bezieht sich dabei explizit auf die Künste, wenn er nach der englischen Übersetzung schreibt: „*When a man executes a painting, or makes any article of smith's or joiner's work for his amusement, he at the same time creates a durable product or value, and an immaterial product, viz. his personal amusement*" (Say 1857 [1803], S. 123).[5] Dadurch, dass diese immateriellen Leistungen einen Nutzen erbringen, besitzen sie auch einen realen und positiven Wert (ibid.). Die Ablehnung der Arbeitswerttheorie ermöglichte es Say, den Wert der Produktionsfaktoren aus dem Wert der Produkte herzuleiten. Kapital, und das ist wohl die wichtigste Erkenntnis von Say, die er im „Court complet d'Économie politique pratique" (1828) im Kap. 9 entwickelt, ist ein selbständiger Produktionsfaktor und somit gleichwertig mit Arbeit sowie Grund & Boden. So wie die Grundrente das Entgelt für die Bearbeitung des Bodens und der Lohn für den Einsatz der Arbeit ist, ist der Profit das Entgelt für den Kapitaleinsatz. Alle drei Faktoren – Arbeit, Grund & Boden und Kapital – sind Fonds, die produktive Dienste (services productif) ausbilden, aus denen dann die Güter entstehen und ihren Wert bekommen. (Say 1852 [1828], S. 116–117).

Thomas Robert Malthus (1866–1834), der durch sein „Bevölkerungsgesetz" Berühmtheit erlangen sollte, hat so wie Say, eine Werttheorie entwickelt, die vollständig konträr zur herrschenden Ricardianischen Doktrin war. Im gesamten zweiten Kapitel („On the Nature, Causes and Measures of Value") der „Principles of Political Economy" (1820), setzt sich Malthus mit den Ursachen und den Messgrößen von Wert auseinander. Malthus (1836 [1820], S. 60) unterscheidet drei Wertformen: 1) den Gebrauchswert, der aus dem Nutzen eines Gutes entspringt; 2) den nominalen Tauschwert oder Preis, der im Wert anderer Güter (z. B. in Form von Edelmetallen, d. h. Geld) ausgedrückt werden kann; 3) den intrinsischen Tauschwert, der der Kaufkraft eines Gutes entspricht. Letzterer Wert entspringt aus dem Wunsch ein Gut zu besitzen und den Schwierigkeiten, in seinen Besitz zu gelangen. Die Höhe des Wertes wird somit durch Angebot und Nachfrage nach einem Gut bestimmt und es ist vollkommen egal, um welches Gut es sich handelt. Auch Arbeit kann in diesem Sinn als Gut verstanden werden. Damit widerlegt Malthus das Ricardianische Marktmodell, in dem der Tauschwert eines Gutes stets proportional zur in ihm verkörperten Arbeitsmenge ist (siehe Schumpeter 2009 [1965], S. 734).

---

[5]Im französischen Original lautet die Stelle: „*Quand un amateur fait pour son amusement un tableau, ou quand il exécute un ouvrage de menuiserie ou de serrurerie, il créé à la fois un produit de valeur durable, et un produit immatériel qui est son amusement*" (Say 1841 [1803], S. 128).

Dennoch konnten sich weder Say noch Malthus gegen den herrschenden ricardianischen Mainstream durchsetzen, wie später auch John Maynard Keynes beklagte, der die über hundert Jahre lang dauernde, uneingeschränkte Herrschaft von Ricardo als Unglück für den Fortschritt der ökonomischen Wissenschaft hielt (siehe Pribram 1998, S. 323).

### 4.1.4 Die Überwindung des objektiven Wertbegriffs: Die Grenznutzentheorie

Als Überwinder der objektiven Werttheorie kann der königlich preußische Regierungs-Assessor Hermann Heinrich Gossen a. D. angesehen werden. Gossen war kein Akademiker und dennoch (oder vielleicht sogar deswegen) konnte er die Werttheorie revolutionieren. In dem 1854 veröffentlichten Buch „Entwickelung der Gesetze des menschlichen Verkehrs" vertritt Gossen die Ansicht, dass jedes menschliche Wesen seine Genüsse zu maximieren trachtet (Gossen 1854, S. 1). Gossen formuliert in weiterer Folge das später nach ihm benannte Sättigungsgesetz: *„Die Größe eines und desselben Genusses nimmt, wenn wir mit der Bereitung des Genusses ununterbrochen fortfahren ab, bis zuletzt Sättigung eintritt."* (Gossen 1854, S. 4–5). Wird ein Genuss in späterer Folge wiederholt, tritt die Sättigung früher ein und der Genuss wird nicht mehr so hoch sein, wie beim ersten Mal. Und Gossen untermauert sein Sättigungsgesetz am Beispiel des Kunstgenusses: *„Dem Künstler, dem der Genuß eines neuen Kunstwerks gewährt wird, wird dasselbe in dem Augenblick, in welchem er es lange genug betrachtet hat, um alle Einzelheiten desselben genau aufzufassen, den größten Genuß gewähren. Dieser Genuß wird bei fortgesetzter Betrachtung fortwährend sinken, um über kürzere oder längere Zeit, (…) wird er müde werden, es wird Sättigung eintreten (…). Tritt dann später (…) das Verlangen nach Wiederholung des Genusses ein; so wird er, wegen der früher erlangten Kenntnis des Kunstwerks, in kürzerer Zeit den Höhepunkt des Genusses erreichen, aber dieser Punkt wird um so weniger die Höhe wie beim ersten Male erreichen (…)"* (Gossen 1854, S. 5). Der Wert eines Gutes kann demnach *„durch die Größe des Lebensgenusses"*, den es uns verschafft, gemessen werden (ibid., S. 24). Der Wert entspricht somit dem Nutzen, den uns ein Gut verschafft. Allerdings kann es keinen absoluten Nutzen geben, sondern dieser entspringt immer aus der Relation zwischen einem Ding und einer Person (ibid., S. 31), womit Gossen klar für eine subjektive Wertlehre eintritt. Gossen selbst hat sein Wert- bzw. Nutzenkonzept als eine Art kopernikanische Wende im Verständnis des Zusammenlebens von Menschen bezeichnet (ibid., S. v), aber seine

Zeitgenossen sahen das anders. Die utilitaristischen Ansichten, die in dem Buch vertreten wurden, waren so verpönt, dass Gossen aufgrund der negativen öffentlichen Meinung sein Buch gleich nach dem Erscheinen wieder zurückzog (siehe Pribram 1998, S. 525).

Der englische Ökonom Stanley Jevons (1835–1882), der Gossens in Vergessenheit geratene Theorie über seinen Freund Robert Adamson kennengelernt hatte, war davon so begeistert, dass er im Vorwort zur 2. Auflage seines Hauptwerks „The Theory of Political Economy" (Jevons 1879, S. xxxviii) eingestehen musste: *„So far as I can gather, his treatment of the fundamental theory is even more general and thorough than what I was able to scheme out"*. Jevons hatte in der ersten Auflage 1871 bereits seine Nutzentheorie ausgearbeitet. Er lehnt darin die Ansicht der klassischen ÖkonomInnen, dass Arbeit als Quelle des Güterwerts anzusehen wäre, ab. Stattdessen verweist er auf oben zitierte Stelle in Ricardos „Principles", wonach Kunstgüter ihren Wert ausschließlich aus ihrer Seltenheit und nicht aus der für sie verausgabten Arbeit erhalten. (ibid., S. 157–158). Er stellt fest *„(…) that labour once spent has no influence on the future value of any article: it is gone and lost for ever"* (ibid., S. 159) und stellt klar: *„Value depends solely on the final degree of utility."* (ibid., S. 160). Der Nutzen steigt mit der verfügbaren Quantität an Gütern, die wiederum durch mehr Arbeit hergestellt werden muss. Mehr Arbeit führt also zu mehr Angebot und mehr Angebot zu höherem Nutzen für die KonsumentInnen. So wie Ricardo glaubte Jevons also an die Messbarkeit von Nutzen. Der Wert des Nutzens bemisst sich aber an der Menge eines Gutes. Je mehr Trinkwasser verfügbar ist, desto weniger wert ist ein Glas davon. Daraus leitet Jevons (1871, S. 62) den allgemeinen Grundsatz ab *„(…) that it [der Nutzen] varies with the quantity of commodity, and ultimately decreases as that quantity increases."* Je mehr wir also von einem Gut haben bzw. konsumiert haben, desto geringer wird der Nutzen aus einer zusätzlichen Einheit dieses Gutes sein, bis er schließlich gegen Null sinkt. Es wird also früher oder später Sättigung eintreten (ibid.). Der Wert eines Gutes bemisst sich also nicht am Gesamtnutzen, den es stiftet, sondern am Nutzen der letzten konsumierten Einheit – dem marginalen Nutzen bzw. Grenznutzen. Im Tausch kommt dann ein Gleichgewicht zustande, wenn der Grenznutzen des einen Gutes gleich dem Grenznutzen des anderen Gutes ist, womit auch schon der Tauschwert, der sich im Preis ausdrückt, definiert ist (ibid., S. 97). Damit hat Jevons eine Nutzentheorie entwickelt, die nicht nur der objektiven Werttheorie überlegen war, sondern auch das Wechselspiel zwischen Angebot und Nachfrage plausibel erklären konnte.

Unabhängig von Jevons hat zur gleichen Zeit in Wien tätige Carl Menger ähnliche Überlegungen angestellt, die er in den „Grundsätzen der

Volkswirthschaftslehre" (1871) publiziert hat. Menger, der zu diesem Zeitpunkt zwar promoviert war, aber noch über keine Professur verfügte, revolutionierte mit seinem Wert- und Nutzenkonzept die ökonomische Wissenschaft. Er wurde zur Leitfigur anderer ÖkonomInnen aus der damaligen Österreichisch-Ungarischen Monarchie und gilt als Begründer der Österreichischen Schule der Nationalökonomie (manchmal auch als Wiener Schule bezeichnet).[6] Nach Menger (1871, S. 78) erhalten Güter ihren Wert dadurch, dass sie der menschlichen Bedürfnisbefriedigung dienen. Wenn die Menge der Mittel zur Bedürfnisbefriedung geringer ist als die Bedürfnisse danach, d. h. wenn sie knapp sind, haben wir es mit ökonomischen Gütern zu tun, die auch einen (ökonomischen) Wert haben. Güter, die keine Bedürfnisse befriedigen und/oder nicht knapp sind, sind demnach keine ökonomischen Güter und haben auch keinen (ökonomischen) Wert, weder einen Tausch- noch einen Gebrauchswert (ibid., S. 81–83). Allerdings darf der Gebrauchswert nicht mit der Nützlichkeit eines Gutes gleichgesetzt werden. Wenn ein Ding zur Bedürfnisbefriedigung taugt, dann ist es bereits nützlich. So können durchaus auch nicht-ökonomische Güter nützlich sein, aber sie haben dennoch keinen ökonomischen Wert (ibid., S. 84). Es entscheidet die Verfügbarkeit über ein knappes Gut zur Bedürfnisbefriedigung, dass ein Wert entsteht. Die Einschätzung, ob ein knappes Gut Bedürfnisse befriedigt oder nicht, ist rein subjektiv. *„Der Güterwerth ist in der Beziehung der Güter zu unseren Bedürfnissen begründet, nicht in den Gütern selbst."* (ibid., S. 85). Menger verwehrt sich also gegen jede Form eines essentialistischen, den Gütern anhaftenden oder innewohnenden Werts und stellt sich damit explizit gegen die damals vorherrschende Arbeitswerttheorie (ibid., S. 119–122).

Aber wie kann nun dieser Güterwert gemessen werden? Die Höhe des Güterwerts hängt zum einen von der subjektiven Dringlichkeit der Bedürfnisbefriedigung ab („subjectives Moment") und zum anderen vom Verzicht auf die Befriedigung eines weniger dringlichen Bedürfnisses durch die letzte Teil-Quantität, die zur Befriedigung eines dringlicheren Bedürfnis eingesetzt wird („objectives Moment") (ibid., S. 107–108). Dieses von Menger als „objectives Moment" der Wertbestimmung bezeichnete Element ist aber nichts anderes als das Marginalitätsprinzip, ein Begriff, der erst vom Menger-Schüler Friedrich von Wieser eingeführt wurde (Wieser 1884, S. 128).

Nun gilt dieses Wertprinzip nicht nur für Konsumgüter, die Menger als „Güter erster oder niedriger Ordnung" bezeichnet, sondern auch für Produktionsmittel

---

[6]Siehe dazu ausführlich Schulak und Unterköfler (2009).

("Güter zweiter oder höherer Ordnung") (ibid., S. 8–9). Dass Produktionsmittel letztendlich auch nur – wenn auch mittelbar – der Bedürfnisbefriedigung dienen, ist wohl die zentrale Erkenntnis von Menger, die auch Schumpeter (2009 [1965], S. 1113] würdigt. Das Grenznutzenprinzip lässt sich nicht nur auf die Nachfrageseite anwenden, sondern auch auf die Angebotsseite. Der Tausch verbindet diese beiden Sphären miteinander. Der Tauschwert lässt sich also durch den Gebrauchswert erklären, egal ob es sich um ein Konsum- oder um ein Investitionsgut handelt, eine Erklärung, die die Klassiker und ihre NachfolgerInnen für unmöglich hielten (ibid., S. 1111).

An diesem Punkt kommt noch der dritte Grenznutzentheoretiker, der in der Schweiz lebende französische Ökonom Léon Walras (1834–1910), ins Spiel. Walras hatte das Grenznutzenprinzip in seinen Éléments d'économie politique pure ou théorie de la richesse sociale (1874, S. 23–27) formuliert und als „intensité du dernier besoin satisfait" bzw. als „rareté" bezeichnet. Für Walras war aber das Grenznutzenprinzip nur Mittel zum Zweck, um zu zeigen, dass das Streben nach Nutzenmaximierung vollständig rationaler Individuen zu einem Gleichgewicht von Angebot und Nachfrage auf allen Märkten führt. Zwar handelt es sich bei diesem Gleichgewichtssystem um ein rein hypothetisches Gebilde, das nur unter sehr „heroischen" Annahmen (Pribram 1998, S. 535) gilt, aber es ist die Grundlage für das Prinzip, wonach die freie Konkurrenz auf den Märkten zur optimalen Ressourcenallokation führt. Märkte koordinieren demnach das Nachfrageverhalten von KonsumentInnen und das Angebotsverhalten von ProduzentInnen, die ohne Zutun einer dritten Instanz ihre Pläne nur aufgrund ihres Strebens nach Bedürfnisbefriedigung aufeinander abstimmen.

Die Erkenntnis, dass das Streben nach der Befriedigung von Bedürfnissen den Gütern ihren (subjektiven) Wert verleiht, markiert den großen Durchbruch in der Ökonomie. Es ist ein generelles Prinzip, das für alle Güter gilt, egal ob es sich um Konsum- oder Produktionsgüter bzw. um materielle oder immaterielle Güter handelt. Die Unterscheidung zwischen Gebrauchswert und Tauschwert ist obsolet, weil ersterer den letzteren bedingt. Der ökonomische Wert eines Gutes entspricht also seinem Tauschwert, der sich immer nur als Relation zwischen Gütern bzw. als Relation ihrer Preise darstellen lässt. Ein ökonomischer Wert kann folgerichtig nur dann entstehen, wenn ein Gut auf einem Markt gehandelt wird. Wo kein Markt, dort auch kein ökonomischer Wert.

Die auf der Grenznutzentheorie aufbauende ökonomische Werttheorie war so überzeugend, dass, abgesehen einmal von marxistischen AutorInnen, die Arbeitswerttheorie als widerlegt und als irrelevant angesehen wurde. Im einflussreichen Lehrbuch „The Principles of Economics" (1890) des in Cambridge wirkenden

## 4.2 Kultureller Wert

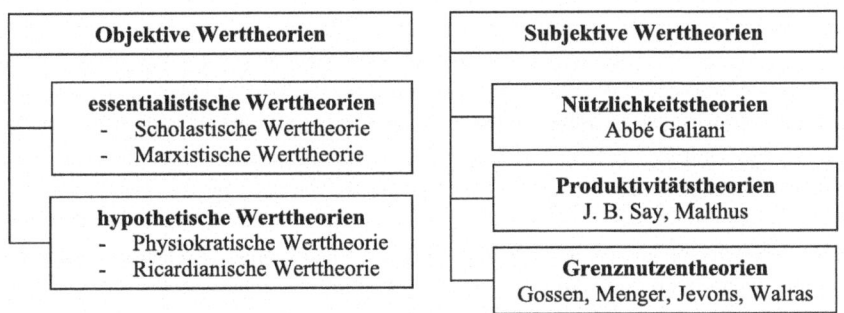

**Abb. 4.1** Eine Übersicht über die ökonomischen Werttheorien. (Quelle: Eigene Darstellung)

englischen Ökonomen Alfred Marshall gilt das Wertproblem der Ökonomie als gelöst. Und in der Tat spielt die Erörterung von Werttheorien in den Arbeiten der ÖkonomInnen ab der Jahrhundertwende eine immer geringere Rolle. Während im Laufe des 19. Jahrhundert kein Ökonomie-Lehrbuch ohne ausführlichen Diskurs über den Wert von Gütern ausgekommen ist, findet sich in aktuellen Lehrbüchern wenn überhaupt nur mehr ein Absatz dazu.

Abb. 4.1 stellt die objektiven und subjektiven Werttheorien, wie sie im Lauf des 19. Jahrhunderts entwickelt wurden, abschließend gegenüber.

## 4.2 Kultureller Wert

Da Kultur als Gesamtheit der Werte und Normen einer Gesellschaft verstanden werden kann, kommt den Werten eine zentrale Rolle im Verständnis von Kultur und letztendlich von Kulturgütern zu. Werte sind die konstituierenden Grundeinheiten von Kultur, die über Regelwerke (d. h. Institutionen), die selbst wiederum auf Werten beruhen, stabilisiert werden. Werte sind demnach allgegenwärtig, wie auch Steven Connor in seinem Standardwerk „Theory and Cultural Value" (1992) aufzeigt. Sogar dann, wenn Werte verneint werden, geschieht das wiederum auf einem Werturteil. Jede Revolution, auch wenn sie noch so radikal bestehende Werte ablehnt und bekämpft, beruht selbst wiederum auf Werten, die sich im revolutionären Prozess konkretisieren. Connor (1992, S. 8) argumentiert „(...) *that value and evaluation are necessary as a kind of law of human nature and being, such that we cannot help but enter the play of value, even when we would wish to withdraw from or suspend it"*. Werte sind eine Notwendigkeit, wie die Luft, die wir atmen und menschliche Existenz ist ohne sie nicht denkbar (ibid.).

Connor verweist aber auch auf ein Paradoxon, dass Werte – egal ob nun im ästhetischen oder ethischen Sinn – stets den Anspruch auf Absolutheit und ewige Geltung stellen, bei historischer Betrachtung aber relativ und veränderbar erscheinen. Barbara Herrnstein Smith versucht dieses Paradoxon in „Contingencies of Value" (1988) dadurch zu lösen, dass es keine Werturteile gibt, die nicht auf menschliche Bedürfnisse, Wünsche bzw. Präferenzen zurückgeführt werden können. Wert ist stets abhängig von einem gesellschaftlichen historischen Kontext, der veränderlich ist. Da Menschen unterschiedliche Bedürfnisse, Interessen und Ziele haben, ist es auch nicht möglich, diese auf ein grundsätzliches (absolutes) Wertprinzip zurückzuführen. *„There is (…) no way for individual or collective choices, practices, activities, or acts, ‚economic' or otherwise, to be ultimately summed-up, compared and evaluated. (…) There is no Judgement Day. There is no bottom bottom line anywhere, for anyone or for ‚man'"* (Herrnstein Smith 1988, S. 149).

Der Rückbezug aller Werte auf menschliche Bedürfnisse impliziert nach Herrenstein Smith, dass das Kulturelle und Ökonomische nicht als zwei separierte Sphären betrachtet werden können, sondern als unterschiedliche aber zusammenhängende Diskurse (double discourse paradigm). *„On the one hand there is the discourse of economic theory: money, commerce, technology, industry, production and consumption, workers and consumers; on the other hand there is the discourse of aesthetic axiology: culture, art, genius, creation and appreciation, artists and connoisseurs. In the first discourse, events are explained in terms of calculation, preferences, costs, benefits, profits, prices and utility. In the second, events are explained – or rather ‚justified' – in terms of inspiration, discrimination, taste (…), the test of time, intrinsic value, and transcendent value"* (Herrnstein Smith 1988, S. 127). Letztendlich lassen sich aber beide Diskurse auf menschliche Bedürfnisse zurückführen, sodass ästhetischer Wert nichts anderes als ökonomischer Gebrauchswert ist (ibid.).

Mit dieser simplifizierenden Gleichsetzung von ästhetischem und ökonomischem Wert hat Herrenstein Smith heftigen Widerspruch hervorgerufen. Der Marxistische Literaturwissenschaftler John Guillory (1993, S. 302) kommt in Bezug auf das „Double discourse"-Paradigma zum Schluss: *„To collapse exchange value into use value (…) is to forget political economy in the very gesture of reducing the aesthetic to an expression of the ‚economic'"*. Dabei geht Guillory vom objektiven und essentialistischen Wertbegriff von Marx aus, der als historische Grundkonstante quasi Allgemeingültigkeit besitzt. Der Relativismus von Herrenstein Smith muss schon allein deshalb auf marxistische Kritik stoßen.

## 4.2 Kultureller Wert

Connor (1993, S. 32) versucht den Widerspruch zwischen absoluten und relativen Werten dadurch aufzulösen, dass er sie als Teile eines Ganzen sieht. *„The question of value cannot be seized all at once or all together, since absolute value and relative value are not sundered halves of a totality".* Werte stellen demnach immer einen Imperativ dar, weil erst dadurch für uns gut und böse, schön und hässlich, moralisch und unmoralisch unterscheidbar wird. Es braucht also stets einen Wert, um Werturteile auszusprechen. Dieser Wert ist aber nicht von außen her (metaphysisch) gesetzt, sondern in uns selbst angelegt und deshalb ist dieser Imperativ mit der Zeit veränderbar, wodurch das notwendig Absolute relativ wird (ibid.).

Eine Analogie zum (scheinbaren) Gegensatz absoluter und relativer Werte findet sich im Diskurs über unterhaltungsgetriebener, oberflächlicher Massenkultur gegenüber Kunstkennerschaft. Während letzteres auf die Vorstellung eines autonomen Kunstwerks hinausläuft, das einen ästhetischen Wert an sich hat, rekurriert ersteres auf das ökonomische Nutzenprinzip, wonach jede Form der Unterhaltung auch Nutzen und somit Wert stiftet. Die VertreterInnen der Vorstellung eines autonomen Kunstwerks, die auf die romantische Bewegung des 19. Jahrhunderts zurückgeht, konstruieren einen Gegensatz zwischen Wert und Unterhaltung, wohingegen die in der utilitaristischen Tradition fußende Sichtweise eine Identität zwischen Wert und Unterhaltung annimmt.

Am schärfsten kritisieren die Begründer der „Kritischen Theorie" Max Horkheimer und Theodor W. Adorno in der 1947 erstmals in Buchform erschienen Essay-Sammlung „Die Dialektik der Aufklärung" die Ökonomisierung und somit Entwertung der Kultur durch die Kulturindustrien.[7] Die Kulturindustrien transformieren jede Art kulturellen Ausdrucks zur massentauglichen Unterhaltungsware. Dabei beziehen sich Horkheimer/Adorno auf die Unterscheidung von Marx zwischen Gebrauchs- und Tauschwert. Während die Kulturindustrien Kultur in Tauschwerte übersetzt und daraus Waren macht, wird Kultur damit entwertet. Horkheimer/Adorno stellen dem das bürgerliche Konstrukt einer authentischen Kunst und Kultur gegenüber, die es dem Bürgertum im 19. Jahrhundert ermöglicht hat, sich von den Herrschaftsverhältnissen zu emanzipieren und vergleichsweise autonom gegenüber den Herrschenden zu werden. Im Laufe der Industrialisierung und mit der Entstehung der Massenmedien wurde die authentische Kunst und Kultur immer mehr zurückgedrängt.

---

[7]Im Folgenden beziehe ich mich auf den Abschnitt „Kulturindustrie – Aufklärung als Massenbetrug" in der 12. Auflage des Buches (Horkheimer und Adorno 2000, S. 128–176).

Die Kulturindustrie hat sich der Kunst und Kultur bemächtigt, um das oberflächliche Amüsement der Massen zu befriedigen. Das Individuum wird dadurch auf eine Kunst- und KulturkonsumentIn reduziert und unbewusst manipuliert. Es wird Teil der uniformen Massen, die sich durch einen uniformen Geschmack auszeichnet. Dabei handelt es sich nicht um eine Kultur, die von den Massen selbst hervorgebracht wird und als eine Volkskultur verstanden werden könnte, sondern eine Kultur, die von den gesellschaftlichen Eliten, die die Kulturindustrien anführen quasi von oben verordnet wird. Die Wirkungen der Kulturindustrie sind demnach desaströs. Sie raubt den Menschen die Phantasie, verunmöglicht die kritische Reflexion und letztendlich „(...) *betrügt die Kulturindustrie ihre Konsumenten um das, was sie immerwährend verspricht*" (Horkheimer und Adorno 2000, S. 148).

Kritik an dieser kulturpessimistischen Sichtweise übten später dann die VertreterInnen der Cultural Studies, die sich zwar selbst an die „Frankfurter Schule" anlehnten, diese aber kritisch rezipierten. Im Gegensatz zu dieser werden die KonsumentInnen nicht als eine von der Kulturindustrie manipulierte Masse gesehen, sondern als aktive GestalterInnen von (Sub)Kultur, die sich vor allem in der Alltags- und Populärkultur wieder findet. Stellvertretend dafür kann die Abkehr von der Vorstellung, dass Kultur die Summe der höchsten Werte eine Gesellschaft ist, genannt werden, die Stuart Hall als einer Mitbegründer der Cultural Studies vertritt. In „Cultural Studies: two paradigms" (1980, S. 63) definiert Hall Kultur „*(...) as both the meanings and values which arise amongst distinctive social groups and classes, on the basis of their given historical conditions and relationships, through which they ‚handle' and respond to the conditions of existence; and as the lived traditions and practices through which those ‚understandings' are expressed and in which they are embodied.*" Kultureller Wert entsteht also überall in einer Gesellschaft und es ist müßig über eine Hierarchisierung der Werte nachzudenken. Dennoch differenzieren die meisten VertreterInnen der Cultural Studies zwischen ökonomischen und kulturellen Werten und konstruieren weiterhin einen Gegensatz zwischen Wirtschaft und Kultur.

Dieser Gegensatz wird von einigen soziologischen Ansätzen zu überwinden versucht, indem das Ökonomische und Kulturelle als Teil des Sozialen konstruiert wird. Bourdieu spricht von einem ökonomischen Feld, in dem Objekte einen instrumentellen Wert haben und von einem kulturellen Feld, in dem Objekte einen symbolischen Wert haben. Diese Felder sind aber keine getrennten Sphären, sondern Individuen sind in der Lage, ökonomisches in kulturelles Kapital einzutauschen und vice versa, wie Bourdieu (1982) in „Die feinen Unterschiede" ausführt.

Niklas Luhmann geht einen anderen Weg, indem er Gesellschaft als ein in sich geschlossenes Kommunikationssystem versteht, das interne kommunikative Werteinheiten, Luhmann spricht von binären Codes, verwendet, um sich selbstreferentiell zu organisieren. Im sozialen System Wirtschaft ist es der Code Zahlung/Nicht-Zahlung, der sich in Geld als symbolisch generalisierter Kommunikationseinheit manifestiert (Luhmann 1988). In einer Marktwirtschaft kann alles, egal ob es knapp oder im Überfluss vorhanden ist, für Geld gekauft werden. Dadurch wird der Wert eines Objekts bestimmt. Im Kunstsystem regiert der Code Schön/Hässlich, womit Werturteile im ästhetischen Diskurs legitimiert werden (Luhmann 1997a). Trotz der Geschlossenheit der sozialen Systeme bedeutet dies aber nicht, dass es keine Beziehung zwischen den Systemen gibt. Nach Luhmann sind soziale System strukturell gekoppelt und bedingen sich dadurch gegenseitig. So wird das Marktsystem kulturell bedingt und das Kunstsystem wirtschaftlich bedingt, ohne dass die Ausdifferenzierung der beiden Systeme verloren geht. Kunst kann also einen ökonomischen Wert erhalten so wie ökonomische Objekte durchaus aus künstlerischen Wert bekommen können.

Zusammenfassend lässt sich sagen, dass es kein einheitliches begriffliches Konzept von kulturellem Wert gibt, sondern unterschiedliche Zugänge dazu. In der Ästhetik wird der Unterschied zwischen dem Gebrauchswert eines Objekts und seinem Gestaltwert gezogen, womit der Gestalt ein Wert an sich zukommt. In der Ethik und Moralphilosophie wird dem Guten ein moralischer Wert zugeschrieben, der jenseits aller gesellschaftlicher Zusammenhänge existiert. In der Soziologie und in der Anthropologie spielt die Gruppenzugehörigkeit und damit verbunden die soziale Identität eine wichtige Rolle bei der Entstehung von Werten. Werte werden in all diesen Disziplinen als objektiv oder subjektiv, als absolut oder relativ, als intrinsisch oder extrinsisch, als ökonomisch relevant oder irrelevant konstruiert, ohne dass eine eindeutige begriffliche Klärung des Begriffs erfolgt, was Barbara Herrnstein Smith (1998, S. 429) in ihrem Beitrag „Value" in der „Encyclopedia of Aesthetics" zur resignierend klingenden Aussage veranlasst: *„Value is one of the most weightiest, most indispensable, and perhaps most mystified concepts in aesthetics and, beyond that, in formal thought."*

## 4.3 Ökonomischer und kultureller Wert – eine Interdependenz

Die Ausführungen zum kulturellen Wert zeigen, dass keineswegs alle Fragen der Werttheorie gelöst sind. So hinterfragt die marginale Nutzentheorie nicht, wie Bedürfnisse, deren Befriedigung Wert schafft, überhaupt entstehen. An diesem Punkt setzt die Fundamentalkritik des an der University of Chicago und später dann an der Stanford University lehrenden Thorstein Bunde Veblen an. Im Essay „The Limitations of Marginal Utility", das 1909 im Journal of Political Economy erschienen ist, kritisiert Veblen die Prämissen der Grenznutzentheorie, wonach Naturrecht, Eigentum und das hedonistische Kalkül („hedonistic calculus"),[8] die unabänderlichen Grundkonstanten im menschlichen Zusammenleben sind (Veblen 1909, S. 622–623). Dabei handelt es sich aber um Institutionen, die in einem kulturellen Prozesses entstanden und in unaufhörlicher Veränderung begriffen sind (ibid., S. 626–627). Deshalb dürfen Bedürfnisse nicht als „Gott gegeben" angenommen werden, sondern als Ergebnis eines institutionellen Gefüges, das seinerseits aus dem Verhalten der Individuen entspringt. *„The wants and desires, the end and aim, the ways and means, the amplitude and drift of the individual's conduct are functions of an institutional variable that is of a highly complex and wholly unstable character. The growth and mutations of the institutional fabric are an outcome of the conduct of the individual members of the group, since it is out of the experience of the individuals, through the habituation of individuals, that institutions arise"* (ibid., S. 629).

Bedürfnisse sind kulturell bedingt. Die Kultur kann als institutionelles Gefüge oder Geflecht von sozialen Regeln und Normen aufgefasst werden. Thorstein Veblen gilt zurecht als Begründer der Institutionenökonomik,[9] die als Gegenentwurf zur neoklassischen auf dem Grenznutzenprinzip aufbauenden Ökonomie zu verstehen ist. Es lag wohl am exzentrischen Charakter Veblens, der vereinsamt 1929 in einer Holzhütte in den Kalifornischen Wäldern verstarb, dass die Institutionenökonomik sich nicht gegen den neoklassischen Mainstream behaupten konnte. Sie bietet aber Anknüpfungspunkte für eine Werttheorie, die mehr als nur den ökonomischen Tauschwert, der sich in relativen Güterpreisen ausdrückt, zu erklären versucht.

---

[8]Der Begriff geht auf den Begründer des Utilitarismus Jeremy Bentham (1748–1832) zurück, den er in seinem Hauptwerk „An Introduction to Principles of Morals and Legislation" (1789) entwickelt hat.

[9]Das Konzept und die Methodologie der Institutionenökonomik hat Veblen 1899 in seinem Hauptwerk „The Theory of the Leisure Class: An Economic Study of Institutions" entwickelt.

## 4.3.1 Kultureller Wert und seine Messbarkeit

Das ist das Anliegen zahlreicher kulturökonomischer Theorien, in denen nicht nur versucht wird, ökonomischen Wert, sondern auch kulturellen Wert zu erklären und wie diese beiden Wertsorten sich gegenseitig beeinflussen. Dabei besteht grundsätzlich eine Übereinstimmung darin, dass sich der ökonomische Wert eines Kulturgutes in seinem Tauschwert abbildet (vgl. Angelini und Castellani 2019, S. 174). Am Konzept des kulturellen Werts scheiden sich aber die Geister. So sieht Throsby (2003, S. 279–280) verschiedene Wertsorten, die zur Bildung des kulturellen Werts beitragen. Da wäre 1) der ästhetische Wert, der sich aus der Form, Schönheit oder Harmonie eines Werks speist; 2) der spirituelle Wert, weil ein Werk eine religiöse Signifikanz für eine Religionsgemeinschaft hat (z. B. eine Ikone); 3) der soziale Wert, weil ein Werk für eine soziale Gruppe von Bedeutung ist und zur sozialen Identifikation und zum Zusammenhalt der Gruppe beiträgt (z. B. HipHop); 4) der historische Wert, der die Entstehungsbedingungen des Werks widerspiegelt (z. B. Kulturerbe); 5) der symbolische Wert des Werks als Bedeutungsträger und 6) der Authentizitätswert, der sich daraus ergibt, das ein Werk ein Original, d. h. einzigartig, ist. Nach Throsby können aber auch andere nicht erwähnte Wertsorten eine Rolle bei der Bildung eines kulturellen Werts eine Rolle spielen, wie z. B. der Bildungswert eines Werks (siehe Throsby und Zednik 2014, S. 88), weil der Wertbildungsprozess dynamisch ist und sich ständig verändert. Ein ähnliches Konzept verfolgen auch Hutter und Shusterman (2006), die den kulturellen Wert auf einen Mix von moralischen/religiösen, sozialen und politischen, kunsthistorischen Werten, kognitiven/geistigen, expressiven Werten, Erfahrungs- und Kommunikationswerten sowie Kunstfertigkeit zurückführen.

Eine andere Klassifikation für den kulturellen bzw. künstlerischen Wert schlägt Smith (2008, S. 36–38) vor. So können einem Kunstwerk ein Existenzwert, ein Repräsentationswert, ein Entstehungs- bzw. Formationswert und ein Ideenwert zukommen. Bei Klamer (2004) haben Kulturgüter die Fähigkeit, etwas zu symbolisieren und zeichnen sich durch künstlerische, ästhetische oder sakrale Qualitäten aus, die damit auch ihren Wert bestimmen.

Sehr grundsätzlich wird in der Kulturökonomik zwischen einem intrinsischen und extrinsischen Wert (vgl. McCain 2006) unterschieden, wobei letzterer auch als instrumenteller Wert (vgl. Snowball 2013), bezeichnet wird. Der ökonomische Wert wäre demnach extrinsisch bzw. instrumentell, weil er entweder einem direkten Tauschwert am Markt entspricht oder aber wirtschaftliche Nebeneffekte erzeugt, die gern unter dem Begriff der Umwegrentabilität zusammengefasst werden, d. h. die Zusatzausgaben die z. B. FestivalbesucherInnen tätigen, die nicht direkt mit dem Festival in Verbindung stehen, wie Reise- Verpflegungs- und Beherbergungsausgaben.[10] Diese extrinsischen/instrumentellen Werte lassen sich direkt oder indirekt auch quantitativ messen.

Anders ist die Situation bei den intrinsischen Werten von Kultur, die auf individuellen Präferenzen beruhen und damit auch den kulturellen Wert eines Kulturgutes bilden. Hierbei ist es strittig, ob und wie eine quantitative Wertbestimmung möglich und sinnvoll ist. So verweist Snowball (2013, S. 172) darauf, dass die Kulturpolitik auf Informationen angewiesen ist, wie öffentliche Mittel zwischen einzelnen Kunst- und Kultursparten bzw. innerhalb der Sparten verteilt werden sollen. Dabei helfen qualitative Bewertungen nur begrenzt und wenn lediglich die instrumentellen Werte wie die Umwegrentabilität als Entscheidungsgrundlage herangezogen werden, dann werden kulturell hochgeschätzte, aber in ihrer ökonomischen Wirkung wenig relevante künstlerische Ausdrucksformen, z. B. zeitgenössische Kunstmusik, benachteiligt.

In ihrem Buch „Measuring the Value of Culture" (2008) stellt Snowball ausführlich die verschiedenen in der Ökonomik entwickelten Messmethoden für den kulturellen Wert dar. Ausgangspunkt ist die ökonomische Annahme, dass der intrinsische Wert von Kunst aufgrund individueller Präferenzen entsteht. Es braucht daher ein Instrumentarium, um die diese individuellen Präferenzen z. B. bezüglich eines Besuches einer Ausstellung, einer Musikveranstaltung, einer Theateraufführung etc., zu messen. Ein solches Messinstrument ist die kontingente Bewertung (contingent valuation), die entwickelt wurde, um den Wert nicht-marktfähiger Güter, wie z. B. Umweltgüter (saubere Luft und Trinkwasser, Lebensräume sowie Artenvielfalt) zu eruieren. (vgl. Carson 2011).

Dabei lassen sich grundsätzlich zwei Methoden unterscheiden. Bei der Methode der offenbarten Präferenzen (revealed preferences) werden messbare Daten gesammelt, die ein Rückschluss auf den Wert, der einer kulturellen Leistung zugemessen wird, erlauben. So werden beispielsweise die Kosten für die Anreise (in Zeit oder monetären Größen) zu einer Kultureinrichtung bzw. -veranstaltung als Indikator für Wertschätzung für diese Einrichtung/ Veranstaltung herangezogen (vgl. Snowball 2008, S. 77). Die Methode der angegebenen Präferenz (stated preferences) versucht hingegen mit einer direkten Befragung herauszufinden, welcher monetäre Wert einer nicht-marktfähigen Leistung zugemessen wird. Die bekannteste Ausprägung dieser Methode ist die

---

[10]Für eine kritische Diskussion über Studien zur Umwegrentabilität im Kunst- und Kulturbereich siehe Snowball (2008, S. 33–46).

## 4.3 Ökonomischer und kultureller Wert – eine Interdependenz

Erhebung einer (fiktiven) Zahlungsbereitschaft (Willingness-to-Pay = WTP). Sie wurde erstmals vom Umweltökonomen Richard Carson und seinem Team angewandt, um den Wert der Umweltzerstörung nach dem Unfall des Öltankers Exxon Valdez im Prince William Sound – einem Naturschutzgebiet in Alaska – im Jahr 1989 zu beziffern. Eine breit angelegte Umfrage der US-amerikanischen Bevölkerung ergab, dass eine kollektive Zahlungsbereitschaft von US $2,8 Mrd. für ein Schutzprogramm, wonach Öltanker von Begleitschiffen eskortiert werden sollten, bestand. (Carson et al. 2003).

Angewandt auf den Kunst- und Kulturbereich werden bei Studien zur Erhebung der Zahlungsbereitschaft (kurz WTP-Studien) tatsächliche oder potenzielle NutzerInnen einer Kultureinrichtung bzw. -veranstaltung gefragt, welchen monetären Wert sie dieser zumessen. So ergab eine Befragung, welchen Wert die dänische Bevölkerung einem Besuch im Königlichen Theater in Kopenhagen zumessen, dass nicht nur jene 7 %, die das Theater tatsächlich besucht haben, Geld für einen Theaterbesuch ausgeben würden, sondern dass die Median-Zahlungsbereitschaft bei Nicht-BesucherInnen mit 60 dänischen Kronen überraschend hoch ausfiel. (Bille Hansen 1997). Mittlerweile liegen schon sehr viele WTP-Studien für den Kunst- und Kulturbereich vor, die die potenzielle Zahlungsbereitschaft für den Theater-, Kunstausstellungs-, Museums- und Musikveranstaltungsbesuch aber auch den zugemessenen Wert für kulturelles Erbe und archäologische Stätten sowie dem öffentlich-rechtlichen Rundfunk erhoben haben (siehe Überblick bei Snowball 2008, S. 121–123).

Allerdings ist die kontingente Bewertung von Kunst- und Kultureinrichtungen und -leistungen nicht unumstritten (siehe NOAA-Studie 1993). So setzt die Kritik an der Konstruktion hypothetischer Fragestellungen an, die zu einer überhöhten Werteinschätzung führen, weil nicht die Zahlungsbereitschaft, sondern nur die positive Einstellung gegenüber einem Kulturgut erhoben wird (vgl. Kahneman und Knetsch 1992). Ein weiterer Kritikpunkt ist, dass sich WTP-Studien bei Wiederholung in ähnlichem Setting zu unterschiedlichen Ergebnissen führen, je nachdem welche Personengruppe befragt wird und es daher schwierig ist, die Ergebnisse zu vergleichen (vgl. Snowball 2008, S. 107–113). Um solche Probleme zu vermeiden, wurde die WTP-Methodik wie z. B. das Fragebogendesign und statistische Auswertungsmethoden verbessert (ibid., S. 131–175).

Dennoch gibt es grundsätzliche Einwände gegen den Versuch, den kulturellen Wert von Kulturgütern zu messen. Klamer (2008) verweist darauf, dass Kulturgüter diskursive, soziale Konstrukte sind, die sich ständig ändern und Wert somit dynamisch ist, worauf auch Dekker (2014) verweist, der kulturelle Werte als „gesellschaftlich" (societal) bezeichnet und von jeder statischen Wertmessung warnt.

Konzepte kulturellen Werts, die eine Messbarkeit suggerieren, weisen einen essentialistischen Aspekt auf. Demnach gibt es einen intrinsischen Wert der Kulturgüter, der sich über Bewertungsprozesse messen lässt. In einem kulturellen Wert stecken demnach andere kulturelle Werte, die quasi die Essenz des kulturellen Werts bilden. Daraus ergibt sich zusätzlich noch eine Tautologie, weil kultureller Wert aus Werten zusammengesetzt ist, die ihrerseits wieder Kulturelles, d. h. Symbolhaftes repräsentieren. Es sollte also nicht die Frage gestellt werden, was ein Kulturgut ausmacht oder was die Eigenschaften oder gar das Wesen eines Kulturgutes ist, sondern wie Kulturgüter in einem sozialen Prozess entstehen und ihnen dadurch Wert zugeschrieben wird, der sich aber im gesellschaftlichen Prozess ständig wandelt. Hasitschka (2018, S. 60) versucht daher eine essentialistische Wertdefinition zu vermeiden, indem er *„Wert als Zweck (Gut, materiell: Güterwert) oder Ziel (Kriterium, immateriell; Orientierungswert) im Rahmen von individuellen oder kollektiven Handlungsprozessen"* versteht. Die Handlungen symbolisieren dabei Werte, wobei im Symbolisierungsprozess Artefakte mit Werten aufgeladen werden (siehe ibid., S. 61). Da Menschen *„nicht nicht symbolisieren bzw. nicht nicht werten können, stellt diese Wertdimension den Kern von Kultur dar."* (ibid.).

### 4.3.2 Der Zusammenhang kultureller und ökonomischer Werte

Setzen wir noch einmal bei den menschlichen Bedürfnissen an und wagen ein Gedankenexperiment. Wie wäre es, wenn es, wie im Schlaraffenland, alle materiellen Dinge im Überfluss gibt, also keine Knappheit besteht? Wenn dem so wäre, dann dürfte es nach der subjektiven Werttheorie der Grenznutzen-TheoretikerInnen, auch keine ökonomischen Güter geben, weil Wert erst dann entsteht, wenn es weniger Mittel zur Bedürfnisbefriedigung gibt als Bedürfnisse danach. Unter solchen paradiesischen Zuständen wäre auch kein Tausch mehr nötig und es würde sich auch kein Markt ausbilden. Alle Dinge wären, ökonomisch betrachtet, wertlos. Aber wären die Menschen des Schlaraffenlandes wunschlos glücklich? Hätten sie keine Bedürfnisse? Das kann getrost bezweifelt werden. Es lassen sich zahlreiche immaterielle Bedürfnisse identifizieren, nach deren Befriedigung Menschen streben. Das Bedürfnis nach Sicherheit, das Bedürfnis nach Geborgenheit, das Bedürfnis nach Zugehörigkeit zu einer sozialen Gruppe, das Bedürfnis nach intellektueller Auseinandersetzung, das Bedürfnis nach Unterhaltung etc. Allen diesen Bedürfnissen ist gemein, dass sie nicht (allein) durch materielle Leistungen befriedigt werden können. Das bedeutet, dass die Sichtweise der Grenznutzentheorie durch und durch materialistisch ist und immaterielle Bedürfnisse ausblendet. Es werden Quantitäten materieller Güter als Maß für die Bedürfnisbefriedigung herangezogen. Je mehr desto besser, auch wenn das Erste Gossensche Gesetz des abnehmenden Grenznutzens gilt.

Dennoch darf jetzt nicht der Fehler begangen werden, die subjektive Werttheorie der Grenznutzenschule zu verwerfen. Vielmehr zeigt sich bei näherer Betrachtung, dass die materielle Bedürfnisbefriedigung einen Sonderfall eines allgemeineren Zusammenhangs darstellt. Während die materiellen Bedürfnisse über Märkte, d. h. über die Koordination von Angebot und Nachfrage, befriedigt werden, erfolgt die Befriedigung immaterieller Bedürfnisse über andere Regelwerke. Der Markt stellt also nur eine spezielle Form von Institution, d. h. Regelwerk, dar, über den der Gütertausch abgewickelt wird und auf dem der Tauschwert und somit der ökonomische Wert von Gütern entsteht.

Es gibt aber Institutionen, die andere Bedürfnisse als materielle hervorbringen. Dieses Geflecht an Institutionen, verstanden als Regel- und Normengebilde, bildet eine Kultur aus, die selbst Ergebnis menschlichen Handelns ist. Es entsteht dadurch ein Regelkreislauf, wonach menschliche Handlungen, die auf Bedürfnissen beruhen, Institutionen ausbilden, die ihrerseits wieder auf die Bedürfnisse rückwirken usw. So haben die Menschen die Institution des Rechts wegen ihres Bedürfnisses nach Sicherheit hervorgebracht, die Institution der Sprache wegen ihres Bedürfnisses nach Kommunikation, die Institution Kunst wegen ihres Bedürfnisses nach Kontemplation, geistige Auseinandersetzung und Unterhaltung.

Bleiben wir einmal bei der Institution Kunst. Kunst vermittelt sich über Symbole. Symbole unterliegen keineswegs der Knappheit. Sie haben daher keinen ökonomischen Wert. Sie haben aber dennoch einen Wert, der kulturell bestimmt ist, weil Symbole stellvertretend für etwas stehen, also eine Bedeutung haben. Jedes Ding und jede Handlung kann mit Bedeutung aufgeladen und somit symbolhaft werden. Es kann damit ein Bedürfnis befriedigt werde, und wenn diese symbolhaften Dinge und Handlungen der Knappheit unterliegen, erhalten sie einen ökonomischen Wert und werden zu Kulturgütern. Kulturgüter verlieren aber nicht ihre Symbolhaftigkeit, nur weil sie einen Tauschwert erhalten. Beides ist zur gleichen Zeit präsent und bedingt sich im Kulturgut gegenseitig (siehe dazu auch Hasitschka et al. 2005, S. 153–154).

Damit vertritt die Kulturbetriebslehre eines jener Wertmodelle, die Velthuis (2007, S. 24) den „Nothing but"-Ansatz bezeichnet, wonach ökonomischer Wert auch kulturellen Wert umfasst. Dem steht der „Hostile Worlds"-Ansatz gegenüber, wonach Markt und Kunstwelt unvereinbar sind und Marktgesetze das Kunstschaffen und die Verbreitung von Kunst korrumpieren.

Wenn der ökonomische Wert auch den kulturellen Wert beinhaltet, dann kann eine künstlerische Leistung nur bewertet werden, wenn auch ökonomischer Wert berücksichtigt wird. Dazu liefern Hutter und Frey (2010) zahlreiche Beispiele wie das Gemälde „Der Mann mit dem Goldhelm", das lange Zeit Rembrandt zugeschrieben wurde und auch entsprechend hoch bewertet wurde. Als dann im „Rembrandt Research Project" festgestellt wurde, dass das Gemälde mit hoher Wahrscheinlichkeit nicht von Rembrandts Hand, sondern von einem seiner Werkstätten-Mitarbeiter stammt, musste nicht nur die Provenienz geändert, sondern auch der ökonomische Wert des Kunstwerks drastisch nach unten korrigiert werden.[11]

Wie sieht nun die Wechselwirkung zwischen kulturellem und ökonomischem Wert konkret aus? Hutter und Frey (2010) sehen kulturellen und ökonomischen Wert als separierte Sphären an, die sich zwar beeinflussen, aber doch unterschiedlich sind. Hutter (1996) versucht diese Differenz systemtheoretisch in Anlehnung an Luhmann zu begründen und beschreibt sowohl die Wirtschaft also auch die Kunstwelt (in Anlehnung an Howard Becker) als „Spiele" oder vielleicht besser als Spielwiesen, die, interpretiert als Kommunikationssysteme, sich die eigenen Grenzen ziehen und sich dadurch von der Umwelt abschließen und selbstreferentiell spezifische Spielregeln ausbilden. Die AkteurInnen spielen in der Wirtschaft anhand von Zahlungen ein ökonomisches Spiel, während die AkteurInnen der Kunstwelt mit dem Symbolhaften spielen. In beiden Fällen werden Bedeutungen generiert, die dann jeweils im anderen Spielfeld als externer Wert in einen internen Wert verwandelt werden, d. h. das Symbolhafte wird in der Wirtschaft in Tauschwerte übersetzt und Tauschwerte werden in der Kunstwelt in symbolische Werte transformiert (siehe Hutter 1996, S. 129–130).

Solche ÜbersetzerInnen von Wert in der Kunstwelt sind zum einen Peers, d. h. andere KünstlerInnen und zum anderen KunstsammlerInnen, KunsthändlerInnen, GaleristInnen, KunstkritikerInnen und weitere AkteurInnen der Kunstwelt, die Werteinschätzungen abgeben (vgl. Cameron 1995). Angelini und Castellani (2018) entwickeln daraus ein Modell, das den Wertbildungsprozess genauer beschreibt. Demnach erzeugt künstlerisches Talent über Kunstfertigkeit und Ästhetik kulturellen Wert, der in gesellschaftlichen Prozessen ständig verändert wird, wobei die AkteurInnen der Kunstwelt dabei eine zentrale Rolle spielen.

---

[11]Der Tagesspiegel, 1998, „Wie geht es dem Mann mit dem Goldhelm?", 11. Juli 1998, https://www.tagesspiegel.de/kultur/wie-geht-es-dem-mann-mit-dem-goldhelm/50784.html (abgerufen: 02.03.2020).

## 4.3 Ökonomischer und kultureller Wert – eine Interdependenz

Der kulturelle Wert fließt dabei in die ökonomische Wertbildung ein, die sich im Preis z. B. eines Kunstwerks widerspiegelt. Beeinflusst wird der ökonomische Wert auch vom Ruhm einer KünstlerIn, der wiederum vom Preisbildungsprozess beeinflusst wird (Abb. 4.2).

Das Modell kombiniert zwar statische und dynamische Elemente des Wertbildungsprozesses, setzt aber ein essentialistisches Konzept von Talent voraus, das auf der Superstartheorie von Rosen (1981) beruht, wonach die großen Einkommensvorteile der Superstars auf kleine Differenzen im Talent zurückzuführen

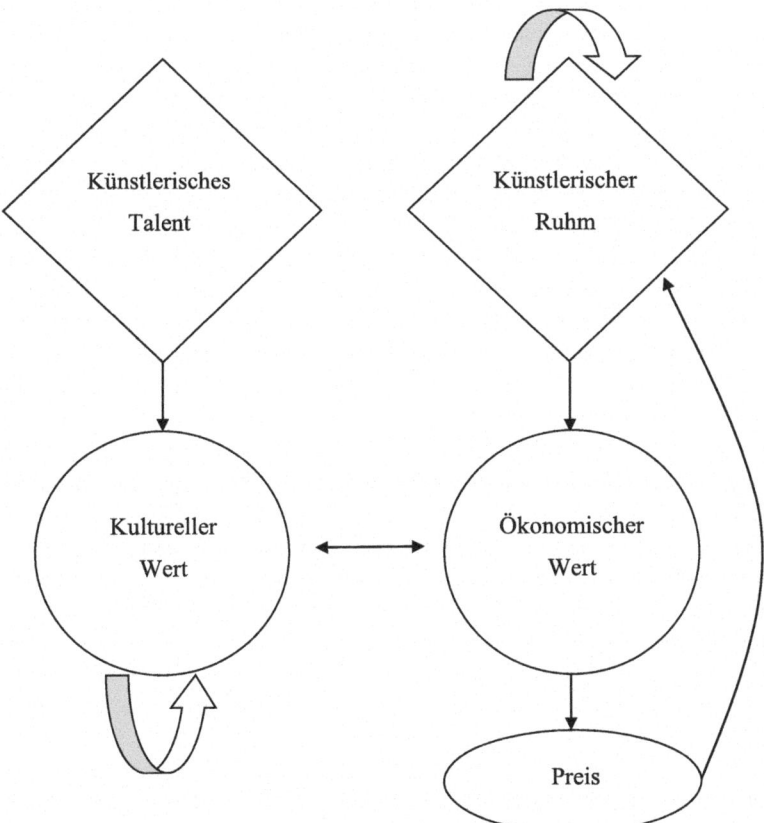

**Abb. 4.2** Ein kulturökonomisches Modell zur Erklärung der Wechselwirkung von kulturellem und ökonomischem Wert. (Quelle: Eigene Darstellung nach Angelini und Castellani 2018, S. 182)

sind. Dabei wird Talent als erklärende Variable in einem Modell definiert, ohne weiter zu erklären, worin Talent eigentlich besteht. Dem hat Adler (1985) ein nachfrageorientiertes Superstar-Modell entgegengesetzt, in dem Talent bei der Erklärung von Einkommensunterschieden irrelevant ist, sondern bei den Fans akkumuliertes Konsumkapital von Bedeutung ist. Talent kann daher nicht als unabhängige Variable modelliert werden, weil es ähnlich wie der künstlerische Ruhm vom kulturellen Wertbildungsprozess abhängt. Wird zudem der Markt als kulturelles, institutionelles Setting betrachtet, dann kann die Trennung zwischen kulturellem und ökonomischem Wert nur rein analytischer Natur sein. Stattdessen bedarf es eines Tausch- und somit Marktmodells, das in der Lage ist, kulturellen und ökonomischen Wert gemeinsam zu modellieren.

Die Grundlagen für ein solches Wertmodell hat der französische Soziologe und Ethnologe Marcel Mauss 1923/1924 mit seinem Essay über „Die Gabe" (Essai sur le don) gelegt. Wie der Untertitel „Form und Funktion des Austauschs in archaischen Gesellschaften" bereits andeutet, setzt sich Mauss mit Tauschvorgängen auseinander, die wenig mit einem Marktmechanismus zu tun haben und wesentlich grundsätzlicher sind. Mauss (1968, S. 19) meint sogar „(…) *einen der Felsen gefunden zu haben, auf denen unsere Gesellschaften ruhen (…)*". Mauss beschreibt und analysiert Austauschbeziehungen in archaischen Gesellschaften des pazifischen Raumes, Indiens sowie der indigenen Völker Nordamerikas anhand von Geschenkannahmen und die sich daraus ergebende soziale Pflicht diese zu erwidern.

> **Fallbeispiel Potlatsch: Die Durchdringung kultureller und ökonomischer Werte**
> Ein bekanntes Fallbeispiel ist der Potlatsch, ein Fest indigener Ureinwohner an der nordwestlichen Pazifikküste Nordamerikas.[12] Der Potlatsch wurde nur zu besonderen Anlässen, wie Geburt oder Tod eines Stammesangehörigen oder die Errichtung eines Totenpfahls ausgerichtet, wozu Angehörige auch anderer Stämme eingeladen wurden. Das Fest bestand aus einem großen Festmahl, das von Musik und Tanz sowie rituellen Handlungen begleitet war. Im Kern aber stand beim Potlatsch die Gabe, d. h. das reichliche Beschenken der Gäste und anderer Stammesangehöriger durch den Häuptling, was im Extremfall sogar dazu führte, dass dieser

---

[12]Eine ausführliche Beschreibung und Analyse des Potlatsch findet sich bei Mauss (1968, S. 77–119).

## 4.3 Ökonomischer und kultureller Wert – eine Interdependenz

sein gesamtes Vermögen „verschenkte" bzw. opferte, indem Lebensmittel, Hausrat, wertvolle Wolldecken, Kupferplatten – eine Art Geld – und sogar ganze Häuser vernichtet wurden, um den eigenen höheren Status und den der Familie in der sozialen Hierarchie zu untermauern (Mauss 1968, S. 87). Die Vernichtung materieller Güter, um damit symbolisches Kapital im Bourdieuschen Sinn aufzubauen, entspricht so gar nicht dem utilitaristischen Grenznutzenkalkül, zumindest nicht in materieller Hinsicht. Der generierte Nutzen ist ein kultureller, der nicht mehr in Quantitäten erfasst werden kann, aber durchaus wirtschaftliche Relevanz hat, weil der Umfang der Vernichtung zum Maß des zu erwartenden Tauschvorgangs wird.

Der Potlatsch ist nämlich eine Vertragsbeziehung, in der drei Verpflichtungen eingegangen werden. Das ist zum einen die Verpflichtung des Gebens. Der Häuptling *„(...) kann seine Autorität über den Stamm, über sein Dorf, ja über seine Familie, seinen Rang unter den Häuptlingen innerhalb und außerhalb seiner Nation nur dann aufrechterhalten, wenn er beweisen kann, daß er von den Geistern begünstigt wird, daß er Glück und Reichtum besitzt und von diesem besessen ist. Und seinen Reichtum kann er nur dadurch beweisen, daß er ihn ausgibt, verteilt und damit die anderen demütigt."* (ibid., S. 92). Wenn ein Stammesoberhaupt sich nicht freigiebig zeigt und nichts verschenkt, verliert er vor den Angehörigen des eigenen Stammes und anderer Stämme das Gesicht und wird als ehrlos angesehen (ibid., S. 93). So wie das Geben obligatorisch ist, ist es auch das Nehmen. *„Man hat nicht das Recht, eine Gabe oder einen Potlatsch abzulehnen"*, wie Mauss (1968, S. 98) ausführt, weil man mit der Geschenkannahme seinem Gastgeber die gebührende Ehre erweist und gleichzeitig auch die Verpflichtung eingeht, das Geschenk zu erwidern. Der Potlatsch muss aber mit Zinsen vergolten werden, d. h. wer eine Wolldecke geschenkt bekommen hat, muss nach einer angemessenen Frist zwei Wolldecken zurückschenken. Wer das Geschenk nicht in entsprechender Form und Ausmaß erwidert, verliert für immer sein Gesicht und gerät in Schuldknechtschaft (ibid., S. 101). Mauss beschreibt den Potlatsch als eine Institution (Regelwerk), in der juristische, ökonomische, soziale, religiöse und ästhetische Phänomene untrennbar miteinander verknüpft werden. Der Potlatsch stellt nämlich einen Vertrag auf Gegenseitigkeit dar, der nicht gebrochen werden darf (juristischer Aspekt) und klare ökonomische Wirkungen in Form von Transaktionen zeitigt. Er stabilisiert aber

> auch soziale Beziehungen und Hierarchien und regelt den gesellschaftlichen Verkehr unter den Stämmen. Schließlich ist der Potlatsch einbettet in religiösen Zeremonien, die eng mit Musik, Tanz und Körperbemalung verknüpft sind. Das Ästhetische ist dabei nicht nur zierendes Beiwerk, sondern integraler Bestandteil des gesamten Transaktionsprozesses. Damit wird sichtbar, dass das Ökonomische (Tausch) Teil des Kulturellen (Symbolhaften) ist und das Kulturelle wiederum vom Ökonomischen durchdrungen ist.

Für Mauss ist aber die Analyse des Potlatsch und ähnlicher Institutionen in anderen archaischen Gesellschaften keine rein ethnologische Deskription, sondern sieht darin die allgemein gültige Grundlage für die Rechts- und Wirtschaftsordnung moderner westlicher Gesellschaften (vgl. Mauss 1968, S. 120–156). Überreste der Geschenkökonomie haben sich in Form von Traditionen – z. B. die Ausrichtung von üppigen Hochzeitsbanketten – bis heute erhalten. Mauss hat aber auch den Begriff der „Schenkökonomie" geprägt, der sich gegen die utilitaristische Auffassung eines Nutzen maximierenden Homo oeconomicus richtet (vgl. Mauss 1968, S. 173). Die Schenkökonomie beruht auf Reziprozität und schafft neben ökonomischen auch soziale und kulturelle Werte.

Ein aktuelles Beispiel dafür ist die Open-Source-Community, in der ProgrammiererInnen Software kostenlos der Allgemeinheit zur Verfügung stellen (vgl. Sebald 2002). Dabei darf die Software nicht nur beliebig kopiert und verbreitet werden, sondern es wird der Quellcode der Software auch offen gelegt, damit andere Software-EntwicklerInnen die Ursprungsversion verändern oder daraus neue Softwarelösungen ableiten können. Diese Praxis ist aber kein reiner Altruismus, sondern ist ein institutionelles Setting, das einige Parallelen zu der von Mauss beschriebenen Potlatsch-Praxis aufweist. Es geht dabei in erster Linie, um mit Bourdieu zu sprechen, um die Akkumulation von symbolischem Kapital in Form von Ansehen und Reputation. *„Die Hackerkultur könnte demnach als eine Gabentauschkultur gefaßt werden. (…). Je besser die Reputation des Einzelnen, je höher seine Anerkennung in der Community, desto größer ist die Chance, Aufmerksamkeit und Kooperation in Form von Programmcode seitens anderer zu bekommen, die das eigene symbolische Kapital vermehren."* (Sebald 2002). Open Source zeitigt aber auch wirtschaftliche Folgen. Es dient nämlich nicht nur als Basis für kommerzielle Software, sondern Open-Source-Projekte

## 4.3 Ökonomischer und kultureller Wert – eine Interdependenz

wie das Betriebssystem Linux generieren mittlerweile wirtschaftliche Werte in Milliardenhöhe.[13]

Das führt uns zu einer Tauschtheorie, in der neben ökonomischen auch symbolische Transaktionen Berücksichtigung finden. Eine solche Theorie hat der Soziologe Aldo Haesler (1984) entwickelt, die Papilloud (2011) wie folgt zusammenfasst. Demnach sind der wirtschaftliche und symbolische Tausch die beiden originären und fundamentalen Austauschformen, die Gesellschaft konstituieren. Dabei stand der symbolische Tausch, historisch betrachtet, lange Zeit im Vordergrund, was aber nicht bedeutet, dass der wirtschaftliche Tausch nicht stattgefunden hätte. Allerdings wurde der symbolische Tausch durch den wirtschaftlichen allmählich zurückgedrängt und begann in der Neuzeit, d. h. seit der Renaissance, zu dominieren. In dieser Epoche werden die sozialen Praktiken integriert und Institutionen des wirtschaftlichen Austauschs gewinnen an Bedeutung, die den aufkommenden Fernhandel regeln. In der Moderne kommt es zu einer sozialen und kulturellen Spezialisierung, die die Industrie-, Konsum- und Freizeitwirtschaft ermöglicht, in der der wirtschaftliche Tausch den symbolischen weitgehend zurückgedrängt hat und zum Motor des kulturellen Wandels wird. Haesler zeigt damit, dass die Gabe nicht antagonistisch zum wirtschaftlichen Tausch steht, sondern sich dieser historisch aus dem symbolischen Tausch abgelöst hat. Wirtschaftliches und Symbolisches bzw. Kulturelles sind ineinander verwoben und beeinflussen sich gegenseitig. Das sieht auch der Soziologe Georg Simmel in „Philosophie des Geldes" (1988 [1900]) so, wenn er jede Wechselwirkung, d. h. Interaktion, als Tausch betrachtet, in dem es zur gleichzeitigen Transaktion von materiellen und immaterielle Werte kommt. In diesem Sinn versteht Simmel Geld nicht nur als neutrale Verrechnungseinheit, sondern als Symbol für einen kulturellen Wandel, der dazu führt, dass das Geld unsere Bedürfnisse kontrolliert. Egal ob diese kulturpessimistische Einschätzung geteilt wird oder nicht, sie verweist darauf, dass es gar nicht nötig ist, Markt und Kultur getrennt zu denken, weil der Markt eine kulturelle Errungenschaft ist. Kultureller und ökonomischer Wert sind interdependent und bedingen sich ständig gegenseitig, wie folgendes Beispiel belegt.

---

[13]Forbes, 2017. „The Meteoric Rise Of Open Source And Why Investors Should Care", 22. September 2017, https://www.forbes.com/sites/forbestechcouncil/2017/09/22/the-meteoric-rise-of-open-source-and-why-investors-should-care/#2163a5a25484 (abgerufen: 24.02.2020).

**Fallbeispiel: Banksys Schredderaktion in der Sotheby's-Auktion**
Wir schreiben den 5. Oktober 2018. Als letztes Lot der Versteigerung von Werken zeitgenössischer Kunst steht beim Londoner Auktionshaus Sotheby's das Bild „Girl with the Balloon" des anonymen Graffiti-Künstlers Banksy auf dem Programm. Der Schätzwert des Kunstwerks liegt bei £ 200.000–300.000.

Ein echter Banksy ist also etwas wert und das erklärt sich mit der Vorgeschichte seines künstlerischen Schaffens. Banksy bedient sich der Technik der Schablonengraffiti, die er in einer Art Guerilla-Aktionen auf Hauswände und andere öffentlich zugängliche Flächen sprüht, die meist gesellschaftskritische Kommentare zu Krieg, Obdachlosigkeit, Armut, Umweltverschmutzung, Klimawandel etc. sind. Banksy schummelte unautorisiert immer wieder auch Graffitis in Museen, wie z. B. eine Art Höhlenmalerei im British Museum, die einen Steinzeitmenschen mit einem Einkaufswagen darstellt. 2000 fand die erste Ausstellung seiner Werke abseits des etablierten Kunstbetriebs von Museen und Galerien in einem Restaurant in Bristol statt. Weitere Ausstellungen in Lagerhallen in London und Los Angeles folgten, die bereits tausende von BesucherInnen anzog.[14]

Banksy, über dessen Identität immer noch spekuliert wird, hat mit seiner Street Art und seinen Kunstaktionen kulturellen Wert generiert, der sich mittlerweile auch in ökonomischen Werten niederschlägt. So werden ganze Mauerteile mit seinen Graffitis abgetragen und als Kunstwerke verkauft, wie „Balloon Girl" aus dem Jahr 2002, das um £ 500.000 versteigert wurde.[15]

Dieser Versteigerungserfolg könnte Banksy zu jener Kunstaktion in der Kunstauktion veranlasst haben, die eben am 5. Oktober 2018 stattfand und höchstwahrscheinlich vom Künstler selbst mitgefilmt und auf YouTube gestellt wurde.[16] Darin ist zu sehen, wie Banksy den Bilderrahmen präpariert, um einen ferngesteuerten Schredder einbauen. In

---

[14]Siehe dazu: http://www.artofthestate.co.uk/banksy/Banksy_Existencilism_book.htm (abgerufen: 02.03.2020).
[15]ORF.at, 2017, „Banksys ‚Balloon Girl' Lieblingskunstwerk der Briten", 26. Juli 2017, https://orf.at/v2/stories/2400768 (abgerufen: 02.03.2020).
[16]YouTube, 2018, „Shred the Love. The Director's Cut", 18. Oktober 2018, https://www.youtube.com/watch?v=K8oZNAlxX0k (abgerufen: 02.03.2020).

## 4.3 Ökonomischer und kultureller Wert – eine Interdependenz

der nächsten Sequenz sind die Champagner schlürfenden Gäste der Southeby's-Auktion zu sehen, wie sie über das Gemälde fachsimpeln. Dann der Cut zur Versteigerung. Schnell steigern sich die Gebote und, als schließlich der Zuschlag bei £ 860.000 erfolgt, geht ein Raunen durch den Saal. Dann sieht man, wie der Knopf einer Fernsteuerung bedient wird, mit der offensichtlich der im Rahmen eingebaute Schreddermechanismus in Gang gesetzt wird und „Girl with the Balloon" in Streifen geschnitten wird, allerdings bei der Mitte des Bildes stoppt. Der Blick des Auktionators spiegelt seine Fassungslosigkeit wieder und man sieht überraschte und bestürzte Gesichter ob der Zerstörung eines Kunstwerks, das eben noch einen ökonomischen Wert, inklusive aller Auktionsgebühren, von rund einer Million Pfund erzielt hat.

Auf Instagram wird Banksy später dann das Picasso-Zitat *„The urge to destroy is also a creative urge"* posten und fügte hinzu: *„going, going, gone"*.[17] So wie es scheint, ging es dem Künstler darum, ökonomischen Wert im Moment seiner Entstehung zu vernichten, wie der Nachspann des YouTube-Videos belegen soll, in dem eine vollständige Schredderung eines ähnlichen Bildes mit dem lapidaren Kommentar eingeleitet wird: „In rehearsals it worked every time."

Das ist aber nicht das Ende der Geschichte. Wie sich später herausstellte, war eine reiche Geschäftsfrau aus Deutschland die Käuferin des Gemäldes. Die Kunstsammlerin war zwar nach eigenen Angaben anfänglich von der Schredderaktion geschockt, hat aber das Werk behalten, weil sie realisiert hat, dass sie an ein Stück Kunstgeschichte gelangt war.[18] Das Kunstwerk erhielt sogleich auch einen anderen Namen – „Love is in the bin" – und wurde am 13. und 14. Oktober 2018 in den Räumlichkeiten von Sotheby's London als das erste bei einer Auktion geschaffene Kunst ausgestellt. In Medienberichten kamen sogleich KunstexpertInnen zu Wort, die das halb geschredderte Kunstwerk nun als noch viel wert-

---

[17]Instagram, 2018, „The urge to destroy is also a creative urge", 6. Oktober 2018, https://www.instagram.com/p/BomXijJhArX/?hl=de (abgerufen: 02.03.2020).
[18]Der Standard, 2018a, „Bieterin bestätigt Kauf des geschredderten Banksy-Kunstwerks", 12. Oktober 2018, https://www.derstandard.at/story/2000089220261/bieterin-bestaetigt-kauf-des-geschredderten-banksy-kunstwerks (abgerufen: 02.03.2020).

voller einschätzten als davor.[19] Mittlerweile hängt das Kunstwerk als Dauerleihgabe in der Stuttgarter Staatsgalerie und ist dort zu einem BesucherInnen-Magneten geworden.[20]

Sollte Banksy tatsächlich im Sinn gehabt haben, ökonomischen Wert durch die Zerstörung des Kunstwerks zu vernichten und damit den zeitgenössischen Kunstbetrieb bloß zu stellen, dann ist dieser Schuss wohl nach hinten losgegangen. Banksy hätte demnach also nicht den Kunstmarkt mit seinen eigenen Waffen geschlagen, sondern der Kunstmarkt hat Banksy noch mehr vereinnahmt als je zuvor. Es lässt sich daher trefflich streiten, ob Banksy nicht Opfer seiner eigenen Chuzpe wurde. Ob dem so ist oder nicht, ist letztlich aber egal. Banksys Aktionismus kann in diesem Fall als eine Art Echtzeitexperiment der Kulturbetriebslehre angesehen werden. Im YouTube-Video werden wir nicht nur zu ZeugInnen, wie in einer Kunstauktion kultureller Wert in ökonomischen Wert verwandelt wird, sondern wie sich durch die teilweise Zerstörung des Kunstwerks neuer kultureller Wert bildet, der sich in einen noch höheren ökonomischen Wert transformiert. Der Mechanismus der Wechselwirkung zwischen kulturellem und ökonomischem Wert wird dadurch sichtbar gemacht. Beide Werte werden gleichzeitig generiert und bedingen sich gegenseitig, wobei der Kontext darüber entscheidet, welcher Wert in den Vordergrund rückt. In der Kunstauktion ist es der ökonomische Wert und in der Ausstellung des Werks der kulturelle, wobei in den jeweiligen Kontexten der kulturelle den ökonomischen Wert beeinflusst und vice versa.

---

[19]Der Standard, 2018b, „‚Neoliberaler Straßenstrich': Ein Street-Art-Experte über Banksys Schredderaktion", 12. Oktober 2018, https://www.derstandard.at/story/2000089233789/neoliberaler-strassenstrich-ein-street-art-experte-ueber-banksys-schredderaktion (abgerufen: 02.03.2020).

[20]Stuttgarter Zeitung, 2019, „Der Coup mit dem Schredder-Bild", 24. Januar 2019, https://www.stuttgarter-zeitung.de/inhalt.staatsgalerie-christiane-lange-spricht-ueber-banksy-der-coup-mit-dem-schredder-bild.4c9b0e90-c2fa-434b-a298-299cb3e84a8a.html (abgerufen: 02.03.2020).

## 4.4 Der Kulturbetrieb: Produktion, Verbreitung, Vermittlung und Rezeption von Kulturgütern

Das Fallbeispiel zeigt eindrucksvoll, dass Kulturgüter eines institutionellen Settings bedürfen, das als Kulturbetrieb bezeichnet werden kann. Damit geht der Kulturbetriebsbegriff der Kulturbetriebslehre weit über den in der funktionalen Kulturmanagementlehre (vgl. Abschn. 5.1.2) gebräuchlichen Betriebsbegriff für Kultureinrichtungen hinaus, der in erster Linie ein betriebswirtschaftlicher Organisationsbegriff ist (vgl. Klein 2004, 2005, 2009; Schneidewind 2006, 2012; Günter und Hausmann 2010; Dey 2017). Der Kulturbetrieb wird dabei als Organisation im Sinn der Betriebswirtschaftslehre verstanden, der von einer Aufbau- und Ablauforganisation bestimmt wird (Bloching und Hasse o. J., S. 9), wie sie auch Unternehmen der freien Wirtschaft aufweisen. Der Unterschied von Organisationen im Kulturbereich liegt im Zielsystem, das nicht in der Gewinnmaximierung liegt. Stattdessen werden andere Ziele wie Bildung, ein öffentlicher Kulturauftrag oder gesellschaftliche Ziele verfolgt. Dennoch soll aber auch im Kulturbetrieb die Organisation effizient ausgestaltet sein. *„Die Regeln aus der freien Wirtschaft für einen optimalen Organisationsaufbau und -ablauf gelten also auch für kulturelle Institutionen"* (Bloching und Hasse o. J., S. 9).

So spricht auch Hausmann (2011, S. 14) von kleinen und großen Institutionen im Kulturbereich, die als Betriebe zu verstehen sind, *„(…) die (möglichst) planvoll organisierte, mit knappen Mitteln wirtschaftende, bei der Zielbildung und Zieldurchsetzung (weitgehend) autonome Wirtschaftseinheiten sind und in denen im Interesse bestimmter Träger Produktionsfaktoren (Arbeitskräfte, Sachmittel etc.) zur Erstellung von Gütern für die Fremdbedarfsdeckung kombiniert und auf Märkten zum Tausch angeboten werden."* Es ist kein Zufall, dass sich diese Definition von Kulturbetrieben mit dem im Abschn. 2.2 präsentierten Betriebsbegriff der Betriebswirtschaftslehre deckt. In weiterer Konsequenz differenziert Hausmann (2011, S. 15–17) öffentlich-rechtliche, privatrechtlich-gemeinnützige und privatrechtlich-kommerzielle Kulturbetriebe wie aus der folgenden Darstellung von Rothärmel (2007, S. 28) ersichtlich wird (Abb. 4.3).

In diesem Sinn hat Schreyögg bereits 1993 das Kulturmanagement als ein Management von Kulturbetrieben abgeleitet, womit das Kulturmanagement in der Betriebswirtschaftslehre eingebettet wird (Schreyögg 1993, S. 21–22). Es bedarf seiner Ansicht nach keiner gesonderten Kulturmanagementlehre, sondern *„(…) einer „Kulturbetriebslehre, die die Besonderheiten der dort virulenten Sachfunktionen behandelt"* (ibid., S. 27). Im gleichen Sammelband (Fuchs 1993), versucht Ortner (1993, S. 187–198) dann die Konturen einer

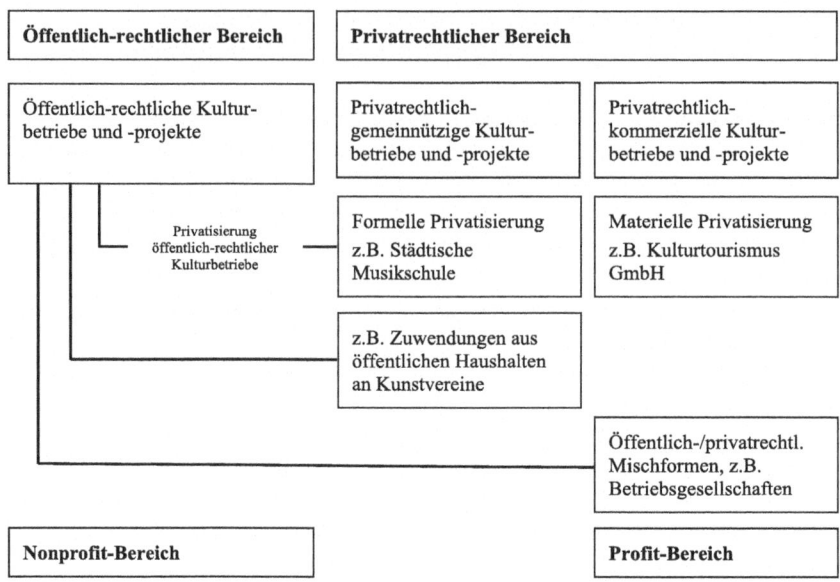

**Abb. 4.3** Eine Typologie des Kulturbetriebs. (Quelle: Eigene Darstellung nach Rothärmel 2007, S. 28)

solchen „Kulturbetriebslehre" darzustellen. Dazu unterscheidet er einen Kulturbegriff im engeren Sinn, der sich mit den traditionellen Kunstsparten deckt und einen Kulturbegriff im weiteren Sinn, der auch Bildung, Politik und Wirtschaft umfasst. Kulturmanagement bezieht sich seiner Auffassung nach auf den engeren Kulturbegriff, der für eine Kulturbetriebslehre durch den Bildungsaspekt und die Kulturverwaltung erweitert werden muss. *„Eine ‚Kulturbetriebslehre', wie sie hier postuliert und skizziert wird, bezieht sich auf soziale Systeme, deren Ziel die Hervorbringung künstlerischen Leistungen (im weitesten Sinne) ist."* (ibid., S. 190). Damit deutet Ortner bereits an, dass ein auf die traditionellen Kunstsparten verengter Kulturbetriebsbegriff zu kurz greift, ohne aber eine konzeptionelle Erweiterung vorzunehmen. So darf die Kulturbetriebslehre in der Bildungsbetriebslehre und Handlungsforschung „wildern" (ibid., S. 196), soll sich aber als Theorie von Kulturmanagement und Kulturverwaltung ausprägen.

So rudimentär der Ansatz von Ortner (1993) ist, so verweist er bereits darauf, dass der Kulturbetrieb nicht nur betriebswirtschaftlich zu fassen ist. Auch in der Kulturbetriebsdefinition in „Kulturmanagement von A–Z. Wegweiser für Kultur- und Medienberufe" von Werner Heinrichs und Armin Klein aus dem Jahr 1996

## 4.4 Der Kulturbetrieb: Produktion, Verbreitung ...

wird nicht allein der Organisationsaspekt des Kulturbetriebs thematisiert. *"Als Kulturbetrieb bezeichnet man einerseits eine einzelne kulturelle Einrichtung wie ein Theater oder ein Museum; solche Einrichtungen kennt man in unterschiedlichsten Betriebsformen. Andererseits versteht man darunter auch die Gesamtheit der Organisationen und Institutionen, die sich mit der Produktion und Vermittlung von Kultur befassen."* (Heinrichs und Klein 1996, S. 135). Damit bezieht sich diese Definition auf die Ausführungen von Heinrichs (1993, S. 21–24), den Kulturbetrieb einerseits als wirtschaftswissenschaftlichen Gegenstand der Forschung zu begreifen, andererseits aber auch als spezielle Organisationsform im Kunst- und Kulturbereich, die Gegenstandsbereich des Kulturmanagements ist (vgl. auch Heinrichs 1997, S. 15–20).

Heinrichs (2006) sieht zwei Verständnisformen des Kulturbetriebs: 1) als einzelne Institutionen wie Theater, Museum, Orchester, was dem betriebswirtschaftlichen Verständnis von Betrieb entspricht und 2) als Gesamtheit aller Einzelbetriebe bzw. *"die Summe aller institutionellen Erscheinungsformen von Kultur"* (Heinrichs 2006, S. 13). Letzteres entspricht einer volkswirtschaftlichen Perspektive, wonach der Kulturbetrieb als Wirtschaftsbereich, der eine bestimmte Bruttowertschöpfung und Beschäftigung aufweist, zu betrachten ist. Gemäß erster Definition können Kulturbetriebe nach der Rechtsträgerschaft (ibid., S. 20–22) und nach ihren Zielen (ibid., S. 22–24) geordnet werden. Nach der zweiten Definition bietet sich nach Heinrichs eine Spartengliederung an, nach der das gesamte Buch nach Kunstbetrieb, Musikbetrieb, Literaturbetrieb, Theaterbetrieb und Filmbetrieb strukturiert wird.

Heinrichs erkennt zwar, dass der Betriebsbegriff nicht auf den betriebswirtschaftlichen Aspekt eingeengt werden darf, verabsäumt es aber, den Betriebsbegriff konsequent zum soziologischen Institutionenbegriff hin auszuweiten und bleibt dadurch im traditionellen Denken von Kunstsparten verhaftet. Die Definition *"Summe aller institutionellen Erscheinungsformen von Kultur"* (ibid., S. 24) vernachlässigt zudem den Handlungs- und vor allem Vernetzungsaspekt, der in erster Linie Regelwerke, d. h. Institutionen ausmacht.

Höhne (2009, S. 60) schließt sich der von Heinrichs vorgeschlagenen Differenzierung einer volkswirtschaftlichen Perspektive auf den Kulturbetrieb (Öffentliche Aufgabe & Finanzierung, Beschäftigungs- & Multiplikatorwirkung sowie Märkte & Wettbewerbsbedingungen) und einer betriebswirtschaftlichen Perspektive im Sinn des Kulturmanagements von Organisationseinheiten an, verweist aber bereits auf die Sichtweise der Kulturbetriebslehre (Zembylas und Tschmuck 2006, S. 7), wonach der Kulturbetrieb sowohl als *"rechtlich definierte Form der Organisation"* (Mikroebene des Kulturbetriebs) und als *"historisch gewachsenes, gesellschaftlich organisiertes und institutionell strukturiertes Feld"* (Makroebene des Kulturbetriebs) verweist.

Im selben Sammelband „Kulturbetriebsforschung" (Zembylas und Tschmuck 2006) blickt Kirchberg aus einer neo-institutionellen Perspektive auf den Kulturbetrieb, indem er den Ansatz des Neuen Institutionalismus, wie er von DiMaggio (1991) vertreten wird, mit dem Konzept der begrenzten Rationalität (bounded rationality) der Organisationsbehavioristen der Carnegie Mellon School rund um March und Simon (1958) verknüpft. Kirchberg (2006, S. 106) betont, dass Organisationsstrukturen und ihre Regeln organisationsextern bestimmt werden, womit die Einbettung der einzelnen Kulturorganisation in ein Netzwerk von anderen Organisationen, Stakeholdern und Personen relevant wird. Allerdings darf dies nicht zum Fehlschluss führen, dass Organisationen ausschließlich von außen determiniert wären, sondern dadurch, dass sie ja Teil des Netzwerks sind, dieses auch mitgestalten und sogar eine gewisse Autonomie gegenüber dem Netzwerk erlangen können (ibid., S. 111). Die Mikro- und Makroebene des Kulturbetriebs sind also ineinander verwoben und es bedarf der Analyse beider Ebenen, um die Entstehung, Struktur und Funktionsweise von Kulturbetrieben zu verstehen.

Das führt uns zum Kulturbetriebsbegriff der Kulturbetriebslehre. Kulturbetriebe sind demnach Spezialisten für das Symbolhafte. Ihr oberstes Ziel besteht in der expliziten Wertesymbolisierung, die Hasitschka (2018, S. 60) der Sinngebung gleichsetzt. *„Kulturbetriebe decken als Grundfunktion bzw. Leistung explizit symbolisch Sinn-Bedarfe und legitimieren sich dadurch gegenüber der relevanten Umwelt"* (ibid., S. 212). Diese Umwelt darf nun nicht nur kontextuell für den Kulturbetrieb als organisatorische Einheit gedacht werden, sondern als konstitutiv im Sinn eines Regelwerks, in dem kulturbetriebliche Organisationen eingebettet und vernetzt sind. Nach der Art der Symbolqualität lassen sich gemäß Hasitschka (2018, S. 204) Kulturbetriebe nach Kognition (Bildung, Wissenschaft, Medien, Informationssysteme etc.), Ethik (Religion, Politik, Recht etc.) und Ästhetik (Musik, darstellende Kunst, Bildende Kunst, Literatur, Sport etc.) gliedern. In all diesen Bereichen kann zwischen einer institutionellen Makroebene und organisatorischen Mikroebene analytisch unterschieden werden, wobei sowohl Profitorientierung als auch Nonprofit-Zielsetzungen möglich sind.

Erst in der Wechselwirkung zwischen der Mikro- und Makroebene ist die Entstehung von Kulturgütern, die sowohl einen kulturellen Wert (Sinn) als auch einen ökonomischen Wert (Preis) haben, erklärlich. Das Übermaß an Symbolen, die letztendlich ja Kultur repräsentieren, unterliegt in Kulturbetrieben der Verknappung, die meist, aber nicht immer, über Märkte (Makroebene) erfolgt. Auf diesen Märkten bieten die kulturbetrieblichen Organisationen ihre Güter und Leistungen an, die auf Sinnerzeugung abzielen. *„In der Realistik marktförmiger Interaktionen stellen Kulturbetriebe kulturelle Symbole („Kulturgüter") her, die*

## 4.4 Der Kulturbetrieb: Produktion, Verbreitung …

*auch ökonomischen Wert haben ("Wirtschaftsgüter")."* (Hasitschka 2018, S. 64). Daraus ergibt sich eine untrennbare Relation zwischen symbolischer und ökonomischer Wertebene. Kulturbetriebe sind also nicht nur Erzeuger kultureller, sondern auch ökonomischer Werte. Im Kulturbetrieb findet eine Transformation von Symbolen in Kulturgütern statt, d. h. Symbole werden ökonomisch aufgeladen, indem sie einen Tauschwert erhalten, der dann wiederum auf den kulturellen Wert rückwirkt und so einen Wertgenerierungskreislauf auslöst (siehe Hasitschka et al. 2005, S. 153–154) (Abb. 4.4).

Fassen wir noch einmal zusammen: Kulturgüter entstehen in einem institutionellen Setting (informellen und formellen Regelwerken), die Strukturen und Praktiken ausbilden. Es handelt sich dabei um Kulturbetriebe, wenn das oberste Ziel die Symbolproduktion und Symbolvermittlung bzw. -verbreitung ist. Es kann sich dabei um organisatorische Einheiten und um Netzwerke handeln, in denen Organisationen und individuelle AkteurInnen interagieren. Die Entstehung, Vermittlung und Verbreitung von Kulturgütern in den und durch die Organisationseinheiten ist Gegenstand der Mikroperspektive und soweit Netz-

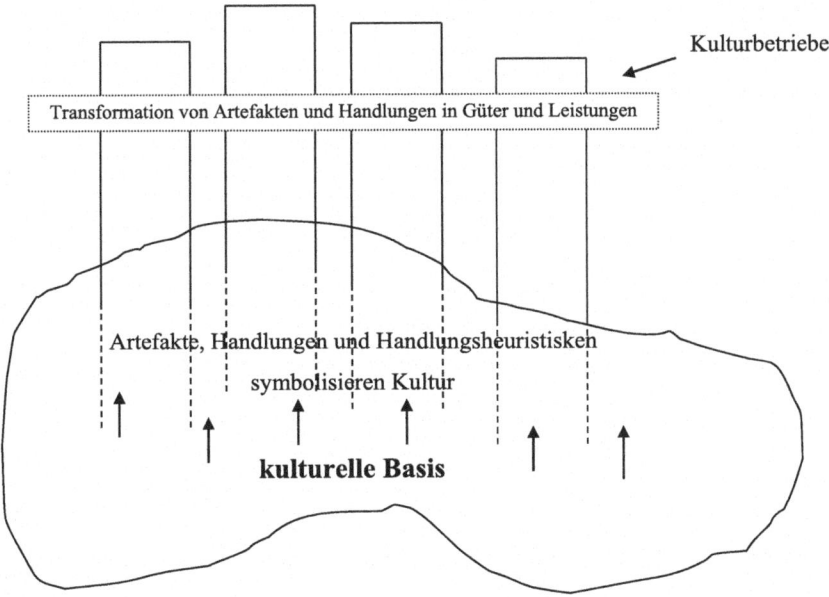

**Abb. 4.4** Die Transformation von Symbolen in Kulturgüter im Kulturbetrieb. (Quelle: Tschmuck 2003, S. 17)

werke betroffen sind, sind sie Gegenstand der Makroperspektive der Kulturbetriebslehre. Mikro- und Makroperspektive sind aber keine voneinander getrennten Sphären, sondern bilden nur unterschiedliche Ebenen der Betrachtung. Beide Perspektiven helfen, die Entstehung, Verbreitung und auch die Rezeption von Kulturgütern zu beschreiben und zu erklären. Träger der Transformation von Symbolen und Kulturgütern sind also die Kulturbetriebe, seien es nun organisatorische Einheiten oder Netzwerke aus Organisationen und individuellen AkteurInnen.

# Das kulturbetriebliche Kulturmanagement 5

## 5.1 Eine kurze Geschichte der Kulturmanagement-Theorie(n)

Es ist kein Zufall, dass seit Mitte der 1980er-Jahre eine wissenschaftlich fundierte Auseinandersetzung mit dem Kulturmanagement eingesetzt hat. Ausgehend von den USA während der Präsidentschaft von Ronald Reagan und in Maggie Thatchers Großbritannien wurde das Primat marktwirtschaftlichen Denkens über das bis dahin vorherrschende Denkmodell einer staatliche gelenkten Wirtschaftspolitik (Stichwort: Keynesianismus) festgeschrieben. Dieser Paradigmenwechsel betraf auch den Kunst- und Kultursektor, der bis zu diesem Zeitpunkt entweder privatwirtschaftlich in den Kulturindustrien (z. B. phonografische Industrie, Filmindustrie, Verlagswesen) oder öffentlich-rechtlich in der staatlichen bzw. staatsnahen Kulturverwaltung organisiert war. Während dem ersten Bereich unterstellt wurde, dass er genauso funktionieren müsse wie andere marktwirtschaftliche Sektoren, wurde der zweite Bereich als Non-Profit-Sektor gesehen, der ohne staatliche Unterstützung nicht lebensfähig ist.

### 5.1.1 Die Anfänge der Kulturmanagement-Forschung

Es waren vor allem die VertreterInnen des Production-of-Culture-Ansatzes, die sich für die besonderen Produktionsbedingungen im Kunst- und Kultursektor zu interessieren begannen. So beschäftigten sich die US-amerikanischen Soziologen Richard Peterson (1982, 1985, 1986) und Paul DiMaggio (1986, 1987) mit Berufsrollen in den Kulturindustrien und untersuchten auch die Frage nach der Rolle von ManagerInnen in Nonprofit-Kulturorganisation.

DiMaggio (1986, S. 9–10) fasst dabei Petersons Beitrag im Sammelband „Nonprofit Enterprise in the Arts" wie folgt zusammen: „*Since the 1960s (...) the impresario has been replaced by the professional administrator (...). [This] is less a product of growth or increased complexity of the arts organization itself than of the rationalization of the environment in which arts organizations operate.*" Die neuen wirtschaftlichen Rahmenbedingungen sorgen aber dafür, dass Entscheidungsspielräume von Kunstschaffenden vermehrt durch EntscheidungsträgerInnen eingeschränkt werden, die über keine künstlerischen Grundkenntnisse verfügen, sondern eine juristische und wirtschaftliche Ausbildung genossen haben (Peterson 1986, S. 164–165).

Diese Beobachtung wurde bald aber in ein Postulat nach einer fundierten Fachausbildung für Führungskräfte in Kulturorganisationen umgeformt. So schreibt der damalige Intendant der Hamburgischen Staatsoper und des Philharmonischen Staatsorchesters, Peter Ruzicka, im Sammelband „Kulturmanagement" (Loock 1991, S. 271): „*Theaterleiter, Museumsdirektoren oder Opernintendanten – sie alle verspüren bei ihrer tagtäglichen Arbeit immer wieder schmerzlich das Defizit, daß ihnen das Handwerkszeug für eine zeitgemäße Leitung einer künstlerischen Institution bzw. eines künstlerischen Teilbereiches fehlt. Jeder praktiziert, soweit es die verantwortliche Aufgabe zuläßt, das Prinzip ‚learning by doing'.*" Er empfiehlt, dass sich Kulturorganisationen aus der staatlichen Kameralistik lösen, damit „*die Kulturmanager zu mehr unternehmerischem Handeln motiviert werden*" (ibid., S. 275). In dem von Friedrich Loock herausgegebenen Sammelband zieht sich daher die Forderung nach einer fundierten Fachausbildung für KulturmanagerInnen wie ein roter Faden durch fast alle Beiträge.

Darüber, worin diese fundierte Kulturmanagement-Ausbildung bestehen müsste, gingen die Meinungen allerdings schon in der Frühphase des Kulturmanagement-Diskurses auseinander. Während die einen für eine Bindestrich-BWL im Sinne von „Kultur-Management" eintraten und dabei die Adaptierung betriebswirtschaftlicher Methoden und Werkzeuge für den Kunst- und Kulturbereich forderten (z. B. Hoffmann und Krämer 1991; Schreyögg 1993; Colbert 1999), fürchteten andere, dass künstlerische Inhalte durch eine ein zu starke Betonung betriebswirtschaftlicher Aspekte unter die Räder kommen könnten (z. B. Wiesand 1991 und Richter 1994).

### 5.1.2 Der funktionale Kulturmanagement-Ansatz

Am pointiertesten ist dabei Schreyöggs Ansatz (1993, S. 27), wonach es keine „besondere Kulturmanagementlehre" brauche, wohl aber eine „Kulturbetriebslehre" (sic!). Er begründet das damit, dass zwischen einem funktionalen Management und der Sachfunktionen zu unterscheiden ist. Während sich die Sachfunktionen im Kulturbetrieb natürlich von anderen Betriebstypen unterscheiden, gilt das nicht für das funktionale Management. Dabei handelt es sich um Aufgaben, die unabhängig von verschiedenen Betriebstypen erfüllt werden müssen (ibid., S. 25), z. B. Planung, Organisation, Personaleinsatz, Führung, Kontrolle (ibid., S. 27). *„Kulturmanagement ist ein Komplex von Steuerungsaufgaben, die bei der Leistungserstellung und -sicherung in Kulturorganisationen erbracht werden müssen. Diese Aufgaben stellen sich ihrer Natur nach als immer wiederkehrende Probleme dar, die im Prinzip in jeder Leitungsposition zu lösen sind und zwar unabhängig davon, in welchem Ressort, auf welcher Hierarchieebene und gleichgültig auch, in welchem Betriebstyp sie anfallen."* (Schreyögg 1993, S. 27).

Kulturmanagement wird in diesem Zusammenhang als funktionale Steuerungsaufgabe und Querschnittsfunktion verstanden, die den Sachfunktionen (z. B. Finanzierung, Beschaffung, Produktion und Absatz) übergeordnet ist. Heinrichs und Klein (1996, S. 27) definieren demgemäß Kulturmanagement als einen „(…) *Komplex von Steuerungsaufgaben, die bei der Leistungserstellung und -sicherung in Kulturorganisationen erbracht werden müssen."* Heinrichs (1999, S. 20) sieht dabei drei Kernfunktionen des Kulturmanagements „*(1) die Erstellung von institutionellen, rechtlichen, ökonomischen und organisatorischen Rahmenbedingungen, um Kultur ermöglichen zu können, (2) die Steuerung der Prozesse, die zu konkreten künstlerischen und kulturellen Leistungen (etwa in Form eines Kunstwerks oder eines kulturellen Projekts) führen sowie (3) die Vermittlung künstlerischer und kultureller Leistungen an ein Publikum."* Für Heinrichs können diese Kernfunktionen nur durch betriebswirtschaftliche Instrumentarien, wie er sie in Kap. 5 seines Buches „Kulturmanagement: eine praxisorientierte Einführung" (1999) vorstellt, erfüllt werden. Dazu gehören Planung und Organisation, Controlling, Marketing, Kulturfinanzierung und Projektmanagement.

Vertreter dieses funktionalen Kulturmanagement-Ansatzes haben daran anknüpfend auch vertiefende Bücher zu den jeweiligen betriebswirtschaftlichen Funktionsbereichen verfasst. Zu nennen wäre dabei: „Projektmanagement für Kulturmanager" (2004), „Kulturmarketing" (2005), „Leadership im Kulturbetrieb" (2009) alle von Armin Klein, „Kulturmarketing" (2010) von Bernd Günter und Andrea Hausmann, „Kulturfinanzierung" (2010) von Rita Gerlach-March, „Betriebswirtschaft für das Kulturmanagement" (2006) und „Controlling im Kulturmanagement" beide von Petra Schneidewind (2012) und „Rechnungswesen in Kulturbetrieben. Ein Leitfaden" (2017) von Günther Dey.

Alle diese Publikationen orientieren sich am jeweiligen betriebswirtschaftlichen Methodenkanon. So ist das Kulturmarketing-Buch von Günter und Hausmann ganz in Anlehnung an Philip Kotlers Standardwerk „Marketing-Management" verfasst. „Controlling im Kulturmanagement" von Schneidewind stellt das Instrumentarium des betriebswirtschaftlichen Finanz- und Rechnungswesens dar und weitet dann den Blick auf ein gesamtheitliches Controlling aus und „Leadership im Kulturbetrieb" von Armin Klein ist ein Kompendium der gängigsten Führungstheorien. Mitunter nehmen diese Bücher durchaus den Charakter von Ratgeberliteratur an, in der das How-to-do-it im Kulturbetrieb thematisiert wird. So gliedert sich das Projektmanagement-Buch von Armin Klein in 12 Kapitel, die alle mit der Frage „Wie …" – z. B. „Wie bildet man ein Projektteam" (Kap. 4) oder „Wie strukturiert man ein Projekt" (Kap. 5) – beginnen.

Dieser Ansatz führt unweigerlich dazu, Kulturmanagement als rein anwendungsorientiertes Fach zu verstehen, das keine eigene theoretische Basis hat bzw. haben muss, weil es ohnehin auf dem methodischen Fundament der BWL aufgebaut ist.

### 5.1.3 Die theoretische Fundierung einer selbständigen Disziplin Kulturmanagement

Schon früh wurde Kritik gegen die unreflektierte und unkritische Übertragung betriebswirtschaftlicher Instrumentarien im Kunst- und Kultursektor laut. Schmidt (1993) gibt zu bedenken, dass der Einsatz von BWL-Methoden und -Instrumenten, die für Unternehmen, die nach Gewinnmaximierung streben, entwickelt wurden, in Organisationen, die das oberste Ziel Kultur zu ermöglichen verfolgen, schwere Schäden anrichten kann. Und auch Heinrichs (1999, S. 16) ist sich bewusst, dass trotz der funktionalen Steuerung von Kulturbetrieben, die grundsätzlich unabhängig vom Steuerungsobjekt ist, in der Praxis durchaus ein Einfluss von Managemententscheidungen auf künstlerische Inhalte festzustellen ist. Auch wenn dieser nur darin besteht, dass Auswahlentscheidungen wie z. B. welche Objekte im Museum ausgestellt werden oder welche Theaterstücke in der nächsten Saison gespielt werden, getroffen werden.

Damit wird bereits angedeutet, dass es zwischen Kulturbetrieben und Betrieben anderer Wirtschaftssektoren einen Unterschied gibt. Während die Entscheidung, ob ein Schokoriegel im Sortiment bleibt oder nicht, ausschließlich nach betriebswirtschaftlichen Kriterien getroffen werden kann, spielen im Kultursektor kulturelle Werte eine entscheidende Rolle und beeinflussen auch Managemententscheidungen. Das gilt im Übrigen auch für den Gesundheits- und Sozialbereich, den Bildungs- und Wissenschaftsbereich sowie für den Rechts- und Sicherheitsbereich.

Deshalb plädieren VertreterInnen des funktionalen Kulturmanagement-Ansatzes für die Etablierung einer speziellen Betriebswirtschaftslehre für Kulturbetriebe wie es sie auch für Finanzdienstleister, Handelsunternehmen, Bildungsreinrichtungen, Unternehmen des Gesundheitswesens usw. gibt. Die allgemeine BWL sollte aber mit den Steuerungsfunktionen Organisation & Planung, Produktion und Absatz weiterhin uneingeschränkt für alle Kulturbetriebe gelten (Schneidewind 2006, S. 16).

Diesem Vorschlag erteilen aber die KritikerInnen des funktionalen Kulturmanagement-Ansatzes eine Absage. Allen voran Thomas Heinze, der bereits in den 1990er-Jahren für eine eigenständige wissenschaftliche Disziplin Kulturmanagement eingetreten ist. Im Sammelband „Kulturmanagement: Professionalisierung kommunaler Kulturarbeit" (1994) vertritt Heinze einen Kulturbegriff, der von Luhmanns Systemtheorie abgeleitet ist. Kultur ist demnach „(…) *das Ensemble oder das Register aller sozial verfügbaren Themen, die eigens dafür geschaffenen gesellschaftlichen Einrichtungen zum Zweck der Kommunikation aufbewahrt, aufbereitet, entwickelt und implementiert werden.*" (Heinze 1994, S. 61). Kultur wird also als gesellschaftlicher Kommunikationsprozess verstanden, der von spezialisierten Einrichtungen organisiert wird – den Kulturbetrieben. Demnach ist Kulturmanagement „*(…) als diejenige Profession aufzufassen, die mit der Organisation infrastruktureller Bedingungen der Möglichkeit kultureller Prozesse befaßt ist, insofern diese Prozesse gesellschaftliche (kommunikative) Prozesse sind.*" (ibid., S. 62). Heinze legt aber Wert darauf zu betonen, dass Kulturmanagement „*in keiner Weise Kultur produziert*" (ibid.), sondern die Umwelt kultureller Prozesse gestaltet. Auch Heinze spricht von einem „*Möglichmachen von Kultur*" durch das Kulturmanagement, das aber nicht mit dem Dirigieren kultureller Prozesse gleichgesetzt werden darf. Dennoch ist Kulturmanagement nicht neutral gegenüber den kulturellen Prozessen, die durchaus auch inhaltlich durch das Kulturmanagement gestaltet werden.

Damit grenzt sich Heinze vom funktionalen Kulturmanagement-Konzept ab, das im Kulturmanagement eine reine Technologie bzw. Methode sieht, Kulturbetriebe zu gestalten. Deshalb treten Heinze und Hoppe in „Einführung in das Kulturmanagement" (2016) dafür ein, die Theorie des Kulturmanagements interdisziplinär auszugestalten, weil Kulturbetriebe stets mit einem potenziellen Zielkonflikt zwischen ökonomischen und künstlerischen Wertesystemen konfrontiert sind (Hoppe und Heinze 2016, S. 31). Hoppe und Heinze drehen das Verhältnis von Wirtschaft und Kultur um. Wirtschaftliches Handeln ist demnach kulturell verfasst und jede Wirtschaftshandlung ist in der Wertestruktur der Kultur eingebettet (ibid., S. 32). Kulturmanagement basiert demnach auf einem kulturellen Fundament, das gleichzeitig wiederum Gegenstand der

Gestaltung ist. „*Zentrale Aufgabe aller Kulturbetriebe ist die Ermöglichung von Kultur*" (ibid., S. 55), was sie von anderen Unternehmen der Marktwirtschaft unterscheidet. Das erzeugt eine Komplexität, die nicht allein durch betriebswirtschaftliche Handlungsanweisungen bewältigt werden kann, sondern die eines interdisziplinären Zugangs bedarf. *„Neben der für das jeweilige Handlungsfeld inhaltlich relevanten Wissenschaft wie beispielsweise Kunstgeschichte, Literatur- oder Theaterwissenschaft sind dazu Beiträge mindestens der Wissenschaftsgebiete Wirtschaftswissenschaft, Pädagogik, Rechtswissenschaft, Politikwissenschaft und Verwaltungswissenschaft unverzichtbar. Eine eigenständige Disziplin Kulturmanagement ist damit nur als Dialog wissenschaftlicher Fächer und als Netzwerk ihrer Vertreter vorstellbar."* (ibid., S. 62). Deshalb plädieren Hoppe und Heinze (2016, S. 61) *„(…) für eine selbstständige Disziplin Kulturmanagement, die die im Bereich von Unternehmen erprobten Inhalte und Instrumentarien kritisch hinterfragt und – obwohl sie die in der Betriebswirtschaftslehre entwickelten Methoden, Parameter und Terminologien aufgreift – ein spezifisches zielgruppenorientiertes Profil entwickelt."*

Kulturmanagement ist also „(…) *mehr als die Anwendung der Betriebswirtschaftslehre auf Kultureinrichtungen*" (ibid.). Das hat bereits Allmann in seinem Beitrag „Controlling für Kulturbetriebe (Theater)" für den von Heinze 1997 herausgegebenen Sammelband Kulturmanagement II dargestellt. Seiner Ansicht nach reicht es nicht aus, Controlling-Instrumente auf die Bedürfnisse von Kulturbetrieben anzupassen, sondern es müssen völlig neue Formen der Organisation und Ausgestaltung des Rechnungswesens und Controllings in Kulturbetrieben implementiert werden, die auch die Formulierung kulturspezifischer Kennzahlen umfasst (Allmann 1997, S. 306–325).

### 5.1.4 Konkrete Ansätze einer selbständigen Kulturmanagement-Theorie

#### 5.1.4.1 Peter Bendixen: Das Primat des Kulturellen über das Wirtschaftliche

Verschiedene AutorInnen haben in der Folge versucht, selbständige Ansätze einer Kulturmanagement-Theorie zu entwickeln. Peter Bendixen hat in verschiedenen Schriften schon früh (1993) Vorbehalte gegenüber einer Vereinnahmung der Kulturmanagements durch die BWL angemeldet. In der 4. Auflage seines Standardwerks „Einführung in das Kunst- und Kulturmanagements" (2011) konzipiert Bendixen Kulturmanagement als eigenständiges Fach, das mit künstlerischen und kulturellen Inhalten verknüpft ist, ohne diese mitzugestalten

(Bendixen 2011, S. 122). Kulturmanagement befindet sich somit in einem Spannungsverhältnis „(...) *zwischen künstlerischer Nähe und empathischem Mitgehen mit der Kunst einerseits und wirtschaftlichen Zwängen andererseits (...)*" (ibid., S. 159), wobei dem künstlerischen Inhalt der Vorrang vor den wirtschaftlichen Bedingungen einzuräumen ist, ohne dass die wirtschaftliche Existenz eines Kulturbetriebs gefährdet wird. Wie das umgesetzt werden soll, beantwortet Bendixen allerdings nicht. Für Bendixen ist Kulturmanagement eine Praxis und somit ein ständiger Prozess, in dem vier miteinander verwobene Grundfunktionen erfüllt werden und zwar das „Entdecken und Erfinden" (d. h. von talentierten KünstlerInnen und neuen Stilrichtungen sowie neuen Präsentationsformen für Kunst), „Bewerten und Entscheiden" (z. B. anhand kultur-, bildungs-, außen- und standortpolitischer Wertmaßstäbe), „Entwickeln und Gestalten" (z. B. im Sinn von Innovation) und „Realisieren und Verändern" (z. B. in der Form der Ausführung von Plänen) (ibid., S. 165–177). Aber auch wenn Bendixen bewusst eine BWL-Diktion vermeidet, werden die darauf beruhenden Aufgabenbereiche betriebswirtschaftlich fundiert:

- *„Die Aufgabe der Bearbeitung des kulturellen Umfeldes, eine Funktion, die üblicherweise mit Begriffen wie Marketing und Öffentlichkeitsarbeit benannt wird."* (ibid., S. 189)
- *„Die Funktionen der innerbetrieblichen Steuerung (Einsatz, Verwaltung und Kontrolle) der verfügbaren Ressourcen."* (ibid.)
- *„Die Aufgabe der finanziellen Ausstattung einer Kulturinstitution oder eines Kulturprojektes bildet einen dritten bedeutenden Themenkomplex."* (ibid., S. 190).

Damit wären wir wieder bei den klassischen BWL-Aufgaben Finanzierung, Organisation und Steuerung sowie Marketing und bei einem BWL-fundierten Kulturmanagement. Somit steht auch Bendixen in der Tradition von Heinrichs, wenn er schreibt: *„Management schafft Rahmenbedingungen des Kultur- und Kunstschaffens. Es nimmt sich der Kommunikation zwischen Kunst und Öffentlichkeit an, ohne in die Inhalte einzugreifen und dadurch deren Integrität zu verletzen. Vom Handlungstypus her befasst sich Kultur- und Kunstmanagement mit dem Umfeld künstlerischer und kultureller Inhalte oder (...) [e]s nimmt die kulturellen Werke entgegen und gestaltet für sie ein geeignetes Ambiente."* (Bendixen 2011, S. 182).

### 5.1.4.2 Bettina Rothärmel: Kulturmanagement und die Neue Institutionenökonomik

Einen eigenständigen Weg der theoretischen Fundierung des Kulturmanagements hat Rothärmel (2007) mit der Verknüpfung zur Neuen Institutionenökonomik eingeschlagen. Rothärmel fokussiert dabei auf den Leistungserstellungsprozess von Kulturgütern, der sowohl in öffentlich-rechtlichen Kulturbetrieben als auch in privatrechtlich organisierten Unternehmen abläuft, wobei beiden Formen im Non-Profit Bereich oder aber im Profit-Bereich angesiedelt sein können.

Kulturgüter werden dabei als öffentliche Güter mit verdünnten Verfügungsrechten verstanden. Wie schon im Abschn. 3.2.1 dargestellt, zeichnen sich öffentliche Güter durch Nicht-Rivalität und Nicht-Ausschließbarkeit im Konsum aus, die mit externen Effekten verknüpft sind. Die verdünnten Verfügungsrechte ergeben sich aus den vertraglichen Beziehungen zwischen den AkteurInnen. So können Urheberrechte als spezielle Form von Verfügungsrechten meist nur über vermittelnde Instanzen (Intermediäre) wirtschaftlich verwertet werden, wodurch Nutzungsrechte an den Werken eingeräumt werden müssen (z. B. an Verlage). Wenn aber Verfügungsrechte nicht mehr in einer Hand gebündelt sind, sondern unter verschiedenen AkteurInnen verteilt sind, spricht man auch von verdünnten Verfügungsrechten.

Aufgeteilt werden die Verfügungsrechte über Verträge (Rothärmel 2007, S. 110–113), die ein wesentlicher Teil des Leistungserstellungsprozesses aber auch Voraussetzung für Transaktionen im Kulturbereich sind. Somit können institutionenökonomische Ansätze wie der Property-Rights-Ansatz, der Transaktionskostenansatz und der Principle-Agent-Ansatz, der Informationsasymmetrien zwischen MarktteilnehmerInnen als Ausgangspunkt der Analyse nimmt, für eine Kulturmanagement-Theorie fruchtbar gemacht werden. In allen Kulturbetrieben spielen Verfügungsrechte eine Rolle, ob es sich nun um materielle Güter (z. B. Gemälde) oder immaterielle Güter (z. B. Werke der Musik oder Literatur) handelt. Diese Verfügungsrechte werden vertraglich über Transaktionen wirtschaftlich verwertet, was wiederum die Frage nach Transaktionskosten und Transaktionsunsicherheit aufwirft. Schließlich besteht zwischen MarktakteurInnen Informationsasymmetrie, die zu Marktversagen führen kann. Rothärmel (2007, S. 152) kommt in ihrer Analyse des Leistungserstellungsprozesses in Kulturbetrieben zum Schluss: *„Eine Anwendung der institutionenökonomischen Analysemethoden bietet sich bei vielen betriebswirtschaftlichen Fragestellungen an, die unmittelbar mit dem Unternehmen und seinen Transaktionspartnern zusammenhängen."* So spielen institutionenökomische Ansätze zum Verständnis des Beschaffungsmanagements (Stichwort: Nutzung von Urheber- und Leistungsschutzrechten) (ibid., S. 152–174), des Produktionsmanagements (Stichwort: künstlerische Beschäftigungsbeziehungen mit und in Kulturbetrieben) (ibid., S. 175–199) sowie des Absatzmanagements (Stichwort: Informationsasymmetrien bei Markttransaktionen) (ibid., S. 200–216) eine wesentliche Rolle. Rothärmel demonstriert auf diese Weise, dass Property Rights-, Transaktionskosten- und Principle-Agent-Ansätze, die in der Volkswirtschaftslehre entwickelt wurden, als Analyseinstrumente ins Kulturmanagement einfließen können, womit die Dichotomie zwischen Produktorientierung und Marktorientierung überwunden werden kann. Allerdings geht Rothärmel nicht konsequent einen Schritt weiter, indem sie die BWL-Fundierung des Kulturmanagements aufhebt und durch eine institutionentheoretische Fundierung ersetzt.

### 5.1.4.3 Martin Tröndle: Integriertes Kunst- und Kulturmanagement

Im Gegensatz zum Versuch, eine Theorie des Kulturmanagements von einem wirtschaftswissenschaftlichen Rahmen abzuleiten, geht Tröndle (2006) einen Schritt weiter. Er sieht in der modernen Systemtheorie, die ihren Ausgang im Kybernetik-Konzept von Norbert Wiener (1948) nahm, ein überdisziplinäres und ein *„einheitliches Denkgebäude"* (ibid., S. 19), das geeignet ist, die theoretische Grundlage für das Kulturmanagement zu liefern. Besonders nützlich sind dabei die Arbeiten zur soziologisch fundierten Organisationstheorie von Talcott Parsons (z. B. in Economy and Society, 1957), die in weiterer Folge von Niklas Luhmann (2000) zu einer allgemeinen Systemtheorie weiterentwickelt wurde.

Auf dieser theoretischen Basis analysiert Tröndle Kulturorganisationen als soziale Systeme, in denen fortlaufend Entscheidungen getroffen werden (müssen). Dabei lehnt Tröndle das betriebswirtschaftlich fundierte Entscheidungsmodell als zu quantitätsbezogen und realitätsfern ab, da in Kulturorganisationen auch ästhetische, kulturelle und soziologische Entscheidungsgegenstände von hoher Relevanz sind (ibid., S. 29). Systemtheoretisch gedacht, sind Entscheidungen soziale Konstrukte, die stets auf vorangegangene Entscheidungen referenzieren. Die Entscheidung selbst ist nicht beobachtbar, sondern nur das Ergebnis. Die aus der Entscheidung erwachsenden Konsequenzen sind die Prämissen für die nächsten Entscheidungen (ibid., S. 33). Im Luhmannschen Sinn organisiert sich eine Organisation selbstreferentiell über Entscheidungen. *„Aus systemtheoretischer Perspektive geht es der Organisation nur vordergründig um die Erfüllung ihrer Aufgaben, in Wirklichkeit geht es um die Fortführbarkeit der Entscheidung, also um den Systemerhalt"* (ibid.). Das Entscheiden schließt somit die Organisation von seiner Umwelt ab, indem sie eine Grenze zwischen sich und der Umwelt zieht. Dabei ordnet sie die Sach-, Personal- und Finanzmittel, um den kommunikativen Zusammenhang zum Entscheidungsprozess herzustellen. Sie verkoppelt auf diese Weise Prozesse (Entscheiden) und Strukturen (Betriebsmittel). Die Organisation (z. B. ein Theater) produziert somit das, was beobachtbar wird: Spielpläne, Spielstätten, Aufführungen, Organigramme etc. (ibid., S. 34). Organisationen grenzen sich über Entscheidungen nicht nur von ihrer Umwelt ab, sondern sie entscheiden auch, was zu entscheiden ist. D. h. jede Entscheidung führt zu Anschlussentscheidungen und somit kann sich die Organisation selbst reproduzieren. Das wird in der Systemtheorie als „doppelte Schließung" bezeichnet. *„Auf der Ebene erster Schließung fällt die konkrete Entscheidung über Ein- und Ausschluss. Die zweite Schließung regelt die Regelung erster Schließung, als was überhaupt zur Entscheidungsdisposition gestellt wird."* (ibid., S. 34). Das ermöglicht eine Ordnung ohne ordnende Instanz und wird auch als Selbstorganisation bezeichnet (ibid., S. 40). Da aber nicht immer gleich entschieden wird, entwickelt sich die Organisation evolutionär mittels Selektion und Variation weiter, was als organisatorischer Wandel verstanden werden kann (ibid., S. 43).

Nun unterscheiden sich Kulturorganisationen von anderen Organisationen (wirtschaftliche, politische, rechtliche etc.) durch eine andere Leitdifferenz auf Ebene der zweiten Schließung. Während Wirtschaftsorganisationen sich entlang der Leitdifferenz Zahlung/Nicht-Zahlung ausprägen und Rechtsorganisationen entlang der Differenz Recht/Unrecht, ist es bei Kulturorganisationen die ästhetische Leitdifferenz. *„Kulturorganisationen müssen zwar ebenfalls finanzielle, rechtliche, moralische und andere Kriterien bei der Entscheidungsfindung berücksichtigen, aber das Phänomen, über das zu entscheiden ist, nämlich Kunst, lässt sich nur mit ästhetisch-emotionalen Differenzen beobachten"* (ibid., S. 52). An dieser ästhetisch-emotionalen Leitdifferenz knüpft nun das Kulturmanagement an, indem alle Entscheidungen in der Organisation darauf bezogen werden. Da sich Kulturorganisationen, um überleben zu können, sich an eine ständig verändernde Umwelt anpassen müssen, ist es die zentrale Aufgabe des Kulturmanagements, *„(...) die Lernfähigkeit und Selbstreflexionsfähigkeit des Kulturbetriebes zu erhöhen (...)"* (ibid., S. 66). Dazu bedarf es aber nicht nur betriebswirtschaftlicher Kompetenzen, sondern auch und vor allem künstlerischer und spartenspezifischer Kenntnisse (ibid.).

### 5.1.4.4 Karen van der Berg: Postaffirmatives Kulturmanagement

In ihrem Beitrag für das Jahrbuch für Kulturmanagement 2009 bemängelt Karen van der Berg, dass die Frage nach Macht und die Machtkritik, die in den Kulturwissenschaften schon ausführlich thematisiert wurde, im Kulturmanagement-Diskurs bis auf ein paar Ausnahmen kein Thema sind. Deshalb stellt sie in ihrem Beitrag vier

## 5.1 Eine kurze Geschichte der Kulturmanagement-Theorie(n)

Argumentationen vor, die „*(...) das Verhältnis zwischen Management, Kultur und künstlerischer Praxis anders bestimmen und damit auch eine neue Begriffspolitik nahelegen.*" (van der Berg 2009, S. 101).

Die erste Argumentation lehnt sich an den Vorschlag des Soziologen Zygmunt Baumans an, Kultur und Management nicht als unabhängige Bereiche zu verstehen, sondern als zwei Seiten ein und desselben Phänomens und zwar als die Idee der Verbesserung der Welt (Bauman 2007, S. 214). Bereits der historische Kulturbegriff – das Kultivieren von Land – impliziert, dass Kultur immer auch gelenkt oder nach dem modernen Diktum gemanagt werden muss. Diese Vorstellung hat aber auch machtpolitische Implikationen, weil Kultur und Management in einer dialektischen Beziehung stehen oder nach Bauman „*zwei zerstrittene Brüder*" (ibid., S. 227) sind. Es lassen sich nun drei verschiedene Regimes zwischen Kultur und Management identifizieren: 1) Der klassische Kulturbegriff, der bestehende Wert- und Verhaltensmuster aufrechterhalten will, womit dem Kulturmanagement eine stabilisierende Funktion zukommt. 2) Kultur als Instanz des Selbstzweifels, wodurch ein Antagonismus zwischen Kultur und Management entsteht. Dennoch braucht die Kultur das Management, um sich der Ordnung, die das Management erzeugt, entgegenstellen zu können. 3) Das Management instrumentalisiert Kultur, indem die Produktion von Unsicherheit und Selbstkritik zum allgemeinen Marktprinzip erhoben wird. „*Kultur bietet keine Werte und Orientierungsmuster mehr an, sondern dient in diesem Regime der Irritation, Verflüchtigung, Beschleunigung, Diskontinuität und dem Vergessen (Bauman 2007, S. 228), sodass der Markt zur einzigen Orientierung wird*" (van der Berg 2009, S. 103). In allen drei Regimen aber bedeutet Management die Unterdrückung von Kultur.

In ihrer zweiten Argumentation greift van der Berg ähnlich wie Tröndle auf die Luhmannsche Systemtheorie zurück, wobei sie auf Luhmanns „Gesellschaft der Gesellschaft" (1997) referenziert. Danach ist Kultur für die Gesellschaft das Instrument der Selbstbeobachtung, wobei der Kulturbegriff ambivalent ist, d. h. er impliziert stets die Selbstverortung in der eigenen Kultur und in einem historischen Kulturrelativismus (Luhmann 1997b, S. 881). Daraus ergibt sich für das Kulturmanagement die paradoxe Situation, dass es sich – da kulturell verortet – selbst überwinden müsste, um sich selbst reflektieren zu können. „*Diese Merkwürdigkeit, dass Kultur einerseits Relativismus, Selbstzweifel, Kritik und Kontingenz immer schon einschließt und genau deshalb Sinnfestlegungen bieten muss, sich aber dennoch andererseits nie ganz auf diese machtvollen Sinnfestlegungen einlassen darf, umreißt das ganze Dilemma kulturmanagerialen Handelns.*" (van der Berg 2009, S. 108–109).

Die dritte Argumentation leitet sich von der Kapitalismuskritik und dem Diskurs über die Ökonomisierung von Kunst und Kultur ab, wodurch Kulturmanagement als Ideologie aufgefasst wird, um herrschende soziale Ungleichheiten entweder zu überdecken oder zu legitimieren. Kultur muss sich nach diesem Diktum den Marktgesetzen unterordnen und dient zur Reproduktion sozialer Ungleichheit (siehe Boltanski und Chiapello 2006). Nach dieser Vorstellung löst Kulturmanagement keine Probleme, sondern bringt neue Probleme hervor.

In der vierten Argumentation versucht Karen van der Berg dann, ein Kulturmanagement-Modell zu entwickeln, das die aufgezeigte Problematik der Stabilisierung von Herrschaftsverhältnissen durch das Kulturmanagement überwindet. Sie schlägt dabei vor, Kulturmanagement als Analyse künstlerischer Produktionsbedingungen zu verstehen, die auf die künstlerische Praxis rückwirken. *„Innerhalb des Kunst- und Kulturmanagements wird nicht einfach etwas organisiert, das als Sache konsistent wäre, sondern es wird stets etwas **als etwas** organisiert"* (van der Berg 2009, S. 118). Damit ist Kulturmanagement selbst Teil einer Kultur, und muss sich – ganz nach Luhmann – selbst reflektieren. Van der Berg (ibid., S. 119) bezeichnet das als ein „kontextsensibles postaffirmatives Kulturmanagement". Die KulturmanagerInnen werden in diesem Sinn nicht als Impresarios oder dienende DienstleisterInnen gesehen, sondern als kritische AgentInnen, die aus einem selbstkritischen Selbstverständnis heraus solidarisch und kooperativ mit den KünstlerInnen handeln. Dabei müssen sie in der Lage sein, Macht- und Herrschaftsverhältnisse im Kulturbereich zu analysieren und kritisch zu hinterfragen (ibid.).

Die in diesem Abschnitt besprochenen Ansätze einer selbständigen Kulturmanagement-Theorie bieten verschiedene Aspekte für eine Weiterentwicklung. Rothärmel zeigt auf, dass es sinnvoll ist, die Vernetzung zwischen den AkteurInnen im Kulturbereich mittels Institutionenökonomie zu analysieren und so den rein organisationalen Fokus zu erweitern. Tröndle bleibt zwar mit seiner Analyse auf die Organisation beschränkt, versucht aber den systemtheoretischen Zugang für das Kulturmanagement als Prozess der Entscheidungsfindung, der das Kulturell-Ästhetische mit dem Ökonomischen verknüpft, fruchtbar zu machen. Und schließlich zeigt Karen van der Berg auf, dass Macht- und Herrschaftsverhältnisse im Kulturmanagement stets mitzudenken sind. Alle drei Aspekten – Vernetzung von AkteurInnen, Verknüpfung Kultur und Wirtschaft und Macht- und Herrschaftsverhältnisse – müssen daher in einem Kulturmanagement-Konzept der Kulturbetriebslehre berücksichtigt werden.

## 5.2 Das Bild der KulturmanagerIn im Wandel

Brigit Mandel beschreibt in ihrem Beitrag „Kulturmanagementforschung" im Jahrbuch für Kulturmanagement 2009, wie sich das Rollenbild der KulturmanagerIn über die Zeit hinweg gewandelt hat. Das Rollenbild ist dabei eng mit dem zugrunde liegenden Kulturmanagement-Konzept verknüpft. So ergibt sich aus dem funktionalen Kulturmanagementansatz das Bild der RationalisiererIn, die nach betriebswirtschaftlichem Kalkül Entscheidungen trifft und deren Hauptaufgabe es ist, für effiziente Betriebsabläufe und -strukturen zu sorgen (z. B. Schreyögg 1993; Schneidewind 2006). Die KulturmanagerInnen müssen sich daher in erster Linie der in der BWL ausgearbeiteten Instrumente und Methoden bedienen, um das Effizienzziel zu erreichen (z. B. Hausmann und Helm 2006).

Aber bereits zu Beginn des wissenschaftlichen Diskurses über das Kulturmanagement wurde bereits darauf hingewiesen, dass theoretisch und praktisch erlangtes Fachwissen für eine KulturmanagerIn keineswegs ausreicht (z. B. Rauhe in seinem Beitrag „Was zeichnet einen Kulturmanager aus?" in Look 1991). Seiner Meinung nach bedarf es *„(...) vielmehr jener ungreifbaren und schwer zu beschreibenden ‚Managerqualitäten', die eigentlich nicht lehrbar sind, weil sie in den Bereich der ‚Kunst' fallen, jenes kreativen, intuitiven, visionären, rational schwer beschreibbaren Bereiches, der auch den großen Pädagogen und praktizierenden Theologen ausmacht"* (Rauhe 1991, S. 256). Allerdings wurde in den 1990er-Jahren der Fokus auf den öffentlichen und somit subventionierten Kunst- und Kultursektor gerichtet, was dazu geführt hat, die KulturmanagerIn als Kunst- und KulturadministratorIn zu sehen, die sich betriebswirtschaftlicher Methoden bedienen soll, um die Kameralistik zu überwinden. Inhaltlich sollte sich eine solche „KulturbürokratIn" aus inhaltlichen Fragen des Kunstschaffens heraushalten (Heinrichs 1999; Klein 2008).

Dem setzte Bendixen schon früh das Bild der KulturmanagerIn als *„rationale Systemlenker und konstruktive Unruhestifter"* entgegen. *„Sie versuchen auf der einen Seite, Prozesse beherrschbar zu machen und sie zielorientiert zu formen. Auf der anderen Seite aber streben sie nach Innovationen nicht zuletzt deshalb, weil die durch Rationalität erzeugten Stetigkeiten und Gleichförmigkeiten einen Grad an Routine erreichen können, der unflexibel macht und ästhetisch gesehen eine Monotonie hervorbringt, von der sich der Markt abwenden könnte wie von einem abgeleierten Schlager"* (Bendixen 2002, S. 112).

Allerdings blendete ein Großteil der Kulturmanagement-Ansätze der 1990er-Jahre den marktwirtschaftlich organisierten Kulturbetrieb – die Cultural

Industries – aus. Bendixen (ibid.) ging dabei so weit zu fordern, dass der Kultursektor vom Markt geschützt und seine Autonomie gewahrt bleiben müsste. Zu einer Verbreiterung des Rollenbildes der KulturmanagerInnen trug die Erkenntnis bei, dass sich Kunst und Kultur durch Besonderheiten auszeichne, die in anderen Sektoren nicht zu finden sind wie z. B. die Symbolhaftigkeit von Kultur, die (scheinbare) Zweckfreiheit, die Dialoghaftigkeit, die Prozessorientierung, das Ephemere, die intrinsische Motivation der Beteiligten usw. (vgl. Mandel 2009, S. 16). Mit dieser Sichtweise rückte das Spannungsverhältnis zwischen Wirtschaft und Kultur ins Zentrum der Analyse. KulturmanagerInnen wurden somit nicht mehr als dienende AkteurInnen gesehen, die Kunst und Kultur ermöglichen sollen, sondern als GestalterInnen, die Teil eines kollektiven Prozesses des Kunstschaffens und der Kunstrezeption sind. Diese Gestaltungsaufgabe muss allerdings bewusst und offensiv reflektiert werden (ibid.). Bei Tröndle (2006) sind die KulturmanagerInnen EntscheidungsträgerInnen in Kulturorganisationen, die mithilfe der ästhetisch-emotionalen Leitdifferenz die Anpassung an eine sich ständig verändernde Umwelt bewerkstelligen müssen.

Van der Berg (2008) reicht diese reine Anpassungsleistung durch die KulturmanagerInnen nicht aus, sondern sie postuliert das aktive Mitgestalten von Rahmenbedingungen. Ähnlich auch Hoppe und Heinze (2015, S. 41), die die KulturmanagerIn als GrenzgängerIn definieren, die fähig sein muss „(...) *in unterschiedlichen Kontexten zu denken, durch inkongruente Perspektiven Felder unter Spannung und in Bewegung zu setzen.*" Die Schwierigkeit besteht darin, dass eine KulturmanagerIn in das autonome System Kunst eingreifen muss, ohne die Autonomie zu zerstören (ibid.). Und in Anlehnung an das Sinnkonzept von Cassirer versteht Lüddemann (2008, S. 74) KulturmanagerInnen als Fachkräfte für die Arbeit an Texturen des Sinns, womit sie mehr sind „(...) *als Gestalter einer nur ökonomisch gedachten Effizienz im kulturellen Bereich*".

Die genannten Konzepte gehen von einer personalen Trennung von KünstlerIn und KulturmanagerIn aus. Im Laufe der digitalen Revolution in den frühen 2000er-Jahren wurde allerdings sichtbar, dass die Kunst- und Kulturschaffenden ins Zentrum der Wertschöpfung – nicht zuletzt in den von der Kulturmanagementforschung lange vernachlässigten Kulturindustrien – rückten und somit selbst vermehrt Managementfunktionen übernehmen mussten (Tschmuck 2013). Diese Entwicklung hat zu einer Explosion der Ratgeberliteratur geführt, die zur Eigenermächtigung der Kulturschaffenden aufruft. Als Kehrseite der Medaille entstanden auch Arbeiten zum neuen Prekariat im Kulturbereich, die vor allem einen sozial- und kulturpolitischen Fokus aufweisen. Erst sehr spät hat sich auch die Kulturmanagementforschung dieses Themas angenommen.

## 5.2 Das Bild der KulturmanagerIn im Wandel

Saskia Reither publizierte 2012 mit „Kultur als Unternehmen. Selbstmanagement und unternehmerischer Geist im Kulturbetrieb" eine umfassende Analyse zum Selbstmanagement von KünstlerInnen. Sie bezieht sich dabei auf den Begriff des Cultural Entrepreneurships, den Ruth Rentschler 1999 erstmals auf den Non-Profit-Kultursektor übertrug. Allerdings sind es bei Rentschler die EntscheidungsträgerInnen in Museen, Theatern, Konzerthäusern, die sich unternehmerischer Fertigkeiten bedienten sollen, um eine Kulturorganisation zu leiten („cultural entrepreneurship"). Themen wie Kreativität und Innovation werden damit für die Kulturmanagementforschung von Bedeutung. Das ausführlichste Konzept hat Carla Walter (2015) entwickelt, wobei sie zwischen Entrepreneurship, das vor allem wirtschaftlich ausgerichtet ist und Culturalpreneurship, das auf den künstlerischen Schaffensprozess gerichtet ist, unterscheidet. Reither bezieht nun dieses Konzept auf die KünstlerInnen selbst, indem sie das Bild der UnternehmenskünstlerIn zeichnet (Reither 2012, S. 104). Diese muss sich selbst managen und vermarkten, um beruflich wie auch existenziell bestehen zu können. Dabei sieht sie diese Entwicklung durchaus kritisch, weil die Selbstausbeutung und das Prekariat zum Standardmodell erhoben werden. Sie stellt diesem künstlerischen Einzelgängertum daher das Bild der Selbstorganisation in kollektiven Arbeitsprozessen (Reither 2012, S. 112) gegenüber, das *„(...) die Möglichkeit zu selbstbestimmtem Handeln, die Möglichkeit, den absorbierenden neoliberalen Arbeitsformen mit einer eigenen alternativen Produktionsökonomie zu begegnen und in dieser kritikfähig zu bleiben (...)"* eröffnet.

Auch Mandel beschäftigte sich schon sehr früh mit den neuen Arbeitsbedingungen für Kunst- und Kulturschaffende und sieht in *„Kreativität, Flexibilität, mentale und physische Mobilität, Kommunikationsfähigkeit, Teamfähigkeit, Durchsetzungsvermögen, Durchhaltevermögen und vor allem auch eigene Visionen und die persönliche Leidenschaft für das eigene Unternehmens-Projekt"* die wichtigsten Schlüsselqualifikationen für „kulturelle KleinunternehmerInnen" (Mandel 2007, S. 51). Ähnlich gelagert ist das Konzept der ArtrepreneurIn, die sich bereits in der künstlerischen Ausbildung auch unternehmerische Fertigkeiten aneignen muss, damit sie auf den hoch kompetitiven Kunstmärkten bestehen kann (Engelmann et al. 2012).

Das Bild der KulturmanagerIn hat sich also seit dem Beginn der Kulturmanagementforschung stark gewandelt. Standen ursprünglich EntscheidungsträgerInnen im öffentlich finanzierten Kultursektor als KulturbürokratInnen, Schnittstellen-ManagerInnen, Kultur-ErmöglicherInnen im Zentrum der Betrachtung, wurden die KulturmanagerInnen später als Kultur-GestalterInnen und CulturalpreneurInnen angesehen. Schließlich hat sich dann noch der Fokus auf die KünstlerInnen selbst erweitert, die Managementfertigkeiten haben müssen, um wirtschaftlich bestehen zu können, womit das Selbstmanagement und das Artrepreneurship zum Thema wurden.

## 5.3 Das kulturbetriebliche Kulturmanagement

### 5.3.1 Kultur und Organisation als Differenz

Hasitschka (2018, S. 105) sieht bei Kulturbetrieben, und hier ist die Organisation auf Mikroebene gemeint, eine Differenz in der ökonomischen und kulturellen Eigenlogik von Rationalität, wobei zwischen dem „Warum etwas gemacht werden soll?" (Kern-Rationalität) und dem „Wie etwas gemacht werden soll?" (phänomenologische Rationalität) unterschieden werden muss. In der Organisation geht es um die Zweckrationalität im Sinne einer Mittel-Zweck-Beziehung, die möglichst effizient durch Reduktion von Komplexität, Stabilisierung von Erwartung und Herstellung von Regelmäßigkeit (Ordnung) gestaltet und durch quantitative Evaluierung der Zielerreichung überprüft werden soll. Demgegenüber zeichnet sich die Kultur durch Wertrationalität aus und stellt die Zweck-Ziel-Beziehung in den Mittelpunkt, die durch Sinnstiftung, Komplexitätserhöhung, Erwartungsstörung, Kreativität gestaltet und durch qualitative Evaluierung stabilisiert wird. Die Differenz zwischen Organisation und Kultur kennzeichnet auch die Frage „Wie etwas gemacht werden soll?" In der Kultur geht es um die Gestaltung von Inhalten, sie sucht Ziele und öffnet dadurch Möglichkeitsräume, was Offenheit und Flexibilität voraussetzt. Kultur ist heuristisch, schwer plan- und kalkulierbar, spielerisch, vermittelt sich über Symbole und setzt am Menschenbild der Homo culturalis an (ibid.). Organisation hat hingegen eine formende Funktion und dient der Suche nach den Mitteln zur Zielerreichung. Organisation engt Möglichkeitsräume ein und muss zwangsläufig eine bürokratische Form annehmen. Organisation ist axiomatisch, plan- und kalkulierbar und stellt eine immer wiederkehrende Praxis dar (Tendenz zur Standardisierung und Routinisierung), die sich in Arbeit manifestiert und dem Menschenbild des Homo oeconomicus entspricht (ibid.).

Diese Differenzen in den organisatorischen und kulturellen Rationalitäten sollen aber nicht den Eindruck vermitteln, dass es sich um unüberbrückbare Dualitäten handelt, sondern „*Kulturbetriebe formieren sich grundlegend in permanenter und zyklischer Interaktion zwischen Kultur und Organisation.*" (ibid., S. 145). Interaktionen sind dabei „*als wechselseitige Kausalitäten zwischen individuellen, kollektiven oder natürlichen Systemen und Objekten*" zu verstehen und können komplementär, indifferent und konfliktär sein (ibid.).

Daran knüpft sich nun die Aufgabe, mit diesen Interaktionen im Kulturbetrieb umzugehen und diese zu gestalten. An dieser Stelle können nun Überlegungen zu einem Kulturmanagement der Kulturbetriebslehre bzw. zu einem kulturbetrieblichen Kulturmanagement ansetzen. Dort, wo zwischen Kultur und Organisation

## 5.3 Das kulturbetriebliche Kulturmanagement

Indifferenz besteht, ist kein Handlungsbedarf aus Sicht des kulturbetrieblichen Kulturmanagements gegeben. Erstrebenswert sind hingegen Komplementaritäten zwischen Kultur und Organisation auszunutzen und, wenn möglich, diese herzustellen. In positiven Feedbackprozessen kann durch eine Effizienzsteigerung auch die Qualität der kulturellen Leistung sowie Leistungserstellung und -verbreitung gesteigert werden (ibid., S. 145). Ein solcher konkreter Fall wurde im Fallbeispiel zur Versteigerung von Banksys Gemälde bei Sotheby's beschrieben, die kulturelle und ökonomische Wertsteigerungen in Wechselwirkung darstellt.

Kommt es hingegen zu negativem Feedback – d. h. eine Qualitätsverbesserung führt zu Effizienzeinbußen – könnte das ein Hinweis auf eine konfliktäre Interaktion sein. Negatives Feedback war am Werk, als sich das Woodstock-Festival von einem kommerziellen Event in ein öffentliches Gut mit hoher kultureller Signifikanz gewandelt hat und es den Veranstaltern nur mehr darum ging, das größte Chaos und eine daraus erwachsende Katastrophe zu vermeiden (siehe dazu das Fallbeispiel zu Woodstock).

Kulturbetriebliches Kulturmanagement setzt genau an der Stelle konfliktärer Interaktionsbewältigung an, die im Idealfall zur Lösung des Konflikts führt. Hasitschka (2018, S. 146–152) diskutiert ausführlich mögliche Konfliktlösungsansätze. So kann ein Konflikt über Vernunft und mithilfe rationaler Argumente, d. h. faktenbasiert, gelöst werden. Systemtheoretisch kann versucht werden, Differenzen, konkret zwischen Kultur und Nicht-Kultur, durch einen Perspektivenwechsel zu verstehen und einer Entscheidung zweiten Grades auf der Metaebene vorläufig zu entscheiden. *„So wird aus Sicht der Kulturbetriebslehre auf der gleichberechtigten Differenz von Kultur und Organisation bestanden, deren Einheit die konkrete Handlung als vorläufige Entscheidung einer Konfliktsituation darstellt"* (ibid., S. 148).

Da Differenzen auf Unterscheidungen beruhen, die nicht immer klar, d. h. schwarz-weiß, sind, sondern in Form von Übergängen, d. h. in Graustufen, vorliegen, können Konflikte dadurch aufgelöst werden, indem nicht das Entweder-Oder, sondern auf Übergänge im Sinn des Sowohl-Als auch fokussiert wird und Ambiguitäten einfach akzeptiert werden.

Kulturbetriebliches Kulturmanagement schließt aber auch den Einsatz betriebswirtschaftlicher Instrumente zur Konfliktlösung nicht aus. Sie sind vor allem dort geboten, wo Entscheidungsalternativen bewertet und abgewogen werden müssen, wie in den Bereichen Informatik, Logistik sowie Rechnungswesen und Controlling.

Konflikte können aber auch dann auftreten, wenn zwei Ziele, die beide positiv bewertet werden, verfolgenswert erscheinen, aber in Konkurrenz zueinander stehen. Solche Zielkonflikte treten sehr häufig in der Kulturförderpolitik auf.

So können nicht alle Förderanträge aufgrund knapper Mittel in vollem Umfang genehmigt werden, auch wenn die Umsetzung der Projekte jeweils wünschenswert wäre. Als Ausweg wird dann gern das Gießkannen-Prinzip angewandt, um alle irgendwie bedingt zufriedenzustellen, ohne voll Zufriedenheit bei den Betroffenen herstellen zu können. Es gibt aber auch noch andere Entscheidungsmodelle wie den Aufschub von Entscheidungen, der Losentscheid oder das Delegieren der Entscheidung auf Dritte (z. B. Beiräte) (ibid., S. 149).

Ein weites Betätigungsfeld für das kulturbetriebliche Kulturmanagement sind Konflikte innerhalb von sozialen Gruppen, die durch Interessen- oder Ressourcenkonflikte ausgelöst werden können, die aber mit gruppendynamischen Methoden oder klar definierten Ressourcenzuteilungen (z. B. Budgetzuweisungen) gelöst werden können. Anders verhält es sich mit Wertekonflikten, die auf der Differenz zwischen Kultur und Organisation beruhen, die den dialektischen Umgang mit kulturellen und ökonomischen Werten erfordern (ibid. 150). Eine Möglichkeit besteht darin, das Netzwerk von sozialen AkteurInnen genauer zu analysieren (vgl. Latour 2007), um den Ursachen des Wertkonflikts nachzugehen. So hätte eine grundlegende Analyse der Motive zum Musik-Filesharing Anfang der 2000er-Jahre nicht nur den Wertkonflikt – digitale Gratiskultur (Stichwort Cultural Commons und Open Access) vs. wirtschaftliche Verwertungsinteressen der UrheberInnen und Leistungsschutzberechtigten – aufgezeigt, sondern auch die Vernetzung zwischen Musikproduktion und -distribution einerseits und der Musikrezeption andererseits. Es waren nämlich vor allem die IntensivkäuferInnen von physischen Musikprodukten (vor allem CDs), die auch Filesharing betrieben haben. Eine gute Netzwerkanalyse hätte dann wohl auch früher funktionierende Geschäftsmodelle wie das Musikstreaming ermöglicht, und es wäre nicht zur unsäglichen, massenhaften Abmahnungen von MusikkonsumentInnen gekommen (siehe Tschmuck 2012, S. 185–186).

Hasitschka (2018, S. 151–152) nennt noch die Arena als Raum der Auseinandersetzung und den Antagonismus, der als Gegensatz zwischen Gruppen, Organisationen, Subkulturen und Klassen bestehen kann, als Untersuchungsgegenstände der Kulturbetriebslehre und verweist auch auf die Notwendigkeit der Translation (Übersetzung) von unterschiedlichen Sprachmustern wenn KünstlerInnen und ManagerInnen aufeinandertreffen. Im Sinn von Kultur als Übersetzung (vgl. Bachmann-Medik 2006, S. 238) ist es wichtig zu erkennen, dass es nicht nur um Übersetzungen im sprachlichen Sinn geht, sondern in einem weiteren Sinn um die Übersetzung von Werten; im Fall der Kulturbetriebslehre um die Übersetzung von ökonomischen in kulturelle Werte und vice versa. Hierbei besteht, neben den bereits genannten Konfliktlösungsansätzen, die vordringlichste Aufgabe eines kulturbetrieblichen Kulturmanagements, das in seinen Grundzügen in Abschn. 5.3.2 noch ausgearbeitet werden soll.

## 5.3 Das kulturbetriebliche Kulturmanagement

An dieser Stelle sei noch erwähnt, dass eine Beschränkung des kulturbetrieblichen Kulturmanagements auf den Kulturbetrieb auf der Mikro- d. h. Organisationsebene nicht nötig ist, sondern, vor allem in seiner Analysefähigkeit auf die Makro- und somit institutionelle Ebene ausgeweitet werden kann. Das zeigen auch die oben angeführten Beispiele zur Kulturpolitik, die nicht nur eine Rahmenbedingung für den Kulturbetrieb als Organisation darstellt, sondern für diesen auch konstitutiv ist. Man denke nur an die Institution des Urheberrechts, das nicht nur Organisationsformen wie Verwertungsgesellschaften hervorgebracht hat, sondern auch, wie im Fallbeispiel dargestellt, ganze Industrien wie die Musik-, Film- und Medienindustrien bedingt. Neben der Rechtssetzung spielen aber auch die Förderpolitik, die Wettbewerbs- und Ordnungspolitik, die Sozialpolitik und natürlich die Kulturpolitik eine wesentliche Rolle sowohl auf der Mikro- als auch Makroebene der Kulturbetriebe.

### 5.3.2 Kulturbetriebliches Kulturmanagement als Prozess der Werte-Übersetzung

Folgt man den früheren Ausführungen, kann eine Theorie des kulturbetrieblichen Kulturmanagements nicht allein anwendungsbezogen sein. Die Kulturbetriebslehre versteht sich als die Wissenschaft von der Entstehung, Verbreitung, Vermittlung und Rezeption von Kulturgütern und untersucht dabei die Rolle institutioneller Settings in diesem Entstehungsprozess. Dabei müssen ökonomische und kulturelle Wertkonzepte gemeinsam gedacht werden. Der Ausgangspunkt der ökonomischen Wertentstehung ist die Schaffung von Knappheit. Kulturbetriebe, in dem Zusammenhang verstanden als organisatorische Einheiten, fungieren als Gatekeeper. In ihnen werden Entscheidungen darüber getroffen, welche Artefakte bzw. Handlungen in die Produktions-, Kommunikations-, Distributions-, Vermittlungs- und Rezeptionsprozesse inkludiert aber auch ausgeschlossen werden. Als EntscheidungsträgerInnen fungieren KulturmanagerInnen.

Management kann daher als fortlaufender Entscheidungsprozesse zur Planung, Organisation, Führung und Kontrolle von Tatbeständen und Prozessen in einer Organisation verstanden werden (siehe z. B. Schierenbeck 1998, S. 72). TheaterintendantInnen entscheiden darüber, welche Stücke in der nächste Saison zur Aufführung kommen, Konzerthaus-LeiterInnen legen ein jährliches Konzertprogramm fest, AusstellungskuratorInnen treffen eine Auswahl zwischen den gezeigten Objekten, VerlagsleiterInnen entscheiden darüber, welche Bücher publiziert werden, MusiklabelbetreiberInnen, welche Musik produziert wird usw. Diese Auswahlentscheidungen erzeugen Knappheit unter den Artefakten, die somit zu Kulturgütern mutieren, indem sie einen Tauschwert erhalten. Ihr kultureller Wert, der sich in ihrer Symbolhaftigkeit ausdrückt, bleibt aber weiterhin erhalten. Da Kulturgüter Träger von Bedeutung sind, muss diese Bedeutung auch auf den Tauschwert Rückwirkungen haben.

So erhalten Kunstwerke ihren kulturellen Wert durch ihre kunsthistorische Bedeutsamkeit, die im Netzwerk des Kunstbetriebs generiert wird. Solange aber ein solches Kunstwerk nicht in einen Tauschprozess eingeht, ist es ökonomisch betrachtet wertlos. Es besitzt aber einen hohen kulturellen Wert. Im konkreten Fall ist es die Institution Auktionsmarkt, in der der kulturelle Wert in einen ökonomischen Wert ÜBERSETZT wird. Die Übersetzung besteht darin, dass der Wert des Kunstwerks in einem ersten Schritt geschätzt und in einem zweiten Schritt in der Versteigerung durch Gebote konkretisiert wird. Sowohl im ersten als auch im zweiten Schritt gehen dabei kulturelle (Be)Wertungen ein.

Solche Werte-Übersetzungen finden nicht nur in Kunstauktionen statt, sondern ereignen sich ständig in Kulturbetrieben. Wenn darüber entschieden wird, welche Theaterproduktion durchgeführt werden soll, dann finden vielfach Übersetzungsprozesse im Theater aber auch gegenüber der Öffentlichkeit statt. Welche Stücke sind es wert aufgeführt zu werden und wie viele Eintrittskarten können verkauft werden? Je bekannter und kulturhistorisch relevanter eine DramatikerIn ist desto leichter lässt sich kultureller in ökonomischen Wert verwandeln. Das gleiche Prinzip findet sich bei Verlagen, Filmfirmen, Musiklabels, Medien, Einrichtungen zur Bewahrung des Kulturerbens, Museen usw. In all diesen Fällen wird Bedeutung in Tauschwerte übersetzt.

Damit sind wir beim Übersetzungs- bzw. Translationsbegriff, der von den Translationswissenschaften kommend, Verbreitung in der kulturwissenschaftlichen Forschung gefunden hat. So manche AutorInnen sehen sogar einen „translation turn", der die Kulturwissenschaften revolutioniert (z. B. Bachmann-Medick 2009a). Translation ist demnach nicht nur eine möglichst sinngetreue Übertragung eines Textes von einer Sprache in eine andere, sondern berücksichtigt auch die sozialen und kulturellen Kontexte, in denen Texte entstanden sind. *„Übersetzung bedeutet damit umfassendere Übertragung fremder Denkweisen, Weltbilder und differenter Praktiken"* (Bachmann-Medick 2009b, S. 243). Der Translationsbegriff reicht aber noch weiter. *„Kultur selbst wird als ein Prozess der Übersetzung verstanden"* (ibid., S. 247). Diese Vorstellung hat der Theoretiker der Post Colonial-Studies Homi Bhabha in den kulturwissenschaftlichen Diskurs eingebracht. Zentral ist dabei der Begriff der Hybridität, indem Bedeutungen durch andersartige Interpretation und Verwendung verschoben werden. Die ursprüngliche Bedeutung geht dabei nicht verloren, sondern wird

## 5.3 Das kulturbetriebliche Kulturmanagement

durch Umdeutung überlagert. So entsteht Differenz, die interpretiert werden muss (Bhabha 2000, S. 151–181).

Diese Bedeutungsdifferenz lässt sich auch bei Kulturgütern feststellen. Auch wenn sich kultureller und ökonomischer Wert bedingen, so haben sie unterschiedliche Bedeutung. Während der ökonomische Wert immer auf den Tauschakt verweist, weist der kulturelle Wert weit darüber hinaus. Dadurch entsteht ein Spannungsverhältnis, das mit dem Schlagwort „Kommerzialisierung" meist negativ konnotiert wird. Dabei wird aber übersehen, dass kultureller Wert stets mit ökonomischem Wert verbunden ist. Bei einem Gemälde, das im Museum an der Wand hängt, mag der kulturelle Wert im Vordergrund sein, aber der ökonomische Wert ist potenziell präsent. Das ist dann zu bemerken, wenn das Gemälde ein anderes Museum für eine Sonderausstellung verliehen wird und entsprechende Kosten zu seinem Schutz anfallen.

KulturmanagerInnen fällt nun die Aufgabe zu, die Differenz, die zwischen kulturellem und ökonomischem Wert vorhanden ist, zu übersetzen und zu deuten. Eine KuratorIn kann nicht nur rein kunsthistorische Überlegungen bei der Gestaltung einer Ausstellung anstellen, sie muss auch das Publikum und andere RezipientInnen berücksichtigen. Kein Museum legitimiert sich allein durch den kulturellen Auftrag, den es zu erfüllen hat, sondern muss sich stets auch mit BesucherInnenzahlen rechtfertigen.

In jedem Kulturbetrieb ist man also damit befasst, kulturellen in ökonomischen Wert zu übersetzen und letzteren wieder zurückzuübersetzen. Wie viele Einnahmen können mit einer Sonderausstellung erzielt werden? Wie viele zahlende BesucherInnen kommen in die Vorstellung? Wie viele LeserInnen kaufen ein bestimmtes Buch? Stets wird kultureller Wert in ökonomischen Wert umgewandelt. Und wenn die Ausstellung überlaufen ist, die Vorstellung ausverkauft und das Buch wieder aufgelegt werden muss, dann wirkt der ökonomische Wert auf den kulturellen zurück. Erst als die Gemälde Van Goghs am Kunstmarkt immer höhere Preise erzielten, stieg auch das kulturelle Prestige seines Werkschaffens. Erst die Wiederentdeckung und Wiederaufführung des Werks von Johann Sebastian Bachs im 19. Jahrhundert hat es kulturell so bedeutsam gemacht. Und welchen kulturellen Stellenwert hätten die Beatles heute, wenn sie nicht so viele Schallplatten verkauft hätten? Kultureller Wert ist ohne ökonomischen gar nicht denkbar, da in jedem Kulturgut beide gleichzeitig angelegt sind und sich gegenseitig bedingen.

Die Übersetzung findet aber nicht allein zwischen kulturellem und ökonomischem Wert statt, sondern hat auch eine Zeitkomponente. So argumentiert Bhabha (2000, S. 35, zit. in Buden 2003, S. 66), dass das künstlerisch Neue in einem Prozess des Übersetzens zwischen Vergangenheit und Gegenwart entsteht.

Die Bedeutung eines Theaterstücks von Shakespeare, eines Gemäldes von Rembrandt in einer Ausstellung oder eine Operninszenierung einer Verdi-Oper kann immer nur im hier und jetzt entstehen, aber KulturmanagerInnen fällt die Aufgabe zu, Bedeutungszusammenhänge mit der Vergangenheit, d. h. mit dem Kontext der Werkentstehung und der Werkrezeption herzustellen.

Fassen wir zusammen: Kulturmanagement ist ein fortlaufender Entscheidungsprozess, wie knappe Ressourcen verteilt und eingesetzt werden, der auf der Translation von kulturellen in ökonomischen Wert und vice versa beruht. KulturmanagerInnen können daher als Werte-ÜbersetzerInnen interpretiert werden, die das Spannungsverhältnis zwischen kulturellem und ökonomischem Wert deuten und ständig auszugleichen versuchen. Ein Balanceakt, der aber nicht immer gelingt. KulturmanagerInnen sollten daher nicht nur Kenntnis von einer Sphäre – der kulturellen oder ökonomischen – haben, sondern von beiden, da kultureller und ökonomischer Wert untrennbar miteinander verbunden sind. Dabei ist egal, in welchen Betriebstypen der Übersetzungsprozess abläuft. Es können Verwaltungseinheiten sein (Kunst- und Kulturverwaltung), staatlich subventionierte Kulturorganisationen (z. B. Sprech- und Musiktheater oder Museen), Non-Profit-Organisationen (z. B. Kulturvereine), privatwirtschaftlich organisierte Unternehmen (z. B. Galerien, TV- und Filmfirmen, Radiostationen, Buchverlage, Labels) aber auch einzelne Kunst- und Kulturschaffende, die die Übersetzungsleistung in ihrem eigenen tagtäglichen Tun leisten müssen. So gesehen, spielt sich Kulturmanagement auf vielen Ebenen und in vielen Kontexten ab und ist, sofern es um die Hervorbringung, Verbreitung und Vermittlung von Kulturgütern handelt, ein zentraler Gegenstandsbereich der Kulturbetriebslehre, die – und das ist wichtig zu betonen – eben keine „angewandte" oder „spezielle Betriebswirtschaftslehre" ist (vgl. Schreyögg 1993, S. 27), sondern eine Inter- und Transdiszplin an der Schnittstelle vieler Wissenschaften.

# Die Kulturbetriebslehre als Transdisziplin: Ein Ausblick

## 6.1 Theoretische Überlegungen

Wie bereits ausführlich dargelegt wurde, ist die Kulturbetriebslehre keine auf den Kulturbereich angewandte Betriebswirtschaftslehre. Sie ist aber auch mehr als ein neuer Ansatz des Kulturmanagements. Das Kulturmanagement ist ein Teilbereich, in dem die in der Kulturbetriebslehre gewonnenen Erkenntnisse über die Entstehung, Verbreitung, Vermittlung und Rezeption von Kulturgütern und die Funktionsweise von Kulturbetrieben einfließen. Und die Kulturbetriebslehre ist auch kein neues kulturwissenschaftliches Fach, obwohl kulturwissenschaftliche Aspekte in den Forschungsansatz einfließen, so wie es aber auch wirtschaftswissenschaftliche, rechtswissenschaftliche, soziologische etc. Aspekte tun.

Kulturgüter zeichnen sich durch eine Doppel- bzw. Janusgesichtigkeit aus. Einerseits sind sie Symbole und somit Repräsentanten einer bestimmten Kultur und stiften Sinn, andererseits aber auch Wirtschaftsgüter, die auf Märkten gehandelt werden können. Dabei geht es nicht darum, eine Dichotomie – Kultur vs. Wirtschaft[1] – zu erklären, sondern die unvermeidliche Wechselwirkung zwischen der kulturellen und ökonomischen Komponente in Kulturgütern aufzuzeigen und zu analysieren. Je nach Kontext tritt eine der beiden Komponenten in den Vordergrund, ohne dass die andere dabei ganz verschwindet. Es findet also zu jeder Zeit eine Wechselwirkung zwischen ökonomischer und kultureller Komponente statt, die Gegenstand kulturbetrieblicher Forschung ist.

---

[1] Eine dichotome Sichtweise ist schon allein deswegen nicht angebracht, da wirtschaftliche Prozesse aus dem Kulturellen heraus erwachsen und selbst Teil der Kultur sind.

Hasitschka et al. (2005, S. 147–148) schlagen als Forschungsfokus daher folgende vier Bereiche vor:

1. Die Erklärung des Formationsprozesses von Kulturgütern als bedeutungsvolle, symbolisch aufgeladene Entitäten, und ihre Transformation zu Gegenständen von ökonomischen Tauschakten.
2. Die Analyse jener kulturellen Praktiken und ihrer institutionellen Einbettung, die die Hervorbringung und den Umgang mit Kulturgütern konstitutiv und regulativ prägen.
3. Die Erforschung der spezifischen Merkmale von Kulturbetrieben als organisatorische Einheiten.
4. Die Untersuchung der gesellschaftlichen Organisation von Kunst- und Kulturberufen sowie anderer Aktivitäten (Kunstrezeption, Kunstvermittlung, Kunstausbildung etc.).

Um dieses Forschungsprogramm umzusetzen, bedarf es einer disziplinenübergreifenden Vorgangsweise, die der Kulturbetriebslehre einen transdisziplinären Forschungsansatz nahelegt. Während bei der Interdisziplinarität ein Forschungsgegenstand von unabhängigen Wissenschaftsdisziplinen auf Augenhöhe gemeinsam betrachtet wird, um neue wissenschaftliche Erkenntnisse zu gewinnen, so überschreitet die Transdisziplinarität die einzelnen Disziplinengrenzen mit dem Ziel, integrativ zu forschen (siehe Mittelstraß 2004, 4, S. 329). Da sich die Kulturbetriebslehre mit dem Symbolhaften beschäftigt, empfiehlt Hasitschka (2018, S. 221) „(…) *auf die gesamte Bandbreite an theoretischen und empirischen kulturwissenschaftlichen Erkenntnissen und Methoden zurückzugreifen.*" Aus dieser Perspektive kommt vor allem der Kulturphilosophie und Kultursoziologie eine wichtige Rolle zu. Aber auch die Musikwissenschaft, Theater- und Filmwissenschaft, Kunstwissenschaft, Literaturwissenschaft, Religionswissenschaft um nur einige sogenannte „Geisteswissenschaften" zu nennen, bieten wichtige Theorie- und Methodenansätze an, die von der Kulturbetriebslehre zum besseren Verständnis der Entstehung, Verbreitung, Vermittlung und Rezeption von Kulturgütern aufgegriffen werden sollten.

Beispielsweise stellt Tschmuck (2003) in „Kreativität und Innovation der Musikindustrie" die Frage, warum sich Musik als ästhetische Ausdrucksform im 20. Jahrhundert mehrmals radikal innovativ verändert hat, man denke nur an den Jazz, Rock ‚n' Roll und an die vielen Ausprägungen der Pop- und Rockmusik in der zweiten Hälfte des 20. Jahrhunderts. Hierbei ist es wichtig, auf die Erkenntnisse der Musikwissenschaft und ganz konkret der Popularmusikforschung zurückzugreifen. Bis zu einem gewissen Grad ist es daher auch notwendig, in

## 6.1 Theoretische Überlegungen

diese Wissenschaftsdisziplin vorzudringen und sich auch ihrer Methodik zu bedienen. Gleichzeitig können solche ästhetischen Brüche nur vor den Hintergrund wirtschaftlicher, sozialer und auch rechtlicher Veränderungen analysiert werden. Es braucht daher auch ein Verständnis der Ökonomik, um makroökonomische Prozesse fassen zu können, aber auch die Betriebswirtschaftslehre, z. B. in Form der behavioristischen Organisationstheorie, liefert nützliche Erkenntnisse. Da es sich um soziale Veränderungen handelt, kommt der soziologischen Forschung eine besondere Bedeutung zu, konkret wäre hier der Production-of-Culture-Ansatz von Peterson (1982, 1985, 1990) zu nennen. Da das Urheberrecht eine wesentliche Grundlage für die Verwertung von Musik darstellt, spielt natürlich auch die Rechtswissenschaft in die Analyse mit hinein und leistet einen wichtigen Beitrag, wie sich Verwertungszusammenhänge, z. B. durch neue Medien wie P2P-Filesharing-Plattformen oder YouTube ändern. Damit ist auch schon die Medienwissenschaft im Spiel, die sich nicht nur mit klassischen Print- und elektronischen Medien beschäftigt, sondern natürlich auch mit den digitalen Medien und Social Media. Neue Gesetze fallen aber nicht vom Himmel, sondern sind Teil politischer Aushandlungsprozesse, womit sich die Politikwissenschaft beschäftigt. Sie ist aber auch dort gefordert, wo Förderungen für den Musikbereich von der öffentlichen Hand zu administrieren sind, die auf kulturpolitischen Entscheidungen beruhen. All das beeinflusst natürlich auch indirekt das Musikschaffen und musikästhetische Prozesse. Genauso wie die Musikausbildung, die von der Primär- bis zur Tertiärstufe und in Form spezifischer Institutionen wie das Musikschulwesen wesentlich zur Vermittlung und Rezeption von Musik beitragen. Hierbei sind wiederum Erkenntnisse der Bildungswissenschaft von Relevanz. Schließlich baut die Kulturbetriebslehre auch auf Erkenntnissen auf, wie Kulturbetriebe auf der Mikro- und Makroebene historisch entstanden sind, was wiederum die Geschichtswissenschaft, z. B. in Form der Wirtschafts- und Sozialgeschichte ins Spiel bringt. Das heißt aber nicht, dass die Kulturbetriebslehre eine historische Wissenschaft ist, sondern nur, dass sie sich der Historiografie neben anderer Methoden zur Erklärung der Entstehung von Kulturgütern bedient.

Es soll nun nicht der Eindruck entstehen, dass die Kulturbetriebslehre eine Universalwissenschaft wäre, die alle genannten Wissenschaftsdisziplinen umfasst. Gerade durch die sich immer weiter spezialisierenden und sich ausdifferenzierenden Wissenschaftsbereiche, ist es gar nicht möglich, in all den Wissenschaften vertiefende Kenntnisse zu erlangen. Der Forschungsfokus der Kulturbetriebslehre liegt ja weiterhin bei der Analyse der Produktion, Verbreitung, Vermittlung und Rezeption von Kulturgütern in einem institutionellen Setting des Mikro- und Makro-Kulturbetriebs. Hasitschka (2018, S. 237) schlägt daher vor, zwischen einer Allgemeinen und Spartenspezifischen Kulturbetriebslehre zu differenzieren.

In der Allgemeinen Kulturbetriebslehre sind grundsätzliche begriffliche, methodologische, theoretische und methodische Fragen zu klären, die alle Kulturbetriebe sowohl auf der Mikro- und Makroebene betreffen. Dazu gibt es auch schon Grundlagenwerke wie „Kulturbetriebslehre. Grundlagen einer Inter-Disziplin" (2004) von Tasos Zembylas, den Artikel „Cultural Institutions Studies" von Hasitschka, Tschmuck und Zembylas, der 2005 im Journal of Arts Management, Law and Society (JAMLS) erschienen ist, den Sammelband „Kulturbetriebsforschung. Ansätze und Perspektiven der Kulturbetriebslehre" (2006) von Zembylas und Tschmuck sowie „Kulturbetriebslehre. Zur Dialektik von Kultur und Organisation"[2] (2018) von Werner Hasitschka.

Unterschiedliche Symbolqualitäten der Sektoren Kognition (mit den Sparten Bildung, Wissenschaft, Medien, Informationssysteme etc.), Ethik (mit den Sparten Religion, Politik, Recht etc.) und Ästhetik (mit den Sparten Musik, darstellende Kunst, bildende Kunst, Literatur, Sport etc.) erfordern unterschiedliche Normen und Regelwerke, die sich in spezifischen Organisationsformen niederschlagen, die Forschungsgegenstand diverser Spartenspezifischer Kulturbetriebslehre(n) wären (Hasitschka 2018, S. 237). Hasitschka (2018, S. 241–246) skizziert anhand des Bildungsbereichs, der Religion und des Literaturbetriebs, wie Spezielle Kulturbetriebslehren ausgestaltet sein könnten. Sexl hat 2006 die Grundzüge einer Literaturbetriebslehre dargestellt und Tschmuck plädierte bereits 2003 für die Ausarbeitung einer Kulturbetriebslehre für die Sparte Musik, die er in der Folge als Musikwirtschaftsforschung im deutschsprachigen Raum und als Music Business Research positioniert hat.

Die Musikwirtschaftsforschung ist somit die erste elaborierte Ausprägung einer Speziellen Kulturbetriebslehre, die sich nicht nur in Form von Publikationen materialisiert hat (Tschmuck 2003, 2017, 2020; Gensch et al. 2009; Wang 2014; Tschmuck et al. 2017; Gröppel 2019). Es hat in den letzten Jahren auch eine Institutionalisierung der Musikwirtschaftsforschung in Form von Konferenzen (z. B. die Vienna Music Business Research Days, die seit 2010 jedes Jahr an der Universität für Musik und darstellende Kunst Wien stattfinden) stattgefunden. Daraus ist eine internationale Scientific Community erwachsen, die sich über die im Jahr 2015 gegründete International Music Business Research Association

---

[2] Eine Vorarbeit zu diesem Buch stellt das Working Paper „Kulturbetriebslehre und Kulturmanagement – Interaktionsanalytischer Ansatz" von Werner Hasitschka aus dem Jahr 1997 dar.

## 6.1 Theoretische Überlegungen

(IMBRA) organisiert und die auch die Herausgeberin des International Journal of Music Business Research (IJMBR) ist, das seit 2012 regelmäßig erscheint.

Es gibt gerade bei den Spartenspezifischen bzw. Speziellen Kulturbetriebslehren noch sehr viel Entwicklungspotenzial. Damit könnte der Anspruch der Kulturbetriebslehre als Transdisziplin auch einfacher umgesetzt werden, weil es auf Ebene der jeweiligen Sparten einfacher ist, disziplinenübergreifend und somit integriert zu arbeiten, wie der Sammelband „Musikwirtschaftsforschung. Die Grundlagen einer neuen Disziplin" (Tschmuck et al. 2017) belegt, in dem WissenschafterInnen aus den unterschiedlichsten Disziplinen versuchen, einen integrativen Forschungsansatz für die Musikwirtschaftsforschung zu entwickeln.

In den Spartenspezifischen bzw. Speziellen Kulturbetriebslehren sollte zum einen stets die enge Verzahnung der Mikro- und Makroebene im Auge behalten werden, zum anderen aber auch vertiefende Analysen auf beiden Ebenen erfolgen. Es gibt dazu auch schon zahlreiche Publikationen, die auch aus Dissertationsprojekten am Institut für Kulturmanagement und Gender Studies (IKM) erwachsen sind wie z. B. „Museumsmanagement und Kulturpolitik: Am Beispiel der ausgegliederten Bundesmuseen" (2008) von Heimo Konrad, „Der Wert künstlerischer Arbeit. Urheberrecht, Rechtewahrnehmung und Administration durch Verwertungsgesellschaften" (2009) von Leonhard Leeb, „Komponieren für Events: Zur Rolle der Künste in der Eventkultur" (2013) von Martin Sigmund, „Musik und Werbung: Wie Werbung und Medien die Entwicklung der Musikindustrie beeinflussen" (2014) von Pinie Wang und „SängerInnenberuf heute. Anforderungsprofil einer künstlerischen Profession" (2016) von Martin Vácha.

Das kulturbetriebliche Kulturmanagement (siehe dazu auch Abschn. 5.3) kann als Querschnittsfach für die jeweiligen Speziellen Kulturbetriebslehren auf Mikroebene – natürlich immer im Kontext mit der Makroebene – verstanden werden. Es gibt dazu auch schon Publikationen wie z. B. „Duales Controlling: Am Beispiel des Kulturbetriebes ‚Theater'" (2005) von Artemis Vakianis, „Das Unmessbare messen? Die Konstruktion von Erfolg im Musiktheater" (2009) von Dagmar Abfalter, „Unerhörte Kultur: Kulturbetriebe in der Kommunikationsflut" (2013) von Stefan Schindler und „Marketing im Kulturbetrieb. Zur Konzeption des Marketing im Spannungsfeld von kulturellem Wert und ökonomischer Realität" (2019) von Nils Gröppel.

Auch auf der Makroebene der Kulturbetriebslehre gibt es spezifische Fächer, die quer über alle Speziellen Kulturbetriebslehren hinweg ihre Wirkung entfalten. Vor allem der Kulturpolitikforschung kommt eine besondere Rolle in diesem Zusammenhang zu, wie bereits zahlreiche Publikationen belegen: „Kulturpolitik, Kulturforschung und Kulturstatistik" (2003) herausgegeben von Franz-Otto Hofecker und Peter Tschmuck, „Der Staat als kulturfördernde Instanz" (2005) herausgegeben von Tasos Zembylas und Peter Tschmuck, „Die ausgegliederte Muse. Budgetausgliederungen von Kulturinstitutionen in Österreich seit 1992" (2009a) von Peter Tschmuck sowie „Kulturpolitik: Eine interdisziplinäre Einführung" (2010) von Heimo Konrad. Es gibt aber auch in diesem Bereich noch sehr viel Entwicklungspotenzial.

Eine transdisziplinäre Kulturbetriebslehre besteht demnach aus einer Allgemeinen Kulturbetriebslehre, die durch Spartenspezifische bzw. Spezielle Kulturbetriebslehren vertieft wird, die eine Mikro- und/oder Makrobetrachtung einnehmen können. In Ergänzung dazu liefert ein kulturbetriebliches Kulturmanagement als Querschnittmaterie allgemeine, funktionale Aussagen für Kulturbetriebe, die durch Differenzen in den organisatorischen und kulturellen Rationalitäten geprägt sind, die sich oft in Konflikten niederschlagen (siehe Hasitschka 2018, S. 145) (Abb. 6.1). Dabei kommt KulturmanagerInnen die Rolle von WerteübersetzerInnen zu, die zwischen den differenten Rationali-

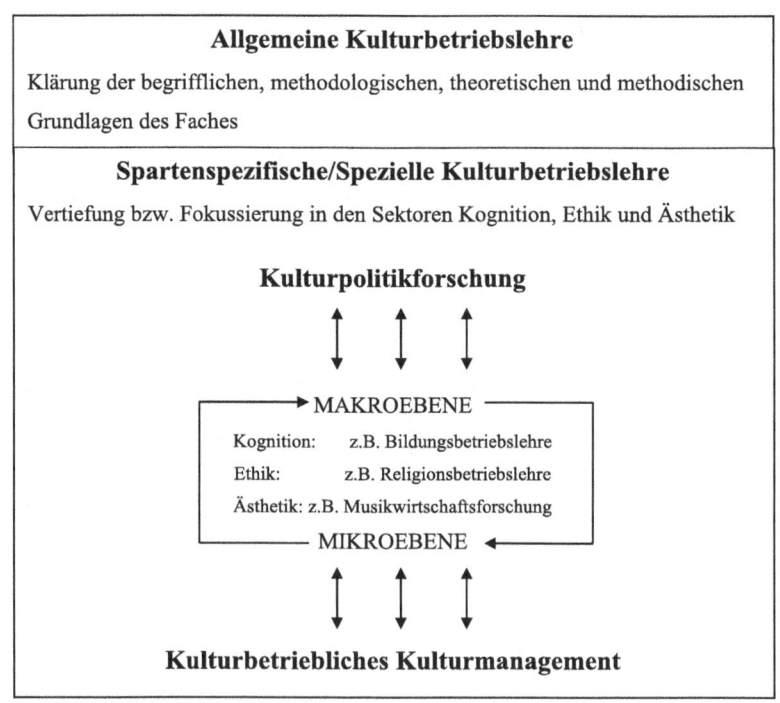

**Abb. 6.1** Die Kulturbetriebslehre als Transdisziplin. (Quelle: Eigene Darstellung)

täten vermitteln und somit selbst eine transdisziplinäre Funktion haben (siehe Abschn. 5.3.2). Hierbei gibt es noch sehr viele Entwicklungsmöglichkeiten sowohl in theoretische Hinsicht als auch für die kulturbetriebliche Kulturmanagementpraxis.

## 6.2 Überlegungen zur Methodik der Kulturbetriebslehre

Als Transdisziplin kann die Kulturbetriebslehre gar nicht anders, als methodisch offen zu sein. In diesem Sinn gilt durchaus das Diktum von Feyerabend (1976, S. 97) des „anything goes", wonach „(...) *die Erfindung, Überprüfung, Anwendung methodologischer Regeln und Maßstäbe die Sache der konkreten wissenschaftlichen Forschung und nicht des philosophischen Träumens ist.*" Damit ist keine Willkür bei der Erlangung von Forschungserkenntnissen, sondern eine möglichst große Flexibilität beim Methodeneinsatz gemeint. In diesem Sinn kann die gesamte Bandbreite an Methoden in der Kulturbetriebslehre zum Einsatz kommen, von der Grounded Theory und allen möglichen qualitativen Methoden bis hin zu quantitativen Methoden und der Ökonometrik.

Dennoch gibt es methodische Notwendigkeiten, die sich aus dem Forschungsfokus der Kulturbetriebslehre ableiten lassen. So ist es für das Verständnis der Produktion, Verbreitung und Vermittlung von Kulturgütern in einem Kulturbetrieb (Kulturgüterdimension) notwendig, die Entstehung des Kulturbetriebs (historische Dimension), seine Funktionsweise (Praxisdimension) und seinen Aufbau (Strukturdimension) zu untersuchen und zu analysieren (Abb. 6.2).

Wenn in der Analyse eines Kulturbetriebs die historische Dimension meist vorangehen wird, darf das nicht als historischer Determinismus missverstanden werden. Natürlich wirken die Praxis- und Strukturdimension auf die Entwicklung eines Kulturbetriebs zurück sowie die Produktion, Verbreitung, Vermittlung und Rezeption von Kulturgütern nicht nur eindimensional aus der Praxis- und Strukturdimensionen abgleitet werden kann. Es gibt also ständig Wechselwirkungen zwischen den Dimensionen, was auch im Einsatz des Methodenmix Berücksichtigung finden muss.

Wie dieser Methodenmix aussieht, hängt sehr stark vom jeweiligen Untersuchungsgegenstand und der Fragestellung ab. Das soll aber nicht bedeuten, dass in der Kulturbetriebslehre methodische Willkür herrschen soll. Das entspricht auch nicht dem Feyerabendschen „anything goes".

Hasitschka hat dazu einen ersten methodischen Ansatz vorgeschlagen, der an den differenten Rationalitäten von Kultur und Organisation ansetzt und somit vor

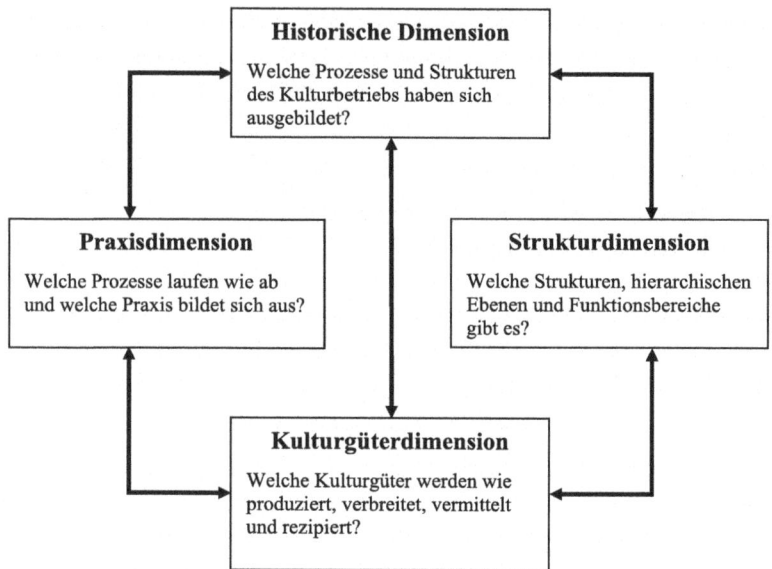

**Abb. 6.2** Historische, Praxis-, Struktur- und Kulturgüterdimension des Kulturbetriebs. (Quelle: Eigene Darstellung)

allem bei der Mikroperspektive der Kulturbetriebslehre, d. h. Kulturbetriebe als Organisationseinheiten ansetzt. Demnach stehen Kultur und Organisation in einem Spannungsverhältnis wie die Verfolgung kultureller Ziele (Eigenlogik der Kultur) einerseits und ökonomische Effizienz sowie bürokratische Regel- und Normenbefolgung (Eigenlogik der Organisation) andererseits belegen. Um die potenziell konfliktträchtigen Relationen zwischen Kultur und Organisation erfassen zu können, schlägt Hasitschka (2018, S. 176–185) den dialektischen Analyseprozess – DIACULT – vor. In einem ersten Schritt (Abgrenzung der Gegensätze) werden dabei die unterschiedlichen Eigenlogiken z. B. kultureller Leistungserstellungsprozesse und ökonomische Notwendigkeiten dargestellt, wobei zu ergänzen ist, dass die historische Bedingtheit der Eigenlogiken in die Darstellung einfließen soll. In einem zweiten Schritt sind die Relationen zwischen den Eigenlogiken von Kultur und Organisation zu beschreiben. Da es sich bei den Relationen, wie argumentiert, um Interaktionen handelt, schlägt Hasitschka (2018, S. 113–137) eine Kulturalistische Handlungstheorie (KHT) als Analysebasis vor. Handlungen basieren demnach auf impliziten oder explizit gemachten Werten und Zielen (Kultur). Sie sind Ergebnis von Interaktionen, verändern aber durch situative

## 6.2 Überlegungen zur Methodik der Kulturbetriebslehre

Einflüsse die Werte- und Zielwahrnehmung. Handlung, Situation und Kultur stehen also in ständiger Wechselwirkung zueinander. Um demnach Konflikte zu verstehen, bedarf es der Analyse der Relationen zwischen der drei genannten Elementen (Interaktionsanalyse). Interaktionen können indifferent, komplementär oder konfliktär sein (ibid., S. 178). Da die ersten beiden Ausprägungen im Verhältnis von Kultur und Organisation problemlos sind, sollte die Analyse auf Konflikte fokussieren. Damit kommt die Dialektik als Methode ins Spiel. *„Dialektik bedeutet eine polare, konfliktäre und produktive Interaktion. Aus Sicht der Kulturbetriebslehre erweisen sich kulturelle Produktionen und ökonomische Effizienz als extremal entgegengesetzte, sich aber wechselseitig bedingende, relativ autonome Eigenlogiken bzw. Pole."* (ibid., S. 179). Es geht also um die Identifikation von Dialektik in den Interaktionen, um im vierten und abschließenden Schritt Konfliktlösungsmodelle wie beispielsweise Dialog, Macht sowie der Tausch (Markt) zu identifizieren. Jedenfalls geht es darum, vormals konfliktäre Gegensätze zu integrieren und in eine höherwertige Einheit zu überführen, d. h. einen Mehrwert durch Synthese zu schaffen (Abb. 6.3).

Das DIACULT-Modell ist weniger eine neue Methode, sondern ein Methodenrahmen, weil auf jeder Analyseebene situativ passende Methoden (von qualitativ bis quantitativ) eingesetzt werden können. Das Modell ist auch als Vorschlag zu verstehen, Relationen bzw. Interaktionen im Kulturbetrieb aus einer dialektischen Perspektive heraus zu analysieren, was sicherlich einen Erkenntnismehrwert bringt. Dennoch darf nicht übersehen werden, dass Interaktionen nicht immer konfliktär sein müssen und daher Dialektik gar nicht die einzige Perspektive sein kann, wie auch Hasitschka (2018, S. 179) ausführt. Außerdem gibt es konfliktäre Interaktionen, die eben nicht produktiv, sondern dysfunktional werden und keine dialektische Lösung möglich ist. Ich plädiere daher dafür, auch handlungstheoretische, systemtheoretische, evolutionäre und weitere Ansätze (siehe dazu auch Hasitschka 2018, S. 202) ebenfalls für die Kulturbetriebslehre fruchtbar zu machen, was allerdings noch viel an Entwicklungsarbeit nötig macht.

Diese abschließenden Ausführungen machen deutlich, dass sowohl auf theoretischer, methodologischer und methodischer Ebene im Rahmen der Allgemeinen Kulturbetriebslehre noch sehr viel zu tun ist, also auch in den Spartenspezifischen bzw. Speziellen Kulturbetriebslehren Aufbauarbeit zu leisten ist, wenn man einmal von der Musikwirtschaftsforschung absieht, die schon einen gewissen Grad an Institutionalisierung aufweist und als Folie für andere Spezielle Kulturbetriebslehren dienen könnte.

So gilt es, die Ärmel hochzukrempeln und auf der bereits bestehenden Basis der Kulturbetriebslehre weiter aufzubauen, um die theoretischen und methodologischen Grundlagen zu vertiefen, neue methodische Ansätze zu entwickeln und

> Schritt 1: Abgrenzung der Gegensätze zwischen Eigenlogiken (z.B. Kultur und Ökonomie)

> Schritt 2: Analyse der Interaktionen zwischen den Eigenlogiken auf Basis der Kulturalistischen Handlungstheorie (KHT)

> Schritt 3: Identifikation und Analyse von Dialektik in den Interaktionen, um Konflikte verständlich zu machen

> Schritt 4: Identifikation und Analyse dialektischer Konfliktlösungsmodelle, die Mehrwert durch Synthese erzielen

**Abb. 6.3** Die DIACULT-Methodik nach Hasitschka. (Quelle: Eigene Darstellung nach Hasitschka 2018, S. 176–185)

spartenspezifisch die Kulturbetriebslehre zu erweitern. Dieses Buch stellt eine Einladung dar, an dieser langfristigen Aufbau- und Entwicklungsarbeit nachhaltig mitzuwirken.

# Literatur

## Monografien, Sammelbände und Zeitschriftenartikel

Allmann, Uwe, 1997, „Controlling für Kulturbetriebe (Theater)", in: Thomas Heinze (Hrsg.), Kulturmanagement II. Konzepte und Strategien, S. 284–325. Opladen: Westdeutscher Verlag.
Aristoteles, 1985, Nikomachische Ethik. Hamburg: Felix Meiner.
Bachmann-Medick, Doris, 2004, Kultur als Text. Die anthropologische Wende in der Literaturwissenschaft. Berlin: UTB Verlag.
Bachmann-Medick, Doris, 2009a, "Translational Turn", Translational Studies, 2(1): 2–16.
Bachmann-Medick, Doris, 2009b, "Translational Turn", in: Oda Wischmeyer u. a. (Hrsg.): Lexikon der Bibelhermeneutik. Begriffe – Konzepte – Theorien: Begriffe – Methoden – Theorien – Konzepte, S. 238–283. Berlin: De Gruyter.
Barthes, Roland, 1964, Mythen des Alltags. Frankfurt am Main: edition Suhrkamp.
Bauman, Zygmunt, 1999, Culture as Praxis. London etc.: SAGE.
Bauman, Zygmunt, 2007, Leben in der flüchtigen Moderne. Frankfurt am Main: Suhrkamp.
Bauman, Zygmunt und Tim May, 1990, Thinking Sociologically. Oxford: Blackwell.
Becker, Howard, 1982, Art Worlds. Berkeley: University of California Press.
Bendixen, Peter, 1993, Einführung in das Kunst- und Kulturmanagement. Wiesbaden: Westdeutscher Verlag.
Bendixen, Peter, 2011, Einführung in das Kunst- und Kulturmanagement, 4. Aufl. Wiesbaden: VS Verlag.
Bentham, Jeremy, 1823 [1789], An Introduction to the Principles of Morals and Legislation, Bd. 1. London: W. Pickering; Digitalisat: https://archive.org/details/anintroductiont02bentgoog (abgerufen: 07.04.2020).
Berger, Peter L. und Thomas Luckmann, 1969, Die gesellschaftliche Konstruktion der Wirklichkeit: Eine Theorie der Wissenssoziologie. Frankfurt am Main: S. Fischer.
Bhabha, Homi, 2000, Die Verortung der Kultur. Tübingen: Stauffenburg.
Bille Hansen, Trine, 1997, "The willingness to pay fort he Royal Theatre in Copenhagen as a public good", Journal of Cultural Economics, 21: 1–28.

Bloching, Björn und Felix Hasse, o. J., „Organisation im Kulturbetrieb", in: Handbuch Kulturmanagement. Recht, Politik und Praxis, Beitrag E 1.1 in der Loseblattsammlung Bd. E. Berlin: DUZ Medienhaus.

Blumer, Herbert, 2013, Symbolischer Interaktionismus. Aufsätze zu einer Wissenschaft der Interpretation, herausgegeben von Heinz Bude und Michael Dellwing. Berlin: eBook Suhrkamp.

Boesch, Christophe und Tomasello, Michael, 1998, "Chimpanzee and Human Cultures", Current Anthropology, 39 (1998): 591–614.

Boltanski, Luc und Chiapello, Eve, 2006, Der neue Geist des Kapitalismus. Konstanz: UVK Verlagsgesellschaft.

Bourdieu, Pierre, 1974, Zur Soziologie der symbolischen Formen. Frankfurt am Main: Suhrkamp.

Bourdieu, Pierre, 1982, Die feinen Unterschiede. Kritik der gesellschaftlichen Urteilskraft. Frankfurt am Main: Suhrkamp.

Bourdieu, Pierre, 1998, Praktische Vernunft. Zur Theorie des Handelns. Frankfurt am Main: Suhrkamp.

Bourdieu, Pierre, 2005, Männliche Herrschaft. Frankfurt am Main: Suhrkamp.

Buchanan, James M., 1965, "An Economic Theory of Clubs". Economica, New Series, 32(125): 1–14.

Buden, Boris, 2003, „Cultural Translation: ein überforderter Begriff", in: Stefan Nowotny und Michael Staudigl (Hrsg.): Grenzen des Kulturkonzepts, S. 57–75. Wien: Turia + Kant.

Cameron, Sam, 1995, "On the role of critics in the culture industry", Journal of Cultural Economics 19(4): 321–331.

Campbell, Joseph, 2002, Flight of the Wild Gander: Explorations in the Mythological Dimension. Selected Essays 1944–1968, 3. Aufl. Novato: New World Library.

Carson, Richard T., 2011, Contingent Valuation. A Comprehensive Bibliography and History. Cheltenham und Northhampton. Edward Elgar.

Carson, Richard T., Robert C. Mitchell, Michael Hanemann, Raymond J. Kopp, Stanley Presser und Paul A. Ruud, 2003, "Contingent Valuation and Lost Passive Use Damages from Exxon Valdez Oil Spill", Environmental and Resource Economics, 25: 257–286.

Cassirer, Ernst, 2010 [1923–1926], Philosophie der symbolischen Formen, Teil 1–3. Hamburg: Meiner.

Cassirer, Ernst, 1944, An Essay on Man. An Introduction to a Philosophy of Culture. New York: Doubleday.

Cassirer, Ernst, 2007, Versuch über den Menschen. Einführung in eine Philosophie der Kultur, 2., verbesserte Aufl., Hamburg: Meiner Verlag.

Castoriadis, Cornelius, 1990, Gesellschaft als imaginäre Institution. Entwurf einer politischen Philosophie. Frankfurt am Main: Suhrkamp.

Coase, Ronald, 1937, "The Nature of the Firm". Economica, 4 (16): 386–405.

Colbert, Francois, 1999, Kunst- und Kulturmarketing. Wien etc.: Springer.

Connor, Steven, 1992, Theory and Cultural Value. Oxford: Oxford University Press.

Dekker, Erwin, 2014, "Two approaches to study the value of art and culture, and the emergence of a third", Journal of Cultural Economics, 39(4): 309–326.

Dey, Günther, 2017, Rechnungswesen in Kulturbetrieben. Ein Leitfaden. Wiesbaden: VS Verlag.

# Literatur

DiMaggio, Paul J. (Hrsg.), 1986, Nonprofit Enterprise in the Arts. Studies in Mission and Constraint. New York und Oxford: Oxford University Press.
DiMaggio, Paul J., 1987, Managers of the Arts. Washington D.C.: Seven Locks Press.
Durkheim, Emile, 1985 [1895], Die Regeln der soziologischen Methode. Frankfurt am Main: Suhrkamp.
Eco, Umberto, 1977, Zeichen. Einführung in einen Begriff und seine Geschichte. Frankfurt am Main: edition Suhrkamp.
Elias, Nobert, 1995, Über den Prozeß der Zivilisation. Soziogenetische und psychogenetische Untersuchungen. 2 Bde., 19. Aufl. Frankfurt am Main: Suhrkamp.
Engelmann, Maike, Lorenz Grünewald und Julia Heinrich, 2012, "The New Artrepreneur – How Artists Can Thrive on a Networked Music Business", International Journal of Music Busines Research, 1(2): 31–45.
Erlei, Mathias, Martin Leschke und Dirk Sauerland, 2007, Neue Institutionenökonomik, 2. Aufl. Stuttgart: Schäffer-Poeschel.
Feyerabend, Paul, 1976, Wider den Methodenzwang. Frankfurt am Main: Suhrkamp.
Foucault, Michel, 1976, Überwachen und Strafen. Die Geburt des Gefängnisses. Frankfurt am Main: Suhrkamp.
Foucault, Michel, 1977, Sexualität und Wahrheit, Bd. 1: Der Wille zum Wissen. Frankfurt am Main: Suhrkamp.
Friedell, Egon, 2003, Kulturgeschichte der Neuzeit: Die Krisis der europäischen Seele von der schwarzen Pest bis zum Ersten Weltkrieg, 3. Aufl. München: C. H. Beck.
Fuchs, Max (Hrsg.), 1993, Zur Theorie des Kulturmanagements. Remscheid: RAT.
Galiani, Ferdinando, 1803 [1751], „Della moneta", in der Reihe Scrittori classici Italiani di economia politica, Bd. 3. Mailand: Nella Stamperia e Fonderia di G. G. Destefanis; Digitalisat: https://archive.org/details/dellamoneta00galigoog (abgerufen: 07.04.2020).
Geertz, Clifford, 1983, Dichte Beschreibung. Beiträge zum Verstehen kultureller Systeme. Frankfurt am Main: Suhrkamp.
Gehlen, Arnold, 2016 [1956], Urmensch und Spätkultur. Philosophische Ergebnisse und Aussagen, 7. Aufl. Frankfurt am Main: Klostermann.
Gensch, Gerhard, Eva Maria Stöckler und Peter Tschmuck (Hrsg.), 2009, Musikrezeption, Musikdistribution und Musikproduktion. Der Wandel des Wertschöpfungsnetzwerks in der Musikwirtschaft. Wiesbaden: Gabler Edition Wissenschaft.
Gerlach-March, Rita, 2010, Kulturfinanzierung. Wiesbaden: VS Verlag.
Glei, Reinhold F. (Hrsg.), Die Sieben Freien Künste in Antike und Gegenwart. Trier: WVT.
Gossen, Hermann Heinrich, 1854, Entwickelung der Gesetze des menschlichen Verkehrs, und der daraus fließenden Regeln für menschliches Handeln. Braunschweig: Druck und Verlag von Friedrich Vieweg und Sohn, Digitalisat: https://books.google.at/books/about/Entwickelung_der_gesetze_des_menschliche.html?hl=de&id=BzFGAAAAYAAJ&redir_esc=y (abgerufen: 07.04.2020).
Gröppel, Nils H., 2019, Marketing im Kulturbetrieb. Zur Konzeption des Marketing im Spannungsfeld von kulturellem Wert und ökonomischer Realität, Bd. 3 der Reihe Musikwirtschafts- und Musikkulturforschung, herausgegeben von Carsten Winter, Martin Lücke, Matthias Rauch und Peter Tschmuck. Wiesbaden: Springer VS.
Grossman, Sanford J. und Oliver Hart, 1983, "An Analysis of the Principal Agent Problem", Econometrica, 51(1): 7–46.
Gülden, Jörg, 2009, Woodstock. Wunder oder Waterloo? Höfen in Tirol: Hannibal.

Günter, Bernd und Andrea Hausmann, 2010, Kulturmarketing. Wiesbaden: VS Verlag.

Guevara Manzo, Gloria, Margaux Constantin, Alex Dichter, Steffen Köpke, Cheryl SH Lim und Nathan Seitzman, 2017, *Coping with success: Managing overcrowding in tourism destinations*, Studie von *McKinsey & Company*, Dezember 2017.

Guillory, John, 1993, Cultural Capital: The Problem of Literary Canon Formation. Chicago: Chicago University Press.

Gutenberg, Erich, 1983, Grundlagen der Betriebswirtschaftslehre. Bd. I: Produktion, 24. Aufl. Berlin, Heidelberg, New York: Springer.

Haesler, Aldo, Tausch und gesellschaftliche Entwicklung zur Prüfung eines liberalen Topos. Dissertationsschrift an der Universität St. Gallen.

Hall Stuart, 1980, "Cultural Studies: two paradigms", Media, Culture and Society, 2, S. 57–72.

Hardin, Garret, 1968, "The Tragedy of the Commons". Science 162 (1968): 1243–1248.

Hardy, Phil, 2012, Download! How the Internet Transformed the Record Business. London: Omnibus Press.

Hasitschka, Werner, 1997, Kulturbetriebslehre und Kulturmanagement – Interaktionsanalytischer Ansatz, Working Paper Nr. 1, Institut für Kulturmanagement (IKM). Wien: Eigenverlag.

Hasitschka, Werner, 2018, Kulturbetriebslehre. Zur Dialektik von Kultur und Organisation. Wien: Löcker Verlag.

Hasitschka, Werner, Peter Tschmuck und Tasos Zembylas, 2005, "Cultural Institutions Studies. Investigating the Transformation of Cultural Goods", Journal of Arts Management Law and Society, 35(2): 147–158.

Hausmann, Andrea, 2011, Kunst- und Kulturmanagement. Kompaktwissen für Studium und Praxis. Wiesbaden: VS Verlag.

Hausmann, Andrea und Sabrina Helm, 2006, „Kundenbindung im Kulturbetrieb. Eine Einführung", in Andrea Hausmann und Sabrina Helm (Hrsg.) Kundenorientierung im Kulturbetrieb. Grundlagen, innovative Konzepte, praktische Umsetzung, S. 13–27. Wiesbaden: VS Verlags.

Heinrichs, Werner, 1993, Kulturmanagement. Eine praxisorientierte Einführung. Darmstadt: Wissenschaftliche Buchgesellschaft

Heinrichs, Werner, 1997, „Die Karten werden neu gemischt! Strategische Skizzen zum Wandel im Kulturbetrieb", in: Werner Heinrichs (Hrsg.), Macht Kultur Gewinn? Kulturbetrieb zwischen Nutzen und Profit, S. 15–20. Baden-Baden: Nomos Verlag.

Heinrichs, Werner, 1999, Kulturmanagement. Eine praxisorientierte Einführung. 2. grundlegend überarbeitete Aufl. von „Einführung in der Kulturmanagement" (1993). Darmstadt: Wissenschaftliche Buchgesellschaft

Heinrichs, Werner, 2006, Der Kulturbetrieb. Bildende Kunst, Musik, Literatur, Theater, Film. Bielefeld: transcript.

Heinrichs, Werner und Armin Klein (Hrsg.), 1996, Kulturmanagement von A-Z. 600 Begriffe für Studium und Praxis, 2. Aufl. München: dtv.

Heinze, Thomas (Hrsg.), 1994, Kulturmanagement. Professionalisierung kommunaler Kulturarbeit. Opladen: Westdeutscher Verlag.

Heinze, Thomas (Hrsg.), 1997, Kulturmanagement II. Konzepte und Strategien. Opladen: Westdeutscher Verlag.

Herder, Johann G., (1966 [1774]), Ideen zur Geschichte der Menschheit, historisch-kritischen Ausgabe (Hrsg. Bernhard Suphan). Melzer: Darmstadt 1966.

Herrnstein Smith, Barbara, 1988, Contingencies of Value: Alternative Perspectives for Critical Theory. Cambridge/MA: Cambridge University Press.

Herrnstein Smith, Barbara, 1998, "Value" in: Encyclopedia of Aesthetics (Hrsg. Michael Kelly). Oxford und New York: Oxford University Press.

Hesmondhalgh, David, 2002, The Cultural Industries. Los Angeles etc.: SAGE Publications.

Hitler, Adolf, 1938, Mein Kampf. München: NSDAP.

Hobbes, Thomas, 2005 [1651], Leviathan. Hamburg: Meiner Verlag.

Hobbes, Thomas, 2017 [1657], De Cive/Vom Bürger. Stuttgart: Reclam.

Hodik, Kurt Hans, 1981, Die Rechtsstellung der Österreichischen Bundestheater und ihrer Mitglieder von 1918 bis heute. Dissertation an der Universität Wien.

Höhne, Steffen, 2009, Kunst- und Kulturmanagement. München: UTB – Wilhelm Fink

Hofecker, Franz-Otto und Peter Tschmuck (Hrsg.), 2003, Kulturpolitik, Kulturforschung und Kulturstatistik. Zur Abklärung einer spannungsreichen Textur, Bd. 2 der Reihe Diskurs: Kultur – Wirtschaft – Politik. Innsbruck. StudienVerlag.

Hoffman, Abbie, 1969, Woodstock Nation: A Talk-Rock Book. New York: Random House.

Hoffmann, Hilmar und Dieter Kramer, 1991, „Kulturmanagement", in: Friedrich Loock (Hrsg.), Kulturmanagement. Kein Privileg der Musen, S. 119–130. Wiesbaden: Gabler.

Hoppe, Bernhard M. und Thomas Heinze, 2016, Einführung in das Kulturmanagement. Themen – Kooperationen – Gesellschaftliche Bezüge. Wiesbaden: Springer VS.

Horkheimer, Max und Theodor W. Adorno, 2000, Dialektik der Aufklärung. Philosophische Fragmente, 12. Aufl. Frankfurt am Main: Fischer Verlag.

Huntington, Samuel P. 1996, The Clash of Civilizations and the Remaking of World Order. New York: Simon & Schuster.

Husserl, Edmund, 2012, Cartesianische Meditationen: Eine Einleitung in die Phänomenologie. Hamburg: Felix Meiner Verlag.

Hutter, Michael, 1996, "The Value of Play" in: Arjo Klamer (Hrsg.), The Value of Culture. On the Relationship between Economics and Arts, S. 122–137. Amsterdam: Amsterdam University Press.

Hutter, Michael und Bruno Frey, 2010, "On the influence of cultural value on economic value", Revue d'économie politique, 120(1): 35–46.

Hutter, Michael und Richard Shusterman, 2006, "Value and the valuation of art in economic and aesthetic theory", in: Victor A. Ginsburgh und David Throsby (Hrsg.), Handbook of the Economics of Art and Culture, Bd. 1, S. 169–208. Amsterdam: Elsevier.

Hutter Michael und David Throsby, 2008, Beyond Price. New York: Cambridge University Press.

Jevons, William Stanley, 1871, The Theory of Political Economy. London und New York: Macmillan and Co.; Digitalisat: https://archive.org/details/theorypolitical01jevogoog (abgerufen: 07.04.2020).

Jevons, William Stanley, 1879, The Theory of Political Economy, 2. Aufl. London: Macmillan and Co.; Digitalisat: https://archive.org/details/theoryofpolitica00jevo (abgerufen: 07.04.2020).

Juncker, Thomas, 2008, Die Evolution des Menschen, 2., durchgesehene Aufl. München: Verlag C.H. Beck.

Innerhofer, Roland, 2006, „Technik und Kunst", in: Metzler Lexikon Ästhetik (Hrsg. Achim Trebeß), S. 379–381. Stuttgart und Weimar: J. B. Metzler.

Kahneman, Daniel und Jack L. Knetsch, 1992, "Valuing public goods: The purchase of moral satisfaction", Journal of Environmental Economics and Management, 22: 57–70.

Kant, Immanuel, o. J. [1784], Idee zu einer allgemeinen Geschichte in weltbürgerlicher Absicht; ursprünglich erschienen in Berlinische Monatsschrift, November 1984, S. 385–411. Urheberrechtsfreie Kindle-Ausgabe.

Keil, Ernst, 1876, „Noch einmal der Reliquienhandel", Die Gartenlaube, Heft 52: 879–881, Digitalisat auf Wikisource: https://de.wikisource.org/wiki/Noch_einmal_Reliquienhandel (abgerufen: 03.04.2020)

Kevenhörster, Paul, 2006, Politikwissenschaft, Bd. 2. Wienbaden: VS Verlag für Sozialwissenschaften.

Kirchberg, Volker, 2006, „Kulturbetriebe aus neo-institutionalistischer Sicht. Zur Nutzung zeitgenössischer Organisationstheorien bei der Analyse des Kulturbetriebs", in: Tasos Zembylas und Peter Tschmuck (Hrsg.), Kulturbetriebsforschung. Ansätze und Perspektiven der Kulturbetriebslehre, S. 99–116. Wiesbaden: VS-Verlag.

Klamer, Arjo, 1996, The Value of Culture. On the Relationship between Economics and Arts. Amsterdam: Amsterdam University Press.

Klamer, Arjo, 2004, "Cultural goods are good for more than their economic value", in: Vijayendra Rao und Michael Walton (Hrsg.), Culture and Public Action. S. 138–162. Stanford: Stanford Social Sciences

Klamer, Arjo, 2008, "The lives of cultural goods", in: Jack Amariglio, Joseph W. Childers und Stephen E. Cullenberg (Hrsg.), Sublime Economy. On the Intersection of Art and Economics, S. 250–272. London: Routledge.

Klein, Armin, 2004, Projektmanagement für Kulturmanager. Wiesbaden: VS Verlag.

Klein, Armin, 2005, Kulturmarketing. Wiesbaden: VS Verlag.

Klein, Armin, 2008, „Kulturpolitik vs. Kulturmanagement? Über einige für überholt gehaltene Missverständnisse", Kulturpolitische Mitteilungen 123 (2008/IV): 65–67.

Klein, Armin, 2009, Leadership im Kulturbetrieb. Wiesbaden: VS Verlag.

Kluge, Friedrich und Elmar Seebold (Hrsg.), Etymologisches Wörterbuch der deutschen Sprache, 25., durchgesehene und erweiterte Aufl. Berlin: Verlag Walter de Gruyter.

Konrad, Heimo, 2008, Museumsmanagement und Kulturpolitik: Am Beispiel der ausgegliederten Bundesmuseen. Wien: Facultas.

Konrad, Heimo, 2010, Kulturpolitik: Eine interdisziplinäre Einführung. Wien: Facultas.

Kosiol, Erich, 1972, Die Unternehmung als wirtschaftliches Aktionszentrum. Einführung in die Betriebswirtschaftslehre. Reinbek bei Hamburg: Rowohlt.

Krause, Johannes und Thomas Trappe, 2019, Die Reise unserer Gene. Eine Geschichte über uns und unsere Vorfahren, Kindle-Ausgabe. Berlin: Propyläen.

Kurt, Ronald, 2011, „Hans-Georg Soeffner: Kultur als Halt und Haltung", in: Stephan Moebius und Dirk Quadflieg (Hrsg.), Kultur. Theorien der Gegenwart, 2., erweiterte und aktualisierte Aufl. Wiesbaden: VS Verlag.

Lang Michael und Holly George-Warren, 2009, The Road to Woodstock. From the Man Behind the Legendary Festival. New York: ecco.

Latour, Bruno, 2007, Eine neue Soziologie für eine neue Gesellschaft. Einführung in die Akteur-Netzwerk-Theorie. Frankfurt am Main: Suhrkamp.
Lechner, Karl, Anton Egger und Reinbert Schauer, 1990, Einführung in die Allgemeine Betriebswirtschaftslehre, 13. überarbeitete Aufl. Wien: Industrieverlag Peter Linde.
Leeb Leonhard, 2009, Der Wert künstlerischer Arbeit. Urheberrecht, Rechtewahrnehmung und Administration durch Verwertungsgesellschaften. Wien: Facultas.
Loock, Friedrich (Hrsg.), 1991, Kulturmanagement. Kein Privileg der Musen. Wiesbaden: Gabler.
Lüddemann, Stefan, 2008, „Kulturmanagement als Bedeutungsproduktion. Plädoyer für die Neuausrichtung einer Disziplin und ihrer Praxis", in Verena Lewinski-Reuter und Stefan Lüddemann (Hrsg.), Kulturmanagement der Zukunft. Perspektiven aus Theorie und Praxis, S. 46–78. Wiesbaden: VS Verlag.
Luhmann, Niklas, 1988, Die Wirtschaft der Gesellschaft. Frankfurt am Main: Suhrkamp.
Luhmann, Niklas, 1997a, Die Kunst der Gesellschaft. Frankfurt am Main: Suhrkamp.
Luhmann, Niklas, 1997b, Die Gesellschaft der Gesellschaft. Frankfurt am Main: Suhrkamp.
Luhmann, Niklas, 2000, Organisation und Entscheidung. Wiesbaden: Westdeutscher Verlag.
Malthus, Thomas Robert, 1836 [1820], Principles of Political Economy considered with a view to their practical application, 2., stark erweiterte Aufl. London: William Pickering; Digitalisat: https://archive.org/details/principlespolit00maltgoog (abgerufen: 07.04.2020).
Mandel, Birgit, 2007, Die neuen Kulturunternehmer. Ihre Motive, Visionen und Erfolgsstrategien. Bielefeld: transcript.
Mandel, Birgit, 2009, „Ziele, Fragestellungen, Forschungsstrategien. Ziele, Fragestellungen, Forschungsstrategien", in: Sigrid Bekmeier-Feuerhahn, Karen van den Berg, Steffen Höhne, Rolf Keller, Angela Koch, Birgit Mandel, Martin Tröndle, Tasos Zembylas (Hrsg.), Jahrbuch für Kulturmanagement, 2009, S. 13–29, Bielefeld: transcript.
Mankiw, Gregory N., 2015, Principles of Microeconomics, 7. Aufl. Stamford: Cengage Learning.
March, James und Herbert Simon, 1958, Organizations. New York: John Wiley & Sons.
Marshall, Alfred, 1890, Principles of Economics. London: Macmillan & Co; Digitalisat: https://archive.org/details/principlesecono00marsgoog (abgerufen: 07.04.2020).
Marx, Karl, 1867, Das Kapital. Kritik der politischen Oekonomie, Erster Band. Hamburg: Verlag von Otto Meissner; Digitalisat: https://archive.org/details/KarlMarxDasKapitalErstausgabe1867 (abgerufen: 07.04.2020).
Mauss, Marcel, 1968, Die Gabe. Form und Funktion des Austauschs in archaischen Gesellschaften. Frankfurt am Main: Suhrkamp.
McCain, Roger A., 2006, "Defining Cultural and Artistic Goods", in: Victor A. Ginsburgh und David Throsby (Hrsg.), Handbook of the Economics of Art and Culture, Bd. 1, S. 147–167. Amsterdam: Elsevier.
Mead, George Herbert, (1972 [1934]), Mind, Self, and Society. From the Standpoint of a Social Behaviorist, herausgegeben und mit einer Einleitung von Charles W. Morris. Chicago und London: The University of Chicago Press.
Merleau-Ponty, Maurice, 1966, Phänomenologie der Wahrnehmung. Berlin: de Gruyter.

Mittelstraß, Jürgen, 2004, „Transdisziplinarität", in: Jürgen Mittelstraß (Hrsg.), Enzyklopädie Philosophie und Wissenschaftstheorie, Bd. 4. Stuttgart und Weimar: J. B. Metzler.

Musgrave, Richard A., 1957, "A Multiple Theory of Budget Determination". Finanzarchiv 17: 333–343.

NOAA, 1993, Report of the NOAA Panel on contingent valuation, verfasst von Kenneth J. Arrow, Robert Solow, Paul Portney, Edward Leamer, Roy Radner und Howard Schuman. National Oceanic and Atmospheric Administration, Federal register 58.

North, Douglass C., 1990, Institutions, Institutional Change and Economic Performance. Cambridge u. a.: Cambridge University Press.

Ortner, Gerhard E., 1993, „Kulturbetriebslehre – Konturen einer Theorie von Kulturmanagement und Kulturverwaltung", in: Max Fuchs (Hrsg.) .), Zur Theorie des Kulturmanagements. Ein Blick über die Grenzen. Ein Blick über Grenzen. Dokumentation des gleichnamigen Symposiums, das am 6. und 7. April 1992 in der Akademie Remscheid stattgefunden hat, S. 187–197. Remscheid: Akademie Remscheid.

Ostrom, Elinor, 1965, Public Entrepreneurship: A Case Study in Ground Water Basin Management. Dissertation an der University of California, Los Angeles.

Ostrom, Elinor, 2010, "Beyond Markets and States: Polycentric Governance of Complex Economic Systems". American Economic Review, 100(3): 641–672.

Pääbo, Svante, 2014, Die Neandertaler und wir. Meine Suche nach den Urzeit-Genen, Kindle-Ausgabe. Frankfurt am Main: S. Fischer.

Papilloud, Christian, 2011, „MAUSS: Mouvement Anti-Utilitariste dans les Sciences Sociales", in: Stephan Moebius und Dirk Quadflieg (Hrsg.), Kultur. Theorien der Gegenwart, 2., erweiterte und aktualisierte Aufl., S. 394–408. Wiesbaden: VS Verlag.

Parsons, Talcott und Neil J. Smelser, 1957, "Economy and Society: A Study in the Integration of Economic and Social Theory", Social Forces, 36(2): 177–178.

Peterson, Richard A., 1982, "Five constraints on the production of culture: Law, technology, market, organizational structure and occupational careers", Journal of Popular Culture, 16: 143–153.

Peterson, Richard A., 1983, "Six constraints on the production of literary works", Poetics, 14: 45–67.

Peterson, Richard A., 1986, "From Impresario to Arts Administrator: Formal Accountability in Nonprofit Cultural Organizations", in: Paul J. DiMaggio (Hrsg.), Nonprofit Enterprise in the Arts. Studies in Mission and Constraint, S. 161–181. New York und Oxford: Oxford University Press.

Peterson, Richard A., 1990, "Why 1955? Explaining the Advent of Rock Music", Popular Music, 9(1): 97–116.

Petty, William, 1899 [1664], "A Treatise of Taxes and Contributions" in: The Economic Writings of Sir William Petty together with the Observations upon the Bills of Mortality more propably by Captain John Graunt (Hrsg. Charles Henry Hull), Bd. 1, S. 1–97, Cambridge at the University Press; Digitalisat: https://archive.org/details/economicwriting03pettgoog (abgerufen: 07.04.2020).

Plessner, Helmuth, 1974, Die verspätete Nation. Frankfurt am Main: Suhrkamp.

Plessner, Helmuth, 1975, Die Stufen des Organischen und der Mensch, 3., unveränderte Aufl. Berlin und New York: Walter de Gruyter.

Pohanka, Reinhard, 2016, Die Urgeschichte Europas, 2. Aufl. Wiesbaden: matrixverlag.

Powell, Walter W. und Paul J. Di Maggio, 1991, The New Institutionalism in Organizational Analysis. Chicago und London: University of Chicago Press.

Pribram, Karl, 1998, Geschichte des ökonomischen Denkens, 2 Bde. Frankfurt am Main: suhrkamp.

Quinn, Malcolm, 1995, The Swastika: Constructing the Symbol (Material Cultures). London und New York: Routledge.

Raach Marcus, 2000, „Reliquien (kult)", in: Christoph Auffarth, Jutta Bernard, Hubert Mohr, Agnes Imhof und Silvia Kurre (Hrsg.), Lexikon Religion. Gegenwart – Alltag – Medien, Bd. 3: Paganismus – Zombie. Stuttgart: J. B. Metzler.

Raffee, Hans, 1974, Grundprobleme der Betriebswirtschaftslehre. 7., unveränd. Nachdr. der 1. Aufl. Göttingen: Vandenhoeck & Ruprecht.

Rauhe, Herrmann, 1991, „Kulturmanagement: Beruf oder Berufung?", in: Friedrich Loock (Hrsg.), Kulturmanagement. Kein Privileg der Musen, S. 259–262. Wiesbaden: Gabler.

Reither, Saskia, 2012, Kultur als Unternehmen. Selbstmanagement und unternehmerischer Geist im Kulturbetrieb. Wiesbaden: VS Springer.

Renner, Tim, 2004, Kinder der Tod ist gar nicht so schlimm. Über die Zukunft der Musik- und Medienindustrie. Frankfurt am Main und New York: Campus.

Rentschler, Ruth und Gus Geursen, 1999, "Unlocking art museums: Myths and realities for contemporary times", International Journal of Arts Management, 2(1): 9–21.

Ricardo David, 1821 [1817], On the Principles of Political Economy, and Taxation, 3. Aufl. London: John Murray; Digitalisat: https://archive.org/details/onprinciplespol00ricagoog (abgerufen: 07.04.2020).

Richter, Karl, 1994, „In dubio pro arte. Grenzen des Kulturmanagements", in: Herrmann Rauhe und Christine Demmer (Hrsg.), Kulturmanagement. Theorie und Praxis einer professionellen Kunst, S. 85–90. Berlin: Walter de Gruyter.

Roettgers, Janko, 2003, Mix, Burn & R.I.P: Das Ende der Musikindustrie. Hannover: heise Zeitschriften Verlag.

Rosenman, Joel, John Roberts und Robert Pilpel, 2009, Making Woodstock. Das legendäre Festival und seine Geschichte (erzählt von denen, die es bezahlt haben). Freiburg im Breisgau: orange press.

Rothärmel, Bettina, 2007, Leistungserstellung im Kulturmanagement. Eine institutionenökonomische Analyse. Wiesbaden: Deutscher Universitäts-Verlag.

Rousseau, Jean-Jacques, 1963 [1762], Emile oder Über die Erziehung. Stuttgart: Reclam.

Rousseau, Jean-Jacques, 1998 [1755], Abhandlung über den Ursprung und die Grundlagen der Ungleichheit unter den Menschen. Stuttgart: Reclam.

Ruzicka, Peter, 1991, „Die Chance des Kulturmanagers", in: Friedrich Loock (Hrsg.), Kulturmanagement. Kein Privileg der Musen, S. 271–276. Wiesbaden: Gabler.

Samuelson, Paul A., 1954, "The Pure Theory of Public Expenditure". Review of Economics and Statistics, 36(4): 387–389.

Say, Jean-Baptiste, 1841 [1803], Traité d'économie politique ou simple exposition de la manière dont se forment, se distribuent et se consomment les richesses, 6. Aufl. Paris: Guillaumin. Digitalisat: https://archive.org/details/traitedeconomie00saygoog (abgerufen: 07.04.2020).

Say, Jean-Baptiste, 1852 [1828], Cours complet d'économie politique pratique : ouvrage destiné à mettre sous les yeux des hommes d'état, des propriétaires fonciers et des capitalistes, des savants, des agriculteurs, des manufacturiers, des négociants et en général de tous les citoyens, l'économie des sociétés, Bd. 1, 13. Aufl. Paris: Guillaumin. Digitalisat: https://archive.org/details/courscompletdco03saygoog (abgerufen: 07.04.2020).

Say, Jean-Baptiste, 1857 [1803], A Treatise on Political Economy; or the Production, Distribution and Consumption of Wealth, Übersetzung der 4. Aufl. durch C. R. Prinsep ins Englische. Philadelphia: J. B. Lippincott & Co. Digitalisat: https://archive.org/details/atreatiseonpoli00pringoog (abgerufen: 07.04.2020).

Schäfer, Frank, 2009, Woodstock '69. Die Legende. St. Pölten und Salzburg: Residenz Verlag.

Schierenbeck, Henner, 1998, Grundzüge der Betriebswirtschaftslehre, 10., völlig überarbeitete und erweiterte Aufl. München und Wien: R. Oldenbourg Verlag.

Schmid, Lutz, 1993, Vom Verlust der Autonomie: Interessen zwischen Management und Kultur. Berlin. VWB Verlag.

Schindler Stefan, 2013, Unerhörte Kultur: Kulturbetriebe in der Kommunikationsflut. Wiesbaden: Springer VS.

Schliemann, Heinrich, 1874, Trojanische Alterthümer. Bericht über die Ausgrabungen in Troja. Leipzig: Brockhaus, Digitalisat Staatsbibliothek zu Berlin – Preußischer Kulturbesitz, http://www.deutschestextarchiv.de/book/show/schliemann_trojanische_1874 (abgerufen: 07.04.2020)

Schneidewind, Petra, 2006, Betriebswirtschaft für das Kulturmanagement. Wiesbaden: VS Verlag.

Schneidewind, Petra, 2012, Controlling im Kulturmanagement. Wiesbaden: VS Verlag.

Schreyögg, Georg, 1993, „Normensystem der Managementpraxis", in: Max Fuchs (Hrsg.), Zur Theorie des Kulturmanagements. Ein Blick über die Grenzen. Ein Blick über Grenzen. Dokumentation des gleichnamigen Symposiums, das am 6. und 7. April 1992 in der Akademie Remscheid stattgefunden hat, S. 21–34. Remscheid: Akademie Remscheid.

Schulak, Eugen Maria und Herbert Unterköfler, 2009, Die Wiener Schule der Nationalökonomie. Eine Geschichte ihrer Ideen, Vertreter und Institutionen. Weitra: Bibliothek der Provinz.

Schumpeter, Joseph Alois, 2009 [1965], Geschichte der ökonomischen Analyse, 2 Bde., Göttingen: Vandenhoeck & Ruprecht.

Sebald, Gerd, 2002, „Geschenkökonomie im luftleeren Raum. Anmerkungen zur Open-Source-Bewegung", parapluie – elektronische zeitschrift für kulturen, künste, literaturen, Nr. 13, Frühjahr 2002, https://parapluie.de/archiv/cyberkultur/opensource/ (abgerufen: 24.02.2020).

Sewall, Hannah Robie, 1901, The Theory of Value Before Adam Smith. Published for the American Economic Association. New York: The Macmillan Company; online verfügbar unter: https://archive.org/details/theoryofvaluebef00sewauoft.

Sexl, Martin, 2006, „Lesen als Kulturgut", in: Tasos Zembylas und Peter Tschmuck (Hrsg.), Kulturbetriebsforschung. Ansätze und Perspektiven der Kulturbetriebslehre, S. 47–62. Wiesbaden: VS-Verlag.

Sigmund Martin, 2013, Komponieren für Events: Zur Rolle der Künste in der Eventkultur. Bielefeld: transcript.

Simmel, Georg, 1988 [1900], Philosophie des Geldes. Frankfurt am Main: Suhrkamp.

Smith, Adam, 1811 [1776], "An Inquiry into the Nature and Causes of the Wealth of Nations, Book 2" in: The Works of Adam Smith, LL.D., Vol. III. London: T. Cadell und W. Davies et al. Digitalisat: https://archive.org/details/worksofadamsmith03smitiala (abgerufen: 07.04.2020).

Smith, Terry, 2008, "Creating value between cultures: Contemporary Australian aboriginal art", in: Michael Hutter und David Throsby (Hrsg.), Beyond Price, S. 23–40. New York: Cambridge University Press.

Snowball, Jeanette D., 2008, Measuring the Value of Culture. Methods and Examples in Cultural Economics. Berlin und Heidelberg: Springer.

Snowball, Jeanette D., 2013, "Cultural Value", in Ruth Towse (Hrsg.), A Handbook of Cultural Economics, 2. Aufl. Cheltenham und Northhampton: Edward Elgar.

Soeffner, Hans-Georg, 1974, Der geplante Mythos. Untersuchungen zur Struktur und Wirkensbedingung der Utopie. Hamburg: Buske.

Soeffner, Hans-Georg, 2000, Gesellschaft ohne Baldachin. Über die Labilität von Ordnungskonstruktionen. Weilerswist: Velbrück Wissenschaft.

Soeffner, Hans-Georg, 2005, Unveröffentlichtes Interviewtranskript, zitiert in Ronald Kurt 2011, "Hans-Georg Soeffner: Kultur als Halt und Haltung", in: Stephan Moebius und Dirk Quadflieg (Hrsg.), Kultur. Theorien der Gegenwart, 2., erweiterte und aktualisierte Aufl, S. 227–240. Wiesbaden: VS Verlag.

Tabarelli, Werner, 1999, Ferdinando Galiani: „Über das Geld". Düsseldorf: Verlag Wirtschaft und Finanzen.

Thommen, Jean-Paul und Ann-Kristin Achleitner, 1998, Allgemeine Betriebswirtschaftslehre. Umfassende Einführung aus managementorientierter Sicht, 2. Aufl. Wiesbaden: Gabler.

Throsby, David, 2003, "Determining the value of cultural goods: How much (or how little) does contingent valuation tells us?", Journal of Cultural Economics, 27(3–4): 275–285.

Throsby David und Anita Zednik, 2014, "The economic and cultural value of paintings: Some empirical evidence", in: Victor A. Ginsburgh und David Throsby (Hrsg.), Handbook of the Economics of Art and Culture, Bd. 2, S. 81–99. Amsterdam: Elsevier.

Tibi, Bassam, 1998, Europa ohne Identität. Berlin: Siedler.

Tomasello, Michael, 2002, Die kulturelle Entwicklung des menschlichen Denkens. Cambridge Mass.: Harvard University Press.

Tomasello, Michael, 2009, Die Die Ursprünge der menschlichen Kommunikation. Frankfurt am Main: Suhrkamp.

Tröndle, Martin, 2006, Entscheiden im Kulturbetrieb. Integriertes Kunst- und Kulturmanagement. Bern: Ott Verlag.

Tschmuck, Peter, 2003, Kreativität und Innovation in der Musikindustrie, Bd. 3 der Reihe Diskurs: Kultur – Wirtschaft – Politik. Innsbruck: StudienVerlag.

Tschmuck, Peter, 2009a, Die ausgegliederte Muse. Budgetausgliederungen von Kulturinstitutionen in Österreich seit 1992. Innsbruck: StudienVerlag.

Tschmuck, Peter, 2009b; „40 Jahre Woodstock – Wirtschaftsdebakel und Mythos", Blog zur Musikwirtschaftsforschung, 14. August 2009: https://musikwirtschaftsforschung.wordpress.com/2009/08/14/40-jahre-woodstock-%e2%80%93-wirtschaftsdebakel-und-mythos/ (abgerufen: 13.01.2020)

Tschmuck, Peter, 2009c; "Copyright, contracts and music production", Information, Communication & Society, 12(2): 251–266.

Tschmuck, Peter, 2012, Creativity and Innovation in the Music Industry, 2. Aufl. Heidelberg etc.: Springer.

Tschmuck, Peter, 2013, „Das 360°-Musikschaffen im Wertschöpfungsnetzwerk der Musikindustrie", in: Bastian Lange, Hans-Joachim Bürkner und Elke Schüßler (Hrsg.), Akustisches Kapital. Wertschöpfung in der Musikwirtschaft, S. 285–316. Bielefeld: transcript.

Tschmuck, Peter, 2017, The Economics of Music. Newcaste-upon-Tyne: agenda Publishing.

Tschmuck, Peter, 2020, Die Ökonomie der Musikwirtschaft, Bd. 4 der Reihe Musikwirtschafts- und Musikkulturforschung, herausgegeben von Carsten Winter, Martin Lücke, Matthias Rauch und Peter Tschmuck. Wiesbaden: Springer VS.

Tschmuck, Peter, Beate Flath und Martin Lücke (Hrsg.), 2017, Musikwirtschaftsforschung. Die Grundlagen einer neuen Disziplin, Bd. 1 der Reihe Musikwirtschafts- und Musikkulturforschung, herausgegeben von Carsten Winter, Martin Lücke, Matthias Rauch und Peter Tschmuck. Wiesbaden: Springer VS.

Ulrich, Wolfgang, 2011, „Kunst", in: Metzler Lexikon Kunstwissenschaft (Hrsg. Ulrich Pfisterer), S. 239–242. Stuttgart und Weimar: J. B. Metzler.

Vácha, Martin, 2016, SängerInnenberuf heute. Anforderungsprofil einer künstlerischen Profession. Wiesbaden: Springer VS.

Vakianis, Artemis, 2005, Duales Controlling: Am Beispiel des Kulturbetriebes „Theater", Bd. 4 der Reihe Diskurs: Kultur – Wirtschaft – Politik Innsbruck: Studienverlag.

Van den Berg, Karen, 2008, „Vom kunstbezogenen Handeln zum ‚Management of Meaning'. Drei Vorschläge zur Theoriebildung im Kunst- und Kulturmanagement", in: spiel plan: Schweizer Jahrbuch für Kulturmanagement 2007/2008, S. 75–87. Bern, Stuttgart, Wien: Haupt.

Van den Berg, Karen, 2009, „Postaffirmatives Kulturmanagement. Überlegungen zur Neukartierung kulturmanagerialer Begriffspolitik", in: Sigrid Bekmeier-Feuerhahn, Karen van den Berg, Steffen Höhne, Rolf Keller, Angela Koch, Birgit Mandel, Martin Tröndle, Tasos Zembylas (Hrsg.), Jahrbuch für Kulturmanagement, 2009, S. 97–125, Bielefeld: transcript.

Varian, Hal R., 2009, Grundlagen der Mikroökonomik. 9. Aufl. München: R. Oldenbourg Verlag.

Varian, Hal R., 2010, Intermediate Microeconomics. A Modern Approach, 8. Aufl. New York: W. W. Norton & Company.

Veblen, Thorstein B., 1899, The Theory of the Leisure Class. New York: Macmillan.

Veblen, Thorstein B., 1904, The Theory of Business Enterprise. New York: Scribner.

Veblen, Thorstein B., 1909, "The Limitations of Marginal Utility", The Journal of Political Economy, 17: 620–636. Digitalisat: https://archive.org/details/jstor-1822146 (abgerufen: 07.04.2020).

Velthuis, Olav, 2007, Talking prices. Symbolic meanings of prices on the market for contemporary art. Princeton: Princeton University Press

Walras, Léon, 1874, Éléments d'économie politique pure ou théorie des la richesse sociale. Lausanne: L. Corbaz & Cie. Digitalisat: https://archive.org/details/lmentsdconomiep01walrgoog (abgerufen: 07.04.2020).

Walter, Carla, 2015, Arts Management. An Entrepreneurial Approach. New York und London: Routledge.

Wang, Pinie, 2014, Musik und Werbung: Wie Werbung und Medien die Entwicklung der Musikindustrie beeinflussen. Wiesbaden: Springer VS.

Weißmann, Karlheinz, 1991, Schwarze Fahnen, Runenzeichen: die Entwicklung der politischen Symbolik der deutschen Rechten zwischen 1890 und 1945. Düsseldorf: Droste Verlag.

Wiener, Norbert, 1948, Cybernetics or Control and Communication in the Animal and the Machine. New York.

Wiesand, Andreas J., 1991, „Zwischen Grundkenntnis und Spezialisierung", in: Friedrich Loock (Hrsg.), Kulturmanagement. Kein Privileg der Musen, S. 339–348. Wiesbaden: Gabler.

Wieser, Friedrich von, 1884, Über den Ursprung und die Hauptgesetze des wirthschaftlichen Werthes. Wien: Alfred Hölder. Digitalisat: https://archive.org/details/berdenursprungu00wiesgoog (abgerufen: 07.04.2020).

Williamson, Oliver E., 1973, "Markets and Hierarchies: Some Elementary Considerations", American Economic Review, 63(2): 316–325.

Williamson, Oliver E., 1975, Markets and Hierarchies, Analysis and Antitrust Implications: A Study in the Economics of Internal Organization. New York: Free Press.

Zembylas, Tasos, 2004, Kulturbetriebslehre. Grundlagen einer Inter-Disziplin. Wiesbaden: VS Verlag.

Zembylas Tasos und Peter Tschmuck (Hrsg.), 2005, Der Staat als kulturfördernde Instanz, Bd. 5 der Reihe Diskurs: Kultur – Wirtschaft – Politik. Innsbruck. StudienVerlag. Innsbruck: Studienverlag.

Zembylas Tasos und Peter Tschmuck (Hrsg.), 2006, Kulturbetriebsforschung. Ansätze und Perspektiven der Kulturbetriebslehre. Wiesbaden: VS-Verlag.

Zembylas, Tasos und Peter Tschmuck, 2006, "Einleitung: Kulturbetriebsforschung und ihre Grundlagen", in: Tasos Zembylas und Peter Tschmuck (Hrsg.), Kulturbetriebsforschung. Ansätze und Perspektiven der Kulturbetriebslehre, S. 1–17. Wiesbaden: VS-Verlag.

## Internetquellen

Banksy, Existencilsm, http://www.artofthestate.co.uk/banksy/Banksy_Existencilism_book.htm (abgerufen: 02.03.2020)

Codex Iuris Canonici in der Fassung von 1983: https://www.codex-iuris-canonici.de/cic83_dt_buch4.htm (abgerufen: 02.04.2020)

Der Spiegel, 1963, „Affenmalerei. Kunst von Congo", Nr. 29, 17. Juli 1963: 62–64, https://www.spiegel.de/spiegel/print/d-46171217.html (abgerufen: 14.02.2020)

Der Standard, 2018a, "Bieterin bestätigt Kauf des geschredderten Banksy-Kunstwerks", 12. Oktober 2018, https://www.derstandard.at/story/2000089220261/bieterin-bestaetigt-kauf-des-geschredderten-banksy-kunstwerks (abgerufen: 02.03.2020)

Der Standard, 2018b, „,Neoliberaler Straßenstrich': Ein Street-Art-Experte über Banksys Schredderaktion", 12. Oktober 2018, https://www.derstandard.at/story/2000089233789/neoliberaler-strassenstrich-ein-street-art-experte-ueber-banksys-schredderaktion (abgerufen: 02.03.2020)

Der Standard, 2019a, „Karneval in Venedig: Limitierte Besucherzahl am Markusplatz", 25. Februar 2019, https://www.derstandard.at/story/2000098544423/karneval-in-venedig-limitierte-besucherzahl-am-markusplatz (abgerufen: 31.03.2020)

Der Standard, 2019b, „Kreuzfahrttourismus in Venedig bangt um seine Zukunft", 4. Juni 2019, https://www.derstandard.at/story/2000104324226/kreuzfahrttourismus-in-venedig-bangt-um-seine-zukunft (abgerufen: 31.03.2020)

Der Tagesspiegel, 1998, „Wie geht es dem Mann mit dem Goldhelm?", 11. Juli 1998, https://www.tagesspiegel.de/kultur/wie-geht-es-dem-mann-mit-dem-goldhelm/50784.html (abgerufen: 02.03.2020)

Die Presse, 2012, „Hallstatt ist ein Dorf in China", 31. Mai 2012, https://www.diepresse.com/762001/hallstatt-ist-ein-dorf-in-china (abgerufen: 31.03.2020)

Die Welt, 2016, „Wie heute mit Reliquien gehandelt wird", 14. Juni 2016, https://www.welt.de/regionales/nrw/article156195849/Wie-heute-mit-Reliquien-gehandelt-wird.html (abgerufen: 03.04.2020)

Die Welt, 2017, „So schacherten Kirchenmänner mit heiligen Knochen", 25. März 2017, https://www.welt.de/geschichte/article163140957/So-schacherten-Kirchenmaenner-mit-heiligen-Knochen.html (abgerufen: 03.04.2020)

Forbes, 2017. "The Meteoric Rise Of Open Source And Why Investors Should Care", 22. September 2017, https://www.forbes.com/sites/forbestechcouncil/2017/09/22/the-meteoric-rise-of-open-source-and-why-investors-should-care/#2163a5a25484 (abgerufen: 24.02.2020)

Frankfurter Allgemeine Zeitung, 2019, „Venedig sehen – und zahlen", 27. Februar 2019, https://www.faz.net/aktuell/wirtschaft/venedig-nimmt-kuenftig-eintrittsgebuehr-16063896.html (abgerufen: 31.03.2020)

Instagram, 2018, "The urge to destroy is also a creative urge", 6. Oktober 2018, https://www.instagram.com/p/BomXijJhArX/?hl=de (abgerufen: 02.03.2020)

Museum von Altamira, o. J., http://www.culturaydeporte.gob.es/mnaltamira/home.html (abgerufen: 02.04.2020)

Music Business Worldwide, 2018, "Here's exactly how many shares the major labels and Merlin bought in Spotify – and what those stakes are worth now", 14. Mai 2018, https://www.musicbusinessworldwide.com/heres-exactly-how-many-shares-the-major-labels-and-merlin-bought-in-spotify-and-what-we-think-those-stakes-are-worth-now/ (abgerufen: 20.02.2020)

Neue Züricher Zeitung, 2019, „Wie Hallstatt sich gegen die chinesische Touristenflut wehrt", 23. August 2019, https://www.nzz.ch/wirtschaft/hallstatt-ein-dorf-wehrt-sich-gegen-overtourism-aus-china-ld.1501634?utm_source=pocket-newtab (abgerufen: 31.03.2020)

ORF.at, 2017, „Banksys 'Balloon Girl' Lieblingskunstwerk der Briten", 26. Juli 2017, https://orf.at/v2/stories/2400768 (abgerufen: 02.03.2020)

Spektrum.de, 2018, „Höhlenmalereien der Neandertaler gefunden", 22. Februar 2018, https://www.spektrum.de/news/hoehlenmalereien-der-neandertaler-gefunden/1546545 (abgerufen: 17.02.2020)

Stuttgarter Zeitung, 2019, „Der Coup mit dem Schredder-Bild", 24. Januar 2019, https://www.stuttgarter-zeitung.de/inhalt.staatsgalerie-christiane-lange-spricht-ueber-banksy-der-coup-mit-dem-schredder-bild.4c9b0e90-c2fa-434b-a298-299cb3e84a8a.html (abgerufen: 02.03.2020)

# Literatur

Süddeutsche Zeitung, 2019, „Ein Fluchhafen für Machu Picchu", 20. Mai 2019, https://www.sueddeutsche.de/reise/machu-picchu-peru-flughafen-chinchero-1.4452778 (abgerufen: 31.03.2020)

The Guardian, 2005, "Chimp's art fetches £14,000", 21. Juni 2005, https://www.theguardian.com/uk/2005/jun/21/arts.artsnews (abgerufen: 14.02.2020)

The Guardian, 2009, "Behind the music: The real reason why the major labels love Spotify", 15. August 2009 https://www.theguardian.com/music/musicblog/2009/aug/17/major-labels-spotify (abgerufen: 20.02.2020)

The Register, 2009, "Fifty Quid Bloke, meet Spotify's 14p man", 25. June 2009, https://www.theregister.co.uk/2009/06/25/spotify_exclusive/ (abgerufen: 20.02.2020)

The Verge, "This was Sony Music's contract with Spotify", 19. Mai 2015: http://www.theverge.com/2015/5/19/8621581/sony-music-spotify-contract (abgerufen: 20.02.2020)

Venedig Reise-Info, http://www.venedig-reiseinfo.de/Venedig_Zahlen.php (abgerufen: 31.03.2020)

Wikipedia, o. J., „Congo (Schimpanse)", https://de.wikipedia.org/wiki/Congo_(Schimpanse) (abgerufen: 14.02.2020)

Wikipedia, o. J., „Reliquien", https://de.wikipedia.org/wiki/Reliquie (abgerufen: 03.04.2020)

YouTube, 2018, "Shred the Love. The Director's Cut", 18. Oktober 2018, https://www.youtube.com/watch?v=K8oZNAlxX0k (abgerufen: 02.03.2020)

The manufacturer's authorised representative in the EU is Springer Nature Customer Service Centre GmbH, Europaplatz 3, 69115 Heidelberg, Germany. If you have any concerns regarding our products, please contact ProductSafety@springernature.com

Printed and bound by CPI Group (UK) Ltd, Croydon, CR0 4YY

23/03/2026

02076396-0016